"国家级一流本科课程"配套教材

老年休闲活动规划与执行

吴旭平 编著

化学工业出版社

·北京·

内容简介

随着人均寿命的不断提高,越来越多的充满活力的老年人,对于休闲活动以及休闲产品的需求不断增加。这带动了一个新兴产业的蓬勃发展。本书结合作者十多年来从事老年休闲活动规划的经验,通过老年生理和心理特征、休闲行为以及活动案例,详细介绍了老年休闲活动规划的方法与注意事项。

本书适宜社区工作人员和旅游等相关专业人士参考。

图书在版编目(CIP)数据

老年休闲活动规划与执行/吴旭平编著. —北京:化学工业出版社,2020.12
ISBN 978-7-122-38202-3

Ⅰ.①老… Ⅱ.①吴… Ⅲ.①老年人-休闲娱乐-组织管理 Ⅳ.①G241.3

中国版本图书馆CIP数据核字(2020)第241757号

责任编辑:邢 涛 　　　　　　　　装帧设计:韩 飞
责任校对:李 爽

出版发行:化学工业出版社(北京市东城区青年湖南街13号 邮政编码100011)
印　　装:北京盛通印刷股份有限公司
710mm×1000mm 1/16 印张16 字数320千字 2020年12月北京第1版第1次印刷

购书咨询:010-64518888　　　　　　　　售后服务:010-64518899
网　　址:http://www.cip.com.cn
凡购买本书,如有缺损质量问题,本社销售中心负责调换。

定　　价:88.00元　　　　　　　　　　　　　　　版权所有　违者必究

前 言

科技的进步、医疗水平的提升、公共卫生的改善、社会福利的开展，与个体生命期不断往后推移、老龄化社会的形成，有其因果关系。寿命的延长，从过去所谓的"人生七十古来稀"，已成为"人生百岁也不奇"。这个现象标志着"全球银色化"的趋势，无论是发展中国家还是发达国家皆然，只是早晚的问题；同时这个现象也被视为是人类历史上最伟大的革命，摆脱了贫困与愚昧，降低了死亡率。

"健康中国·银龄行动2.0"不仅仅意味着人类追求延年，更重要的还要益寿；不只求标配，还是一种升级版的概念。"健康"与"益寿"的内涵是多维度的，确实难以明确量化，但至少有两项人生课题值得关注：其一，如何让人能真正享受愉快的老年生涯，让他们获得满足；其二，如何让人能真正掌握自己的老年生涯，让他们感到满意。盖唯有从外控到内控，才能实现从个人生活到社会整体的发展，顺应世界卫生组织所倡导的"健康老化""成功老化""生产力老化"与"活跃老化"等重要指标。而其中有关"独立自主""参与社会"，可通过休闲活动得以自我实现。

有鉴于此，本书特以老年休闲活动规划与执行为主题进行探讨。全书包含三篇：一为婴儿潮世代族群的认识，二为老年人休闲行为的理解，三为老年人创意方案的开展，依此分为十二章，共三十九节。第一篇以理论为主，帮助活动规划者确认目标对象的特性，包括：生理老化的现象、理论与因应；心理老化的现象、理论与因应；社会老化的现象、理论与因应；认知老化的现象、理论与因应。第二篇承前启后，帮助活动规划者确立休闲种类的范式，涉及老年人休闲与健康的需求、多元形态及其影响休闲动机的因素；老年人旅游与游憩体验的功能构面、执行元素；老年人学习活动参与的需求、影响因素与实施方式；以及休闲治疗的过程与注意事项。第三篇是本书篇幅最大的部分，偏重实务，帮助活动规划者开拓方案的途径，包括休闲活动规划的基本能力与创意来源等准备；休闲活动规划的激荡策略与整合策略，以及如何撰写好一份方案；提供艺术文化、教育学习、户外冒险、健康生活、旅行体验、休闲治疗等各式推荐方案；并于其后慎重地分析休闲活动方案的管理督导、具体建议与评鉴策略。同时，在学习资源中附有相关实作表单，供规划执行时可用。

　　本书由吴旭平独立撰写，在撰写时虽极力留意各章节内容的完整与充实，以及秉诸国际视野与本地可行措施，但因经验有限，疏漏之处在所难免，尚祈学者专家指正。而之所以能够付梓成书，首应感谢福建农林大学、福建省全民终身教育促进会的领导以及福建乐龄学堂暨乐龄书院的所有长辈。最后要特别感谢我所爱的莘莘学子，感谢"乐龄乐活乡村振兴志愿者团"的众位孩子们，愿我们能继续一起携手走在阳光里，也走到更多需要我们服务的地方。

　　谨以此书献给愿意为老奉献的老年休闲活动规划达人！

吴旭平 谨识

2020 年 10 月于福建农林大学

目　录

导言　婴儿潮世代休闲的指导方针 // 001

第一篇　认识婴儿潮世代族群 // 011

- **第一章**　生理老化的认识 // 012
  - 第一节　生理老化的现象 // 012
  - 第二节　生理老化的理论 // 017
  - 第三节　生理老化的因应 // 019
- **第二章**　心理老化的认识 // 025
  - 第一节　心理老化的现象 // 025
  - 第二节　心理老化的理论 // 028
  - 第三节　心理老化的因应 // 033
- **第三章**　社会老化的认识 // 037
  - 第一节　社会老化的现象 // 037
  - 第二节　社会老化的理论 // 041
  - 第三节　社会老化的因应 // 046
- **第四章**　认知老化的认识 // 050
  - 第一节　认知老化的现象 // 050
  - 第二节　认知老化的理论 // 056
  - 第三节　认知老化的因应 // 057

第二篇　理解老年人休闲行为 // 061

- **第五章** 老年人休闲与健康 // 062
  - 第一节　老年人休闲生活需求 // 062
  - 第二节　老年人多元休闲形态 // 069
  - 第三节　增进老年人休闲动机 // 081
- **第六章** 老年人旅游与游憩体验 // 088
  - 第一节　旅游的意义与类型 // 088
  - 第二节　游憩体验的功能构面 // 095
  - 第三节　老年人旅游的执行元素 // 102
- **第七章** 老年人学习活动参与 // 107
  - 第一节　老年人的学习需求 // 107
  - 第二节　影响老年人参与学习的因素 // 113
  - 第三节　老年人参与学习的实施方式 // 118
- **第八章** 休闲治疗与健康维护 // 122
  - 第一节　何谓休闲治疗 // 122
  - 第二节　休闲治疗的过程 // 125
  - 第三节　休闲治疗实施的注意事项 // 127

第三篇　开展老年人创意方案 // 129

- **第九章** 休闲活动规划的准备 // 130
  - 第一节　规划的重要性 // 130
  - 第二节　规划师的策划能力 // 135
  - 第三节　规划师的创意来源 // 140
- **第十章** 休闲活动规划的构思与设计 // 147
  - 第一节　规划师的创意点子激荡策略 // 147
  - 第二节　规划师的创意点子整合策略 // 154

　　　　第三节　规划师的撰写活动方案策略 // 160

◆ 第十一章　休闲活动方案的创思畅想 // 169

　　　　第一节　创造愉悦——艺术文化活动方案 // 169

　　　　第二节　追寻新方向——教育学习活动方案 // 175

　　　　第三节　人生就是一场冒险——户外冒险活动方案 // 182

　　　　第四节　悦动你的身体——健康生活活动方案 // 188

　　　　第五节　花甲背包客——旅行体验活动方案 // 194

　　　　第六节　另类策划——休闲治疗活动方案 // 200

◆ 第十二章　休闲活动方案的执行与评估 // 207

　　　　第一节　活动执行的管理督导 // 207

　　　　第二节　活动营销的具体建议 // 213

　　　　第三节　活动方案的评鉴策略 // 224

结语　何去何从——老年人的休闲与未来 // 232

附录　学习资源 // 236

　附录1　莲花法表格及实作练习 // 236

　附录2　635默写式激荡法表格 // 237

　附录3　活动设计撰写练习表 // 238

　附录4　目标对象基本资料填报表 // 243

　附录5　工作完成度检核表 // 243

参考文献 // 246

导言

婴儿潮世代休闲的指导方针

— 银色革命·青春的延长线 —

我们或许时常看到这样的情形：一大早，一群年过六旬的老先生、老太太背着背包，兴高采烈地聚集在游览车前等待出发，他们的目的是要到某景点参与一天或一天以上的旅游行程。这样的场景反映一种讯息：由于老年人闲暇时间增加，且经济允许条件下，使得老年人更有能力从事旅游活动；对许多老年人而言，尽管年华老去，对生活的安排依旧活跃，经由旅游活动之参与，或排遣寂寞、或期使老年生活过得充实有趣。

战后婴儿潮时期的老年人，纵使在步入退休后，仍经常与健康依旧、财富有成、活力充沛、喜好亲近大自然以及拥有充分休闲时间等印象相联结，已非过去迟暮之年的认知，反之甚多出现第二春的社会现象。Corde（2003）认为，老年人在健康时，应该停止工作并且退休是战后婴儿潮世代所出现的新的观念，前几代的老年人时常要工作到直至去世为止；现今老年人，能够自我觉察与抉择，享受退休生活。加上出自一种补偿心态——过往年轻时期纵使想要休闲、想要旅行，却多半受限于时间、金钱、家庭与工作多方羁绊，

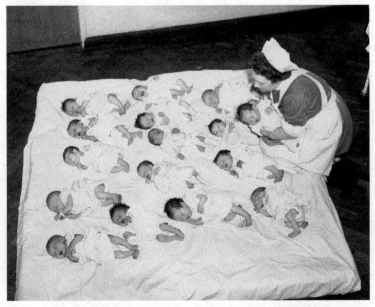

第二次世界大战后的生育潮，将现今的休闲产业推向高峰

造成无法如愿成行，要能够自由自主地去旅行，便往往寄望于退休以后。许多研究证实婴儿潮老年人退休后最想做的就是休闲旅游（Louise et al., 2002；Chen, C.F. & Wu, C.C., 2009）。Tirrito（2003）统计出老年人在休闲上花费占据总支出达80%，时至今日一定更加可观。因此，运动用品业者、旅游业者、服饰业者等纷纷瞄准中老龄市场，推出贴心服务。老年人休闲活动市场必然日趋扩大，朝阳产业必将如日中天。

各国及世界性组织早在30年前就开始呼吁正视这股"银色风暴"所带来的挑战与机遇。世界卫生组织（WHO）继健康老化（health aging）、成功老化（successful aging）、生产力老化（productive aging）等概念的提出后，于1999年"国际老人年"（Year of Older People in 1999）首次出现活跃老化（active aging）这个名词，用以强调与各界合作，开创一个不分年龄、人人共享的社会。2002年WHO大会在马德里对老化定义为：维护老年人最佳健康状态及安全，来增进老年人社会参与以提升生活质量。并将"健康""参与""安全"视为是活跃老化政策架构的三大支柱（WHO, 2004；ICAPA, 2004）。这对于我们开展老年人服务与休闲活动，具有重要的指导性作用。

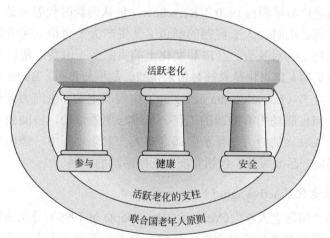

活跃老化政策架构的三大支柱：健康、参与、安全

1. 健康老化（health aging）

健康老化的概念，最早是由世界卫生组织（WHO）在1986年所提出。该组织揭示：健康是身体的、心理的以及社会的全面安适状态，也就是说健康是一种跟环境、社会、人群及自己都达到和谐的生活状态，而不只是没有疾病或身体缺陷而已（WHO, 2002）。2016年在《全球老化与健康报告》再次重申：健康老化不只要免于病痛，还要维持身体功能，不失能、不失智，就连心灵层面也要健康，拥有活跃社交生活。经济合作暨发展组织（OECD）于

2009年2月在《健康老化政策研究报告》中指出：健康老化是生理、心理及社会层面的最适化，老年人得以在无歧视的环境中积极参与社会，独立自主且具有良好的生活质量。

2. 成功老化（successful aging）

20世纪60年代Harvinghurst首先提出成功老化的概念，定调"延长寿命"（adding life the year）就是成功老化。20世纪90年代受到OECD重视，认为个人在老化过程中，能够使生理功能的丧失达到最小，能够做到推迟老化，避免次级老化的发生，逃避慢性病的侵袭，仍然具有活力与积极主动的精神，直到生命的极限即为成功老化。此外，Wolfe（1990）强调成功老化应由身体健康和心理健康衡量；Gillman等人（2001）的主张则偏重于社会层面，强调老年人参与活动的程度；Agmon等人（2011）发展"成功老化知觉量表"同时包含了生理、功能、心理、社会等指标。由此可知，成功老化的定义从生理面，逐渐与健康老化趋同。

3. 生产力老化（productive aging）

生产力老化最早源自1980年Kerschner，他认为新时代老人是：①机会大于危机；②问题的解决大于问题的制造；③资产大于负担；④资源的积累大于资源的消耗；⑤对社会、经济和文化上的贡献多于消费。所以生产力老化的观点并不认为人口老化是对社会带来挑战、危机与负担。Butler及Schechter在老化百科全书（Encyclopedia of Aging）中明确定义：生产力老化指个人或群体有能力担任职场中有给职的工作、从事志愿者活动、协助家人以及尽可能地维持个人独立的能力。显示强调老年人在老化过程中，借由参与生产性的活动，提供产品或服务，包括有酬与无酬活动的开展。

4. 活跃老化（active aging）

1999年"国际老人年"（Year of Older People in 1999）首次出现活跃老化这个概念，用以强调与各界合作，开创一个不分年龄、人人共享的社会。事实上，活跃老化的内涵就是由健康老化、成功老化及生产力老化等论述发展而来。由此显见，活跃老化认为过去所谓的撤退理论（disengagement theory）或罹病性压制理论（compression of morbidity）已不适用，需要有更积极的策略来预防老年人失能。

有鉴于上述概念，以及老年人对休闲活动方案及其服务的需求，本书依此呈现几项重要的指导方针，以协助休闲游憩专业人士与所属机构为婴儿潮世代提供休闲规划与服务。"指导方针"这个名词意味着：①一套能使机构有效并进一步强化执行现有政策的行动建议；②多样的指导原则，使提供的方案对参与者而言既安全又有趣；③为提升方案及设施的质量，设计一套系统的测量标准。谨记上述意涵，接下来我们将清楚地以婴儿潮世代视角来讨论指导方针。

- **指导方针一：了解婴儿潮世代族群**

这是本书第一篇的主要内容。首要即为对婴儿潮世代及其所处时代的理解。出生于第二次世界大战后的婴儿潮世代，其人口数众多，主宰了一甲子的文化，在他们的生命周期中创造了与过去传统截然不同的新生活经验，不论是在政治上、商业上、价值观上的革命，甚至是人际互动等精神层次的追求，都引领了当时社会的议题与风潮，主导了现存的每个生命阶段或消费趋势，重新界定世界。

婴儿潮世代最为人所知且最重要的一个特质，即他们是"打破常规者"（rule breakers）。在顺从中带有个人特色即婴儿潮世代族群共通的特点，他们总是在历经与前后世代不同的事件。他们人数众多，也造成他们在生命中争取每件事物时都特别竞争；同时这个族群改变了饮食习惯、流行产业、传统教育、劳动力市场、性别角色与常规、家庭的关系与习俗、健康照护、科技与投资市场。

正因如此，休闲游憩专业人士必须了解，婴儿潮世代也同样会重新定义休闲体验。我们目前对待老年休闲的价值观，将在面对婴儿潮世代时重新改写，休闲游憩专业人士必须用一个不同的哲学角度来学习，一个着眼于这个特殊世代关键价值观的角度，包含如下内容。

① 婴儿潮世代族群关心慢性疾病，并且渴望尽其所能地推迟生理上的老化（postpone physical aging）。

② 婴儿潮世代族群在赚钱能力、遗产继承及投资的报酬上都有所提升，导致其可支配所得逐渐增加（increasing amounts of discretionary money）。

③ 婴儿潮世代族群在步入人生的新阶段——退休时，将面临许多挑战和机会而需要支持。

④ 婴儿潮世代族群正经历一个心理上的转折，从对物质生活的渴望，转换为渴望愉悦满意的生活体验（a desire to enjoyable and satisfying experience），尤其是休闲体验（particularly in leisure）。

⑤ 婴儿潮世代族群因为生活形态多元，而持续缺乏可运用的时间（absence of disposable time），但是他们对于休闲必要性（necessity）的认知是不变的。

基于以上五个特殊的价值观，休闲游憩专业人士将有大量的机会来期待及规划婴儿潮世代族群所带来的休闲挑战。既然我们知道婴儿潮世代群体已经退休或将在近几年陆续退休，我们就有必要了解是什么原因在驱动这个群体的人，是什么原因使他们如此独特，而不只是知道他们喜欢或不喜欢些什么。

• **指导方针二：了解婴儿潮世代族群为何要从事休闲活动**

这在本书的第二篇有深入的探讨。要知道退休时期的婴儿潮世代族群追寻生气勃勃与娱乐体验，为什么他们借由休闲参与，达到身心平衡与关系维持，甚至视休闲为生命中不可或缺的一环。著名的心理学、老化学者，同时也是美国旧金山老化潮机构（Age Wave）创办人Dychtwald表示："婴儿潮世代族群通常都很乐观、创新且充满希望，而且他们绝对已经准备开始一个新形态的退休生活。"他们的态度可能源自年轻岁月不平凡的冒险时代，勇于打破常规，以及渴望与上一代不同。从婴儿潮世代族群退休期望中看到的休闲态度，就是辨识其独特性的重要因素，在AARP（2004）的报告书中也支持这样的观点：

◇ 70％婴儿潮世代族群拥有投入很多时间的爱好和特殊兴趣；
◇ 68％婴儿潮世代族群同意他们的退休生活会在休闲游憩上花更多的时间；
◇ 51％婴儿潮世代族群期望担任志愿者并贡献更多时间服务人群。

我们都清楚，提供休闲方案及服务的基础，就在于了解参与者参加的原因，以及他们的需求。为了能够确切地触及这一大族群，身为游憩专业人士，我们必须先掌握婴儿潮世代族群的休闲价值观。婴儿潮世代族群的休闲价值可以分为竞争、教育、生理、社交、放松或审美等。以下将通过国外文献研究发现，说明各价值内涵的参与状况。值得一提的是，虽然如下的数据出自国外，但也得以窥视男女性别间认知上的差异，值得我们参考借鉴。

① 竞争价值（competitive values）：认为休闲参与是为了享受刺激与冒险的女性（28％）低于男性（40％）。

② 教育价值（educational values）：35％的男性不确定休闲参与的目的是培养创造力，但44％的女性却认为这很重要。

③ 生理价值（physiological values）：不论男性或女性，均一致认为经由休闲体验，可以达到生理健康、运动与放松（包括身心）的目的。

④ 社交价值（social values）：包括男性（35％）与女性（35％），均认为在休闲中，社交是很重要的。

⑤ 放松价值（relaxation values）：男性（48％）与女性（51％）都认为放松是很重要的，但是却不认为离开家以达到放松的目的是很重要的。

⑥ 审美价值（aesthetic values）：超过50％在婴儿潮时期出生的男性与女性指出，欣赏大自然可以带给他们喜悦与享受。

- **指导方针三：婴儿潮世代族群的活动方案规划、营销与执行策略**

我们将会在第三篇中大篇幅地探究。通过调查与评估熟悉婴儿潮世代族群的价值观与兴趣后，指导方针三，主要是应用下列六个步骤来发展一些想法与策略，以吸引婴儿潮世代族群来参加你所规划的休闲方案与服务：

◇ 重新建立机构的使命与目标；
◇ 创造并持续聚焦于一个方案品牌；
◇ 建立一个婴儿潮世代族群计划；
◇ 规划设施与方案；
◇ 对婴儿潮世代族群营销与宣传；
◇ 评鉴方案及机构。

（一）重新建立机构的使命与目标

不论你要选择如何特别地定义它，一个机构的使命总是和其价值观、哲学观、目的、指导方针及既有文化相关。婴儿潮世代族群与众不同，他们需要学习、发现与体验，需要归属并获得成就感，因此休闲游憩机构必须考虑去采用新的或修正既有的使命陈述，以符合这个族群独特的价值观及休闲兴趣；同时也使自己在休闲方案规划与游憩设施的提供上能有更完善的准备。以下是一些好的目标范例。

① 通过休闲活动方案与服务的规划与建立，能使婴儿潮世代族群的参与率最大化。

② 为婴儿潮世代族群提供一个将知识与技巧贡献于社区的平台与机会。

③ 通过休闲游憩方案来促进婴儿潮世代族群建立健康、乐于参与运动的生活形态。

（二）创造并持续聚焦于一个方案品牌

一个好的品牌来自好的想象力、团队合作、努力、时间、改变意愿及个人弹性；而这个方案品牌应该大胆有活力，以对应这个族群庞大的数量。品牌要能够被创造且维持，在某种程度上必须包含以下内容。

① 集结能够认同其价值观，并且能面对这个充满活力的婴儿潮世代族群的一群忠诚的事业伙伴。

② 创立一些有吸引力的设施及场地，可以作为运动竞赛或是动态参与者使用的场所。

③ 特别为行动族群实施优质且适当的活动方案。

④ 发展一个锁定婴儿潮世代族群的有效营销方案——要知道这个族群不

但引领潮流，并且充满活力和冒险的天性。

⑤ 提供特别的顾客服务方案以吸引并留住忠诚的婴儿潮世代顾客——婴儿潮世代族群绝不满足于现状，且特别期待优质的服务。

（三）建立一个婴儿潮世代族群计划

这个计划要务实地符合婴儿潮世代族群的价值观与休闲兴趣。当你在建立婴儿潮世代族群计划时可以考虑以下两个概念。

① 婴儿潮世代族群喜欢学习，因此即使在休闲活动中，都必须结合不同学习体验来增加其多元性，这要比单项的休闲体验来得更为丰富且有意义。

② 休闲方案应注重挑战、连贯性与深度，婴儿潮世代族群正因为这些因素特别活跃。"挑战"隐含着休闲方案必须提供新的活动、扩大参与者的休闲视野；"连贯性"意指休闲方案提供的活动能将休闲技巧与兴趣持续融入动态的生活形态，并且获得"深度"的体验，从中获得更多的回馈与满意。

（四）规划设施与方案

休闲游憩专业人士在为这个族群规划方案及设施时，必须考虑平衡、地点、冲突与时间点。

① 平衡：避免同时规划太多类似的活动，而应提供多样性的活动，以扩大参与客户群。

② 冲突：许多婴儿潮世代族群可能在带孙子，因此需要考虑这类原因所造成无法参与的情况，并且通过配套方案促进其参与。

③ 地点：方案的地点必须容易到达，或为那些有需求的人提供交通选择。

④ 时间点：必须了解个人行程，许多婴儿潮世代族群在退休后仍然兼职工作。我们需要了解他们什么时候会待在家？什么时候上班？需要接送孩子吗？什么时间段比较方便参加活动？

（五）对婴儿潮世代族群营销与宣传

一个可行的方式是，让婴儿潮世代族群参与方案规划的过程，考虑族群间的多样性，并且利用以下几项技巧来进行广告销售。

① 现在就让婴儿潮世代族群参与其中：运用他们的经验来设计（改善）现有方案。

② 建立一个吸引他们兴趣的活动，例如运用抽奖或折价券鼓励加入。

③ 在机构的官网上，建立特别针对婴儿潮世代族群价值观与活动兴趣的链接。

④ 针对小区里活跃的婴儿潮世代族群设计并发送信息。

⑤ 设计并提供一套有利的休闲教育课程：一定要相信他们会喜欢学习！

（六）评鉴方案及机构

机构希望婴儿潮世代族群能够长期获得愉悦的休闲体验，可运用数个评估方法来确保这样的愉悦体验。

① 采取方案的前后评价。

② 针对方案进行观察。

③ 针对所有过去的教训建立书面报告。

④ 对员工及婴儿潮世代参与者进行口头的访问。

⑤ 举办开放参观之夜，邀请婴儿潮世代族群到活动场所预先了解未来的休闲环境，并且认识员工。

希望此刻的你，正因为阅读导言后而热血沸腾，迫不及待地想走入这片老年休闲活动规划与执行的深山中挖宝。出发总要有个方向，我们将依照上述三个指导方针，带你从天堑走向通途。需要一提的是，本书中所谓的"老年人"，就是第二次世界大战后婴儿潮世代（虽然他们不喜欢被称老），而且专指健康、不需扶持的"初老"与"中老"为主要目标群体，也就是退休前5～10年，到生命活力急遽下降之前的这个阶段的老年人。我们有义务为老年人、老年人也有权利为自己的休闲生活的质量升级，这也是编写本书的宗旨所在。在你正式与本书对话之前，邀请你共同签署《老年人休闲活动倡议书》。

《老年人休闲活动倡议书》

　　最美桑榆景，人间重晚晴。老年休闲状况关乎老年人身心健康，以至于整个社会的和谐稳定与文明进步，理所当然成为全社会关注的重大民生议题。即如何帮助老年人自身提高休闲意识与活动技巧，同时进一步发掘养老助老资源，激活社区的助老帮扶功能，弘扬敬老爱老的良善风气。从今日起，我们愿以老年人为服务对象，立足老年人实际需求，注重老年人休闲活动规划与执行的科学性、可行性和实用性，偕同所有读者及广大老年群体发出如下四点倡议。

一、终身休闲
保障老年人终身参与休闲的权利与机会。

二、健康快乐
促进老年人生理活化、心理安适，拥有健康快乐的生活。

三、自主尊严
尊重老年人自主权及其追求自己想要的生活的权力。

四、社会参与
鼓励老年人参与社会，建立自信心与肯定自我存在价值。

倡议人：_____

第一篇

认识婴儿潮世代族群

第一章
生理老化的认识

在老年人相关研究的各层面中,生理学研究是最具基础与优先性的。随着生物科技及医药卫生的发展,人平均寿命不断增加,对老年人在生理上的改变与理论上的探究日增,相对的因应之道也进步许多。以下就老年人发展的生理基础进行讨论,主要包括生理老化的现象、生理老化的理论、生理老化的因应三大部分。

第一节 生理老化的现象

生理老化(physiological aging)是每一个个体均须经历的过程与人生课题,无法逃避。生理老化随着时间改变,人体生理自然产生变化的历程,又称为身体老化(physical aging)。由于生理老化的改变,使得人原有的机能退化,日常生活功能会受到影响;另一方面又加上科技的进步使人类寿命延长,老年期占了人生的1/3,更有必要对生理改变多加认识,以关切生理机能随年龄增加而趋于退化的现象。

基本上,生理改变的现象概分为一般生理改变、感觉系统改变及老化病理现象三大项,以下分别加以说明。

一、一般生理改变的现象

一般生理改变的现象,主要有外在及内在之别。外在生理改变是最容易感受到的身体外观上的改变,常会影响老年人的心理与社交行为,包括对活动的参与。

(一)外在生理的改变

老化过程在身体外表留下可以观察的线索,个体在身体外表的改变主要有下列几项。

1. 皮肤的改变

老化过程出现皮肤干枯、皱褶、厚度变薄及颜色改变。因为随着年龄的增长，皮肤细胞的纤维慢慢失去弹性，皮下脂肪及水分流失，表皮组织减少，真皮层的胶原纤维束减少且变硬，皮肤厚度仅为年轻时的80%。由于过度日晒的影响，太阳的紫外线会伤害皮肤表面具有弹性的纤维，使肌肤产生皱褶、干燥及硬化现象。

2. 毛发的改变

老化使得头发、胡须、脸毛及体毛有了变化。毛发变白是正常老化的现象，首先会出现于发鬓两边，然后慢慢地扩展至整个头皮范围，继而影响胡须及其他身体部分的毛发。随着年龄的增长，身体的毛囊数会减少，毛发的生长减慢及毛发变少。

3. 脸部的改变

老化在脸部形成的第一指标就是前额皱纹的出现，随着年龄的增长，逐渐增加其他皱纹，如鱼尾纹、嘴边至鼻子的笑纹、蹙眉的额纹等。另外，眼袋也渐明显，这是眼部皮肤下垂及脂肪堆积所致。加上脸部肌肤变干、变硬使皱纹更加明显，此种变化很容易观察到。

4. 牙齿的改变

随着年龄的增长，牙齿逐渐松动的现象，也是显著的特征。老年人因牙周病掉牙、缺牙的情形，与牙齿保健、家庭经济情况与生活环境有关。牙齿老化的过程始于牙龈萎缩与纤维化，珐琅质因磨损而变薄，牙龈血流量少而渐苍白，使咀嚼产生不便，进而对营养的摄取及人际互动都产生影响。

5. 其他外表的改变

除上述明显变化外，随着年龄增长，身高逐渐减少，中广身材及体重增加；中老年时说话声音变弱、速度变慢、沙哑及咬字不清，以及妇女胸部下垂等现象，也都是不可避免的。

（二）内在生理的改变

至于内在生理方面，虽然从外表不易察觉，可是身体内部的各种器官（系统），随着年龄的增加，在功能上易产生改变，其退化现象对健康的影响相当深远。

1. 肌肉骨骼系统的变化

肌肉方面，因为肌肉细胞数目减少，肌肉力度下降甚至萎缩，一般人70岁时的力量仅有25岁时的65%～85%，到80岁时则剩下一半。而骨骼也会老化，一般人骨质在25～30岁时达最高峰，从39岁开始慢慢下降，大概至50岁左右（女性停经后），骨质下降的速度增加，加上软骨变薄、韧带失去弹性，伴随疼痛情形，人的膝盖和髋部会略显弯曲，各种动作与走路步伐会逐渐迟缓。

2. 心血管循环系统的变化

老化主要导致两方面的改变：一是心脏肌肉的弹性纤维减少而变硬，二是心脏脂肪持续累积。因此，心脏的体积减小、心肌逐渐脂肪化，75岁时血液填充速度仅约25岁时的一半。同时，血管弹性纤维也减少，其中5%～10%的肌肉纤维因老化产生脂褐质（lipofusion），并会取代纤维构造，使得血管失去弹性，并且造成静脉曲张，血管壁附着脂肪、胆固醇，造成所谓的动脉粥状硬化（atherocherosis），使血液在循环系统中无法畅通流动。

3. 呼吸系统的变化

由于老化的影响，肺肌肉失去弹性，呼吸的效率降低，肺活量会慢慢下降。此为吸收氧气最大的能力，70岁时平均下降为50%。不过，有运动习惯的男性其肺活量的退化速度会较慢。当然，呼吸系统功能降低，有些是因为老化，也有不少是其他病理或环境因素所致。

4. 消化系统的变化

老化所导致的消化系统运作速度逐渐缓慢，提供营养的质量就会下降，影响食欲及活力，也伴随着出现唾液分泌减少，导致口干、咀嚼时出现不适；食道活力降低、吞咽较难、食物推迟进入胃部；而胃部肌肉退化及消化液成分的改变，导致食物延迟排空、食欲降低。肠道部分则蠕动变慢，延长粪便滞留时间。肝脏质量减小，在排解药物方面也会受到影响。

5. 泌尿排泄系统的变化

肾脏的重量与体积缩减，肾小球数量减少、过滤率降低、代谢功能变差。此外，膀胱的容积减小，失去50%的容量，加上弹性变差，造成尿频及尿失禁的现象；且膀胱收缩力下降，排尿以后膀胱里残余的尿增多。

6. 免疫系统的变化

随着年龄增长，淋巴系统的功能会降低，使得人抵抗病菌的能力减弱，甚至误认及攻击自体细胞，自我调节能力大受影响。另外，白血球的数目也会随着年龄增加而减少，使抵抗力更差，造成感染及严重疾病的机会日渐增加。

7. 生殖系统的变化

男女有别。男性方面，睾丸变柔软、容积减少、精子数减少；女性方面，更年期后卵巢功能停止，雌激素和黄体激素分泌量急速减少，性器官及组织萎缩，乳房也逐渐松弛、扁平。这些生殖系统的变化会产生性欲降低的倾向，但不会影响正常的性生活。

8. 内分泌系统的变化

随着年龄的增长，许多激素分泌减少，浓度也下降。如甲状腺功能降低，人体基础代谢率随之降低，适应力受影响；胰岛分泌功能衰退，使代谢饮食中葡萄糖的能力降低，造成血糖浓度升高；胸腺与免疫系统有关，胸腺萎缩，T细胞的功能减弱，容易罹患疾病；性激素中雌激素的减少，会导致骨质流失及增加患心血管疾病与阿尔茨海默病的风险。

二、感觉系统改变的现象

人类依靠感官与外在世界互动，感觉包括视觉、听觉、嗅觉、味觉、触觉、痛觉及运动觉。除生理功能的意义，在社会功能及社交活动中的意义上更是重要，对其功能退化的现象应多加认识。

（一）视觉系统的改变

老化过程造成视觉系统的改变是明显的，主要有两方面：一为视觉器官的结构性变化，眼睛器官与组织的结构性变化会影响视觉刺激的接收能力；二为视觉讯息处理历程的改变，主要是视野的缩小（有效视觉范围最大缩小至140°）、视力的减退和深度知觉的降低，影响视觉讯息的处理。

（二）听觉系统的改变

个体年龄的增长，外耳、中耳、内耳产生结构性的改变，听觉的讯息处理能力会下降，影响了沟通互动的进行。听力丧失的原因大多是内耳的改变，而内耳还负责平衡系统，退化的结果导致平衡感及其他反应能力变差，跌倒的情形会增加。

（三）其他感觉系统的改变

嗅觉与味觉的退化，对食欲的影响乃日渐显现，且嗅觉比味觉衰退要明显。另外，在身体各处分布有触觉和痛觉的"接受器"，也随着年龄的增长使其敏感度及功能呈现衰退趋势，对温度的变化及各种刺激现象，逐渐缺乏反应。同时，运动觉及平衡感会退化，影响了四肢活动与身体姿势，进而影响个体的社会生活。

（四）神经系统的改变

人类的大脑是由上百亿的神经元、神经细胞及神经胶质细胞所构成。神经胶质细胞是用以协助神经元以及神经细胞的运作的。随着老化，人类会丧失神经元以及神经胶质细胞，大脑的重量减轻，血流量减少，脑细胞和神经元的树状突减少，神经间的讯息传导速度会变慢，这些都会影响老年人的认知及动作功能。图1-1由左而右分别是年轻人、老年人与阿尔茨海默病患者的神经元比较，可看出老年人神经元的树状突远比年轻人的少，这影响了讯息传导功能；而阿尔茨海默病患者的神经元则明显呈现乱序状，导致讯息相互干扰。

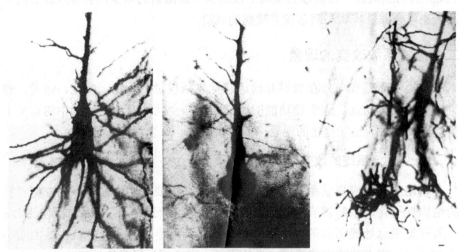

图1-1 神经元比较：年轻人、老年人与阿尔茨海默病患者间的差异

三、老化病理的现象

从另一个角度来看，老化的产生可分为"主因老化"及"次级老化"两项。主因老化是每个人都会发生，普遍而不可避免的，可能来自基因的构造，故称为"生物性老化"或"正常老化"。这种老化可以观察与被察觉，例如上述中的头发变灰、变稀，视力与听力减退，行动变慢等。次级老化则并非年龄造成，也不是普遍必然的现象，最常见的像是关节炎、高血压和糖尿病等。

因此，就老化的病理现象而言，正确的观念是：正常老化不是疾病，而很多疾病是次级老化所造成的。针对老化的相关疾病，可由早期诊疗推迟其退化，或以天然、人工组织进行更换，以修复损伤。若能平时保健预防、保持休闲运动习惯、早期诊断与治疗，就可以提升老年生活质量，减少疾病的发生。

第二节　生理老化的理论

生理老化的理论分为两种主要类型：基因论和累积论。前者主张老化是源自基因系统，特定的基因会导致生物的改变，最终导向死亡。后者认为老化是生活累积的结果，个体在生活中遭遇各种事件经年累月对生理损害，引起功能衰退或丧失。

一、先天遗传基因的理论取向

此取向以先天遗传的基因序列为基础，说明老化过程的规律性和预测性，强调个体生命与发展由遗传基因所控制，主要的理论内容包括基因遗传理论、细胞分裂理论、免疫学理论、新陈代谢理论等。

（一）基因遗传理论

生物的繁衍有赖基因遗传来促成，每一种生物也都呈现一定的最大生命期，如狗、猫为二三十年，人类可达120年。既然寿命长短是由遗传基因所决定的，个人要活到最高龄端视有无长寿基因。而针对百岁老年人的研究，发现他们血液中有较高浓度的抗氧化剂，较低浓度的自由基，比一般人少了20～30年的水平。然而，遗传赋予的长寿基因不一定保证使人们活到120岁，后天的生活形态及个人行为因素至关重要，这也包括了老年人休闲活动的参与情况。

（二）细胞分裂理论

从细胞生物学研究发现，正常细胞有再制功能以维持身体的生长与发展，此种内在结构是基因密码的一部分。但细胞分裂再制的功能有其上限，逐渐会衰退形成老化的现象，此种细胞分裂的上限学说即为"海富利克限制"（Hayflick Limit）。海富利克发现，人体细胞的分裂功能有上限，大约可达50次，最后细胞碎裂由吞噬细胞消除掉，而且此过程是不可逆转的，就算是将分裂20次的细胞抽取加以冷冻，一旦解冻了，那些细胞也只能再分裂30次。根据此一理论，可知老化发展过程按照一定顺序而来，符合老化生理时钟理论的说法。

（三）免疫学理论

吴尔福德（R. Walford）提出老化免疫学理论，认为伴随着年龄增加，保护身体免受感染的能力逐渐下降，而且免疫系统的失序情况增多。例如胸腺在免疫系统中就扮演非常重要的角色，尤其胸腺是调节免疫细胞分化成熟的主要器官，由主控身体免疫功能的基因来触发胸腺分泌的增减。但人体在30岁以后，胸腺逐渐衰退，到60岁以后血中就难以检测出胸腺肽（素）了。

（四）新陈代谢理论

新陈代谢理论强调生物体的新陈代谢能量是固定的，新陈代谢速率与老化速度有关。而从动物的实验发现，减少老鼠40%的热量摄取，其寿命会增加约30%，像是不少行动迟缓的动物，如绿蠵龟等，其新陈代谢率较低，寿命就比较长。但也并非所有生物都如此，有待进一步探究。所以才有了后来线粒体的研究。线粒体是产生95%新陈代谢能量的物质，但线粒体在呼吸作用中会被破坏，因而细胞的功能会下降。对老年人休闲活动而言，健康的追求与疾病的预防，甚至采取"慢活"的节奏，都是此理论衍生出来的看法。

二、后天结构损伤的理论取向

此理论取向强调身体机能的损害是由于生活中日积月累的结果，主张要避免老化受损、增强身体修补机能，推迟身体功能的急速衰退。主要理论内容包括耗损理论、交错结理论、损伤修补理论、自由基理论等。

（一）耗损理论

耗损理论认为生物机能因日常磨损或过度使用，使身体耗损导致病态。磨损或退化持续进行，在超出身体能力（细胞能力）而无法修补时，便开始老化的过程。此理论强调老化正是细胞经年累月运作，逐渐失去应有的功能，产生故障、破损，最终导致细胞逐渐损失。

（二）交错结理论

交错结理论是1942年由柏克斯坦（J. Bjorksten）所提出，认为分子联结分子的交错结逐渐累积，会瓦解分子的活动，伤害细胞功能，使组织失去弹性，器官退化。例如皮肤角质化，体内胶原物质造成白内障、血管栓塞等。体内血糖多了，会引起糖尿病，这些高浓度的糖分，使身体老化速度明显增快。

(三) 损伤修补理论

损伤修补理论主张老化过程是由遗传基因蓝图的损伤所引起。基因学家阿米氏（Bruce Ames）认为细胞本身可修补90%以上的细胞变异，但是每日在人体内有成千的错误未得到修补更正，导致产生许多的分子碎屑，产生制造蛋白质的错误，加快老化速度，犹如使用劣等的建材来修补房屋，影响老化的现象与过程。有些学者称这种现象为细胞突变说，以及基因成分修补说等相关理论。

(四) 自由基理论

自由基理论是由哈曼（Denham Harman）于1954年所提出，主张大部分老化的现象是自由基所造成的。前已提及，人体内正常细胞平均能分裂50次，然后细胞就会死亡，但因为细胞同时也有复制再生的功能，让人体得以继续正常运作；当细胞遭受到自由基攻击，就好比铁暴露在空气中久了就会生锈一样，产生氧化，就表示开始耗损。人体衰老过程就是氧化作用，让我们体内"生锈"的物质就是自由基。根据研究，许多器官的功能以每年6.25%速度衰退，到70岁时功能只剩下原先的35%。

三、生理老化理论的启示

由上述讨论可知，从先天的基因遗传到后天结构损伤修补，都有助于了解老化的成因，并加以克服弥补造成的问题与缺陷，两者具有相辅相成的作用，也促使两种理论取向产生合流的可能性。例如，长寿基因研究指出，抗氧化剂在长寿基因的演化过程中扮演重要角色，同时提醒大家检视老化的结构损伤理论，必须通过健康教育或休闲教育来学习如何保护身体机能，以免损害过大。而哈曼的自由基理论，认为细胞老化是一种结果，就是自由基对细胞产生生物化学的伤害，而长时间的堆积氧化损坏、对基因蓝图的损伤，也是由于自由基的增加所致。故此，我们除了可以让老年人以科学、客观的视角，平常心地通过休闲及教育了解自身老化现象与过程，同时还帮助老年教育人员与活动规划者了解老年人的特性，以及提供休闲活动规划的安排之道。

第三节 生理老化的因应

生理老化理论与研究的发展，也促进当前生物科技的发展，特别是实务上应用于推迟老化的成效更日渐彰显。从老年人休闲的角度而言，通过生物科技推迟老化，让老年人更有机会参与休闲活动，也可以不断发展他们新的潜能。也由于生物科技已被经济学家们视为明日的新兴产业，未来对人类老化的研究与应用将更为蓬勃发展，这对老年人休闲活动参与更是一大帮助。

一、推迟老化的新策略

在20世纪70年代，科学家就已经注意到一些没有好好控制血糖的糖尿病患者，他们的血红素上都会粘有葡萄糖，也就是说他们的血红素已受到焦糖化作用，这证明没有控制血糖的糖尿病患者，似乎都有加速老化的现象。许多老化的现象，如白内障、动脉硬化、心脏病、中风、肝硬化及关节硬化等，都在糖尿病患者身上较早出现，因此对老年人进行适合的休闲健康教育就相当重要，而且要及早开始，这些原理原则必须通过活动的进行使其娴熟于心。

由于人体每天都会产生自由基来残害细胞，所以人体的机能，就跟抗氧化（抗自由基）有关。执行这些任务，就落在抗氧化剂身上，通过抗氧化剂将这些自由基转换成无害的物质，就能减轻人体的损伤。自由基是老化的主要元凶，因此抗氧化能力的高低，就与寿命的长短息息相关，抗氧化能力愈强，人就活得愈久。进行老年人休闲活动时，可以介绍推迟老化可运用的抗氧化剂，以及各类激素。

（一）抗氧化剂

这是人体本身就具有的抗氧化防御机能，如超氧化物歧化酶（SOD）、各胱甘肽过氧化物酶及过氧化氢酶三种。但随着岁月的增长，上述防御机能会日渐衰退、加速老化；因此只好求其次，由体外补充外来的抗氧化剂，如维生素C及维生素E、胡萝卜素、银杏双黄酮等。

（二）褪黑素

松果体，古印度神秘主义者称为松果腺，为人体第三眼，其分泌的激素（褪黑素）可维持人体生命力。其主要作用在于延年益寿，保持青春活力、增强性功能、重建胸腺、加强免疫系统、强效抗氧化、对抗压力、改善睡眠、甚至治疗旅途后的时差问题。

（三）β胡萝卜素、维生素C及维生素E、硒、锌等

由食物如银杏、绿茶、乳蓟草等来加以补充，让体内产生抗氧化剂，也加强其他激素的作用。

（四）生长激素

由脑下垂体所制造，可恢复健康，返老还童，是青春之源。生长激素主

要作用在燃烧脂肪及重建肌肉张力，促进免疫系统，加强心脏功能，强化肾上腺功能，加强肝脏功能，可重新活化细胞及身体内重要器官，甚至将逐渐萎缩的器官变回正常尺寸。

（五）孕烯醇酮

由胆固醇衍生出来，由人体的大脑及肾上腺皮质产生。能增强记忆力，促进思想集中能力，克服无力感，缓和关节炎症。

（六）性激素

在女性体内由卵巢、肾上腺及孕妇胎盘中制造。号称"激素革命之母"，缓解更年期综合征，预防心脏病，重建健全的性功能，预防阿尔茨海默病，促进思考能力，预防骨质疏松，降低患大肠癌的风险，并预防牙齿脱落、改善皮肤质地。

（七）黄体激素（黄体酮）

由人体内孕妇的胎盘、肾上腺及黄体分泌。研究显示其可预防子宫癌，是天然镇静剂，加强性激素的作用，缓解停经症候群，刺激新骨质形成，治疗神经病变。

（八）睾酮

男性体内的睾酮可增加性冲动，重新强化肌肉张力，主要能预防骨质疏松，促进记忆力，降低血中胆固醇的浓度，预防心脏病。女性体内也会产生睾酮，是肾上腺及卵巢制造的，能增加性欲，缓解更年期综合征，以及克服忧郁、补充所需精力。

（九）甲状腺激素

甲状腺每年产生不到一茶匙的甲状腺激素，受脑下垂体控制。甲状腺激素可促进新陈代谢，防止脂肪形成，保持青春体态。另外，甲状旁腺激素可维持体内钙磷的平衡，在体内许多生化作用中扮演重要角色。

（十）脱氢表雄甾酮（DHEA）

由肾上腺和大脑皮质生成，是激素的前驱体，俗称超级激素、青春之泉等。能促进活力，增强性欲，恢复记忆力，强化免疫系统，克服压力，可预防心脏疾病，治疗干眼症等。

非遗传基因天赋长寿的人类，需要使用抗氧化剂及改变生活方式来克服先天基因缺失。因此，自然的抗氧化剂与补充剂作为全身细胞的燃料，可加强免疫系统、维持体能。同时，选择健康的生活方式，开展休闲活动，建立适当的饮食和运动习惯，才是健康之道。

二、生理老化对老年休闲活动规划者的启示

老化的现象对各方面参与活动都会产生影响，因此在活动安排上如何适应老化的现象，也是为老服务的重要课题。对老化的适应，应依照不同生理状况的老年人而定。就一般情形而言，下列几项共性的原则与具体做法，可供参考。

（一）对休闲活动安排的原则

1. 适度增加感官刺激的强度

个体生物老化中，最显著的现象之一，就是感官功能的衰退。从事休闲活动有赖于感官接收刺激。因此，要增强学习效果，所提供的刺激强度宜适度地增加，以便让学习者能正确清楚地感受到刺激的存在，才有持续参与的可能。

2. 增加使老年人适应的时间

由于老化而导致感官功能的退化，除了增强学习的刺激外，让老年参与者有较多的时间来适应刺激的改变，也是相当重要的一环。老年人的反应速度往往有衰退的现象，无论对环境刺激的感受以及对刺激的反应，均需要较长的反应时间始能完成。

3. 鼓励老年人依自己的速度进行活动参与

由于反应能力的减退，反应所需时间的增加，对于有时间限制的休闲活动，往往会使老年参与者感受到相当大的压力。此外，个人的反应能力也不相同，要求以整齐步调进行学习活动，事实上亦有困难。因此，对于老年人除应有充裕的时间来进行学习之外，更要允许他们能以自己的步调进行休闲活动。

4. 休闲活动结果应立即给予反馈

由于老化现象的产生，老年人对于自己休闲参与能力与活动效果往往欠缺信心。如果能对休闲活动参与的结果获得即时的了解，并且给予正向的反馈，不但可以激发老年参与者的信心，亦可对休闲参与的方法及过程做立即检讨，以求精进。

5. 增加成功的机会

老化往往使老年人对休闲活动的参与缺乏信心。因此，在活动开始时，休闲活动策划的内容应力求配合老年参与者的程度，并能利用其丰富的经验，

使其获得成功的机会，进而产生信心，提高活动参与的效果。

6. 鼓励老年人参与休闲活动设计

老年人最能了解自己的休闲需要与活动节奏速度。因此，对于休闲活动的安排、休闲目标的订定、休闲方式的选择、休闲时间的排定、活动步调的进行、休闲活动的设计等，均宜尽量让老年参与者共同谋划，或由老年参与者自行设计。

（二）适应老化现象的具体做法

1. 因应老年人生理老化的动态休闲情境安排

由于老年人外在生理的变化，如肌肉、骨骼的退化，所以在休闲活动的情境安排时须加以考虑，以符合老年人的需求和特性。

① 所有运动器材设备的座椅高度和舒适度要适中。座椅要适合老年人入座或离席。

② 每个活动环节的时间不可太长。课间应有充分的休息时间，以便让老年人能舒展筋骨与如厕。

③ 尽可能把活动场所设在一楼而非楼上，除非活动场所设有电梯等无障碍设施可供使用。此外，活动若为室内，温度要适中，不可太冷或太热。

④ 肢体活动的程度和种类，需要视老年参与者的体能状况和教室的空间而定。

⑤ 如果有老年人自行驾车或骑车前来参与活动，理想上应选择离停车场较近的活动场地；若条件允许，主办方也可以对身体不佳或行动有障碍的老年人提供接送服务。

2. 因应感官衰退与静态学习情境的安排

由于老年人在视觉和听觉上会有不同程度的退化，因此在教学情境上的安排需要考虑老年人这些感官的变化，以符合老年人的需求。

① 教室的照明度需要亮一点，但也要避免直射眼睛或太亮刺眼。

② 桌椅应尽量靠近讲台，必要时使用视听器材辅助教学。

③ 课桌椅的安排以圆形或半圆形为佳，这样既可方便讨论，又可以让每个人正视发言的人。

④ 善用视听器材辅助讲授，如投影设备等。投影片字色的选择，除了黑色，应以红色、橙色、黄色为主；如果必须使用到蓝色、绿色、紫色时，应有较明显的底色做对比，而且不要把蓝色、绿色、紫色的文字或图片放得太近。

⑤ 讲义的字体和行距应尽可能放大，对比颜色应明显。

⑥ 使用视听器材时往往需要关闭部分照明设备，在一暗一亮间，老年人

往往需要较长的时间去适应教室光线的变化，所以在进行时节奏应放缓。

⑦ 避免噪声干扰。选择离街道较远的教室，同时教室中应避免空调所产生的噪声。

⑧ 讲授者面对老年参与者，应避免一边讲、一边背对着老年人写黑板；因为嘴唇的动作和脸部的表情有助于听力不良的老年人了解所说的内容。此外，板书应力求工整。

⑨ 讲课时咬字要清晰，说话速度要放慢；女性教师应尽量把声调放低一些，避免因高频而不利老年人接收讯息。

⑩ 如果需要做分组活动，要注意参与者相互协助的问题，应对所有参与者的学习程度有所了解，并且不要把相同程度的分在一组，而是掺插分组，以便使他们能彼此相互帮助。

⑪ 当老年参与者提问时，应重述其所提问的问题，避免误解。

生物科技的发展为人类带来无穷的希望，不仅寿命得以延长，生命的质量也将有所提升。期盼随着生物科技与医药卫生的发展，对生理的改变与老化理论的探究能更加清晰，增进对生理老化的因应。若能配合老年人休闲活动的开展与实施，那么产生的效益就会更加显著，影响也将更加深远，真正达到活得愈长，休闲活动参与愈多；休闲活动参与愈多，生活质量愈好。因为，长期以来，老年人的休闲活动需求及老年人活动参与的重要目的，就是促进身心健康，尤其是婴儿潮世代的老年人，追求更有活力的人生是持续关注的人生课题。期待通过休闲活动的设计，确实整合这些发展趋势与需求，让老年人与老年休闲活动领域都能获得成长的良机。

第二章
心理老化的认识

个体在时间的推移中,产生了生理及心理的老化,这是一个无可避免的客观状态,每一个人都会发生。在生理老化与心理老化出现后,其直接的结果就是个体与社会互动或关系的改变,故生理的老化会导致心理的老化,这二者的变化又会导致社会的老化。本章主要探讨心理学目前对心理老化的相关研究结果,其次探讨心理老化的相关理论。经了解心理老化的现象与原因,再次提出面对心理老化如何帮助其因应与调适。兹分三节说明如下。

第一节 心理老化的现象

个体心理老化是来自生理老化的结果。一般所谓心理老化,是指个体在逐渐变老的过程中,所相伴而生的心理反应,和个体对老化的一种心理感受,以及自我感觉到老化的心理表现方式。

一、对"老"的心理感觉

个体何时感觉到自己"老了",没有人能确切指出时间点。因生理老化的过程,是缓慢而安静、持续地推进。个体对"老"的感觉,一定要等到各种内、外因在生理的变化持续而多方面的发生之后,引起自己的察觉,直至超过"阈限"(threshold)后,才会承认自己老了。对于个体在何种情况下才会感觉自己老,或承认自己"变老",美国成人发展心理学家怀特伯尔尼(Whitebourne,1999)曾提出"生理老化与自我认同的多重阈限模式"来加以说明。他指出老化的过程不断挑战自我的稳定感,老化的多重阈限模式就是在说明年龄改变与自我认同、因应过程、调适结果及与年龄有关的行为改变关系(如图2-1)。

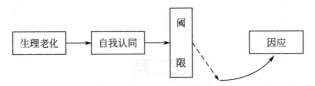

图2-1 怀特伯尔尼的自我认同与生理老化的多重阈限模式

资料来源：Whitebourne,1999:22

在此模式中，所谓"阈限"是指个体因年龄改变而被迫承认"老"的时间点。在此阈限未达到前，个体并不承认已老化（aging）或是老（old），或甚至已有了"老"的生理现象亦不承认；而一旦跨过了阈限，个体就会承认老化所带来的功能丧失，而开始改变自我认同，对外来老年生活加以适应。

值得一提的是，所谓"多重"（multiple）是指老化过程与身体的每一个系统（system）有关，故没有单一阈限可以导致对老化的自我认同。个体可能会对某种功能的改变，如在动作上感觉到老，但对另外层面，如视力或智力功能并不觉得老，还可能自认年轻。是否会跨过阈限，一方面须视老化过程的实际影响，或它对某特定而重要的功能产生的影响。换个方面来说，活动力对个体而言可能尚非重要，因为个体的乐趣，还可以从静态的阅读活动中得到，所以如果有一方面对个体适应能力有重要影响的改变，才会对自我认同有所影响。

由上述可知，个体感觉到老或老化，是相当主观的。怀特伯尔尼就直指个体间有相当大的差异存在，个体达到阈限的时间点是相当有弹性的。其中，导致个体自我认同的改变，通常来自"外貌""活动性"及"内在系统的变化"三大部分。如再以实足年龄而论，美国心理学家图克曼（T. Tuckman）曾进行老年自我感觉的研究。他指出自我感觉"老"的年龄，60岁的为17%、70岁的为38%、80岁的为54%；有趣的是，在他的研究中发现85岁以上的老年人仍自我感觉还是中年人的竟还有30%，感觉自己还是年轻人的占到了11%。此番数据，对规划老年人休闲活动或有参考的价值。

二、心理老化的表现

心理老化主要是受生理老化的影响而产生的一些心理现象。一般而言，生理老化皆因外在或内在系统造成一些机能的衰退，此种反应以消极负面的居多。至于心理老化所表现出来的现象究竟如何？历来有正负面的说法。也就是说，生理老化以负面居多，而心理的变化则可能两者兼具。

（一）正向的表现

由于岁月的推移、经验的积累，对老年人会有正面的看法，一般反应在情绪与智慧两方面。在情绪方面，愈老愈稳定，愈能对自己的情绪加以掌握，不冲动，看似所谓的平心静气、平顺温和的状态；在智慧方面，大众多数认为愈老愈显睿智，而体现出智慧。智慧是一种来自经验与生活淬炼的结晶，可以应用于实际生活中的一种智能。智慧可以表现在各种生活层面上，包括判断力提升、解决问题能力的增强。正所谓愈老愈懂人性、愈了解物性；愈老愈能洞悉因果、愈能掌握事件的脉络。事实上，智慧与老化的关系一直受到关注，如俗谚有云："家有一老，如有一宝""嘴上无毛、办事不牢""姜是老的辣"等，均在说明年长者是具有智慧的一群人，也有很多民间故事或生活轶事都指出智慧是老年人的特征。

当然，老年人不一定都有智慧。不过在实证性研究中，还是有很多研究发现年龄与智慧的发展有关。如柏提斯和史密斯（Baltes & Smith, 1990）发现有智慧的人中，多数为老年人。丹尼尔等人（Denny, Dew & Kroupa, 1995）曾进行有关一般对智慧看法的研究，要求受试者举出他们所认识的有智慧的人，而几乎所有不同年龄的受试者，所提出的人都比他们自己年龄大，显示一般人认为年龄与智慧有关的看法，确实普遍存在。

（二）负向的表现

就"得"与"失"的观点而言，一般的研究皆指出老年期失多得少。由于个体进入老年期被视为是走入了"丧失时期"，将不断面临健康的丧失、动人容貌的消退、经济独立性的失去、同辈亲友的凋零、动作能力的减退、家庭及社会地位的丧失、智能与生动情感的衰退等，均可能导致老年人的负面心理情绪出现。大致上可以归纳三个部分。

1. 自我概念的改变

自我概念的改变，对其心理与行为有重要的影响。在心理上会影响其自信心与自尊心，使其信心不足，导致不敢尝试新的事物；自尊心减弱会使老年人自觉无法与年轻人相比，参与社会活动的意愿低落，从而逐渐与社会群体分离，断绝人际往来，走入自我封闭的生活方式。

2. 认知功能的减退

由于智力的减退，影响老年人的学习力，会使老年人学习意愿低落，造成学习动机减退。尤其是记忆力的衰退，所谓"愈老愈记不住"，老年人的记忆力不好，是一般人普遍的概念。确实，记忆力与年龄有关，研究也证实年龄愈大，记忆力愈差（Cavanaugh & Blanchard-Field, 2002）。老年人在信息的获取、保持及检索上确有若干程度的困难，因而对自己感到失望（这部分我们在后文还会针对认知老化进一步探讨）。

3. 人格情绪的改变

有关人格的研究发现个体随着变老的过程，会伴随人格上的改变，包括愈来愈内向化、中性化（即同时兼具两性人格特质者）、愈来愈趋向场地依赖、愈外控倾向（归因于外，而非自控）。有关老年人的性格特征，日本学者金子与德国学者马姆尼克（Mumnichs）曾分别进行探究，发现不论东方还是西方，老年人的性格表现有颇多类似之处，包括：①自我中心；②内向性；③保守性；④好猜疑、忌妒心强；⑤固执、欠缺坚韧性与灵活性；⑥适应力衰退；⑦唠叨、怨天尤人、牢骚满腹；⑧爱管闲事；⑨依赖性大；⑩有抑郁倾向。上述研究，并非指老年人都具备这些特征，而是具备其中一二或几项而已，且轻重程度不一。我们通常指老年人固执、僵化、保守、唠叨、猜疑、易怒等，与前述研究似不谋而合。

第二节 心理老化的理论

为了解心理老化的原因、过程及心理老化的结果，有必要进行相关理论的探讨。一般在心理老化中常提到的理论有心理社会发展论、生命四季理论、发展理论、认知行为理论、认知情绪发展理论等。而由于心理老化所涉及的层面甚广，因此目前已发展出来的理论，均能说明个体某一心理现象的老化情形，但尚无一种理论可以解释所有心理层面的老化过程现象，各有所偏重。另外，对于少数居住疗养院或长期卧病的老年人并不具适用性。

一、艾利克森（E. H. Erikson）心理社会发展论

主张人的发展受文化和社会的影响。进一步将个体发展分成八阶段，每一阶段皆有发展主题与需完成的发展任务，视为常态的生命事件，也是危机与转机的关键，他认为人的发展来自人的内在生物压力与外在社会文化期望，各个阶段的中心主题或冲突可经由正向而健康，或悲观而不健康的方式获得解决（如表2-1）。若每一个时期的困难未能解决，则危机依然存在，困难解决则危机变为转机，继续顺利发展；而早期冲突的圆满解决，有助于后续阶段冲突的解决。

表2-1 心理社会发展论八大阶段

期别	期间	发展关键	特征
1	1岁 婴儿期	对人信赖或不信赖	信任感必须要感觉到身体的安适,以及对未来不感到害怕恐惧。婴儿的基本需要,透过主要照顾者(母亲或母亲替代者)的细心回应获得满足
2	2~3岁 儿童早期	活泼主动或羞愧怀疑	从照顾者(父母)获得信任感之后,幼儿开始发现他们有自己的意愿。他们坚持自己的自主性或独立,了解自己的意愿。如果幼儿受到过多的限制或太严厉的惩罚,很可能会发展羞愧感和自我怀疑
3	3~6岁 游戏阶段	自动自发或退缩内疚	当学龄前的儿童面对更宽广的社会,他们会受到更多的挑战。这个阶段要求儿童承担更多的责任。然而,若孩子们出现不负责任的状态时,可能会发展出过多的罪恶感。此时重要人际焦点为家庭
4	6岁~青年期 上学阶段	勤奋进取或自贬自卑	当儿童进入小学时,将精力直接导向掌握知识与智力技能。此阶段的危机包括感到无能力和无用
5	青年期	自我统合或角色混乱	个人面临寻找自己是谁,以及未来人生将往哪里去。试着探索不同的解决之道,找到自己的角色定位。生涯探索是很重要的
6	成年期	友爱亲密或孤独疏离	个人面临发展任务是与他人建立亲密关系,这个时期我们会去找寻亲密伴侣
7	中年期	精力充沛或颓废迟滞	协助较年轻的一代发展并过着有用生活;着重分工与享受家的温暖
8	老年期	完美无憾或悲观绝望	个人回顾和评估其在人生中做了什么。追溯过往,可能是正向或负向的。重要关系者为气味相投者

注:引自张春兴(1993);黎士鸣、陈秋榛译(2012)。

心理社会发展论在发展心理学中起了非常大的作用,转向生命周期的论述。Morton Hunt认为造成这种转变的一个重要影响,是几十年来一直在进行的许多重要的纵贯性研究所提供的大量生命周期数据;另外就是第二次世界大战后那批婴儿潮出生的人从儿童转向成年及中年的过渡期,以及随之而来把注意力集中在中年及老年更年期的问题上(李斯译,2000)。Papalia, Olds & Feldman依照Erikson所说,成年期后三期所面临的中心主题如下(张慧芝译,2002)。

(1)亲密对孤立 评量成年早期的心理社会发展是否成熟的指标,在于能否成功地解决亲密对孤立的冲突。具社会性成熟的成人能有效与他人沟通,对他人的需求敏感,具有包容力。反之,则会产生孤立感,甚至转而过分崇拜某些领导者或时尚的人物。

(2)生产对颓废迟滞 中年期是有生产力与照顾别人的时期。生产意味着分享、给予或生产力的感觉,这会使人感到生活充实。而颓废迟滞却是指自我中心或自我放纵,只关心自己。这种态度显示出个人贫乏,生活空虚。

（3）自我统整对绝望　若在老年期能解决自我统整对绝望的心理社会危机，个体就能获致人格上和谐的发展。自我统整是人格上的统合，并且与社会角色的关联性，使人对生活感到满意，生活因有生产力而满怀幸福。若缺乏自我统整，则会畏惧死亡，感叹人生苦短，对生命感到绝望。若能以正向角度面对往昔冲突与解决，则会觉得不虚此生而觉得生命充实有意义。

由此可发现，Erikson的心理社会发展论支持老年期仍持续有心理的成长，老年人可以用许多方式回顾及感恩其人生旅程。换句话说，人生最后一个阶段的老年期，面临的挑战是如何保持活跃地投入到现在的生活，同时能统整过去的生命历史，得以看到老年人的智慧和内化统整的历程。

二、利文逊（D. J. Levinson）的生命四季理论

理论强调年龄与发展的关系，每个时期皆有其发展任务。在《男人生命的四季》一书中，以春耕、夏耘、秋收、冬藏，比喻男人生命中有如一年四季的特殊阶段性质。"春天是那花开的时节、冬天是那死亡的季节，但也同时是新生及新的周期之开始"（Levinson，1978）。Levinson认为：当外在的事件有决定性影响力的时候，如果我们考虑自我何以运作，可能有助于引起、调控此效果；假若内心产生戏剧性的冲突，而我们考虑到外在产生的影响，可能会触及冲突并决定它如何被结束。

由图2-2可知，转换时期会终结既存的生活结构，并创造出一个新的模式。每一个转换时期的主要任务是质疑与评估既存的结构，进而发展未来；所谓发展未来就是要面临抉择，让决定具体化并给予期望、承诺，然后进入下一个阶段。成年中期的顶点、成年晚期转换期、成年晚期说明如下（Levinson，1978）。

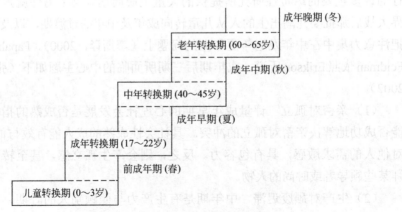

图2-2　Levinson的生命四季理论

资料来源：Levinson（1978）The Season of Men's Life

（1）成年中期（middle adulthood）的顶点　大约是在55～60岁这一稳定的期间，主要是建立完成中期成年期中第二次的中期成年期结构。对于男人而言，50岁左右的十年间是成就自己的重要时间，它就类似早期成年期时的安定期（settle down）。此一时期可能是人生的巅峰，是人生中最有成就的生命阶段之一，这是一个丰收的阶段，对于自我更加的肯定。

（2）成年晚期转换期（late adult transition）　此期约是60～65岁，年长者开始经历身体的衰退，意识到死亡。重新检讨过去的选择及当前的生活结构，改变或稳定目前的生活方式。晚期成年转换时期会终结中期成年期，并开始晚期成年期阶段，它的任务为总结中期成年期所做的努力，同时准备下一个时期的到来，本期也代表了生命循环的转折点。

（3）成年晚期（late adulthood）　此期乃65岁以上，逐渐意识到无法在世界舞台居于重要地位，此时有尊严及安全的退休是重要的课题。在生命循环末期，个人逐渐理解死亡是一个自然的过程，对生命的不朽与终极关怀也有更深刻的认知。

三、佩克（Peck）的发展理论

这将艾利克森的理论中，有关老年期的发展定义扩充为三层次，认为必须解决发展上的三大危机。

（一）自我分化与工作角色偏见的危机

中年时期的价值感来自工作角色或职业。对某些人来说，从退休开始，就象征其价值感急速衰退。故在个体面临退休之时，会有两种情况可能发生：失去价值感或重整其自尊。故老年人退休后就处在失去工作，没有价值或寻求更多值得自傲与肯定的方式，以维持自己的活力与自我概念。

（二）身体超越与身体偏见的危机

老化带来身体功能的衰退，故老年人所面临的第二危机是适应与超越身体功能的衰退。有些老年人会随着机能的下降，降低了对生活的满意度与幸福感；另外有些人则能从人际关系的重视与获得，来克服身体的不适，维持满意的生活。故老年人的任务，在于摆脱对身体的过度重视，排除对力量、美貌、肌肉的执着，代之培养心智与服务社会的力量。

（三）自我超越与自我偏见的危机

自我超越指接受死亡，对人生最终的旅程不惧不忧，坦然接受，绝非被动无奈地接受死亡，而是主动做计划，超越死亡。自我偏见则是个体拒绝接受死亡、沉溺于眼前的自我满足。老年人应对死亡有一种坦然接受的胸怀，进而超越自我。

佩克的发展论，对艾利克森理论进行补充与扩张，提出对其老年期发展任务的看法，也受到不少学者的支持与肯定，成为进行老年人适应问题与辅导上的参考依据，有其应用价值。

四、认知行为理论

此观点来自认知行为治疗（cognitive-behavior theory, CBT）学派，主张个体思考方式多数取决于自己的感受，亦即思想会引发情绪的反应。认知行为理论就是试图改变个体不适当的思考习惯，以减轻情绪困扰，包括沮丧、生气与焦虑等，以促进个体日常的适应。其过程可以通过"A、B、C、D"来加以描述，A代表事件，即使个体焦虑、沮丧等事件，B代表使自己变老的信念，C代表他的情绪困扰是来自逐渐变老（A）；但年龄并不会直接引起情绪困扰（C），而是某位老年人想到自己逐渐老去（B）而引起的，并且联想到即将没有价值、被孤立。这种错误的信念使他有不适应的行为（D）出现，如产生饮食及睡眠困扰，或自虐的行为。

从认知行为的途径来探讨心理老化，已愈来愈普及，且被接受为检验个体晚年生活的一种良好架构；该理论被广泛地应用在各种老年人的认知与情绪的问题上，包括沮丧、记忆力丧失、慢性病的副作用、休闲活动的表现等。

五、认知情绪发展理论

老年人对于情绪的觉察、说明情绪的能力以及控制情绪的技巧等，都是个体晚年认知的重要组成部分。有关此方面的说法，主要又有两种论述，如下依序说明。

（一）社会情绪选择理论

这是一种非病理学的探讨，试图要在个体生命期中对社会动机和情感控制做明显的联结。该理论认为老年人晚年虽然从社会活动中撤退下来，但不视为全面衰退或沮丧的信号，而是认为晚年社会网络的缩小是一种适应与正常的老化模式，与个体情绪控制有关。简单来说，就是老年人社会网络消退，是个体选择将个人时间与精力较少花在结交新朋友或维持表面的交往，而把精力投入在已有的亲密关系人身上，愿意花更多的时间与亲密的家人和朋友深化互动。因此，这种社会网络广度与深度的改变，在个体的情绪表现上有重要影响。

（二）分离情绪功能主义理论

分离情绪理论将人类的情绪区分为：兴趣（interest）、高兴（joy）、生气（anger）、悲伤（sadness）、害怕（fear）、惊讶（surprise）和厌恶（disgust）七种不同性质的情绪状态。每一种情绪都有三种成分，分别是：①中枢神经评估成分，这是用以产生和认知情绪的生理结构与功能；②表现性的成分，这是有关情绪的声音、脸部及其他非语言的特征；③经验性的成分，这是与各种情绪有关的认知和动机性属性。

分离情绪功能主义者认为，个体的情绪包括各自分离的情绪状态，又自出生后，通过与环境或重要事件互动而形成。随着年龄的增长，个体的情绪经验就更加复杂。而情绪也保留了稳定性与一致性，经内化形成了人格的一部分。所以人格的改变是随着个体生命事件缓慢质变的，除非有一个强烈的影响事件发生。综合言之，该理论提供了解老年人情绪发展的内部动力关系，以及点出老年人因经验而导致情绪的复杂性与多样性，同时说明了情绪与人格有必然的关系存在，有助于我们在规划活动时理解老年人的情绪反应。

第三节　心理老化的因应

本章旨在探讨心理老化现象，以及各式相关理论，提供了解老年人及老化相关议题的基础。本节特就个体面对心理老化现象及其成因，提出因应与调适的途径，以提高老年人适应的能力。兹分为两个部分加以说明。

一、翻转新思想

（一）对"老"要有正确的观念

人人都会老，你我跑不掉。首先，老化是一种无可逃避的过程，它是个体发展的必然现象，需要了解它、顺应它，进而享受它带来的生命体验，自我调适是相当必要的。其次，"老"不一定都是不好，而且人生每个阶段均有得与失、利与不利之处；事实上老在生活中也有许多好处，包括可以卸下社会责任、开始享有退休金等各种福利措施、可以过自己想要的生活与发展自己的兴趣爱好。最后，因为寿命的延长，老年期不断向后推移，从退休开始计算，老年期可以长达30年甚至40年，是相当漫长的，要好好利用，绝不能坐等，辜负时光与自己。应该要积极主动做好准备与规划，开启老年人生璀璨的休闲黄金时期。

(二)改变对"老化"的认知

一般人对老化的认知,通常只从"生理"的角度着眼,而忽略心理与社会的层面,但是,有别于生理老化往往是负面的,心理老化与社会老化则可能是正面的。要知道生理老化发生在前,心理及社会老化发生在后,生理老化是心理老化及社会层面老化的先决条件及发生基础,在生理老化之后才会发生心理老化,我们应通过休闲或对健康的重视以推迟生理老化,并对自己进行心理建设。

(三)积极面对,完成老年期的发展任务

学者认为,人生是一个适应的过程,而退休生活更是需要调适的过程。佩克的发展理论提及,老年期的发展任务为统整自我的价值感、超越身体与超越自我,此一时期的发展危机在于对工作角色、身体及自我具有偏见,要达成老年期的发展任务及避免偏见的产生,首要重视之前的准备、对老化的正确认知及采取调适与因应的措施。应尽早准备,以积极的态度面对实际,才能达到艾利克森所言的"圆熟智慧",而非徒呼奈何。

(四)经由生命回顾,发展对生命的统整感

如同上述,艾利克森的心理社会发展论认为,老年期发展上最重要的核心价值就是统整。因此,发展老年人的自我统整感,可借由生命回顾(life review),发现生命的意义与价值,进而塑造自我对生命的统整感,以促进智慧,达到人生发展的最高境界。在此强调的是,所谓生命回顾,是指对过去生命过程做检验与反省,而非仅选择性地就快乐经验进行片面回忆。

(五)致力发展正向情绪,减少负向思维

依社会情绪选择理论指出,晚年在社会网络上会产生窄化,以及将重要的人际亲密关系持续深化。成功的情绪控制,就是使正向的情绪做高度的发展,并致力减少负向情绪。老年期最重要的生活目标,不外是追求健康愉快的生活,这意味着身体与精神层面都需要具备。而要高度发展正向的情绪,避免负向情绪的产生,可从拓展或巩固社会网络、多参与社会活动、强化亲朋老友的互动往来,促成情感的依附扶持入手,这些都是引发及维持良好情绪的重要源泉。

(六)处理重要的人际事件,以维持情绪与人格的稳定

分离情绪功能主义理论指出,人格是由重要影响的情绪经验所构成,一旦对情绪发生强烈影响的事件发生,恐使老年人的人格突然变化。会引发人

格突然改变的事件，通常是人际的事件。对于老年人而言，情绪与人格突然骤变，都会使老年人适应不良，需要重新摸索以新的模式进行生活的调适，甚或打击过深，无从恢复而一蹶不振。因此，在老年期中，对于重要的人际关系的处理，要采取执中、智慧的策略，化解可能的冲突，以维持稳定。这也是休闲活动规划者在执行活动过程中，应时刻注意的地方。

（七）豁达悠然，追求活得充实

所谓"豁达"，就是能够看穿事物的表象，把握人生的目标，展开胸襟与开拓视野，展现宽容，能专心于自己的事务，并进一步帮助别人、提携后进，这是人格的丰富，也是修为的高层次境界。所谓"悠然"，就是对老化所带来消极负面的影响，采取坦然面对，同时能将负面的影响转化为正向的积极态度，正是一种对人生抱持正面的乐观心态，也是一种适应的策略。如果老年人能够培养出幽默感，这将是进入老年生涯的一把黄金钥匙。

二、心理老化对老年休闲活动规划者的启示

由于老年人的心理特质、压力与情绪的来源，以及维持心理健康的问题，都与早成年期与中老年期的参与者不同，因此在老年人休闲情境安排与活动方案的设计上，都应考虑老年人这些特有的心理现象。以下就老年人心理特质，提出几项可供参考的原则。

（一）在休闲活动中增加老年人统整经验的机会

毋庸讳言，生命逐渐老去的事实对老年人的人格发展与心理健康会造成相当大的影响；从理论上来说，不论是人格发展理论的观点，还是因应压力的方式，也都强调老年人能否克服"死"的恐惧，以及能否接纳自己过往的经验，进而接受当下的生命事实，往往是影响老年人对现阶段生命满意与否的重要因素。故而，在休闲活动中提供老年人检视自己过往的生命经验，并厘清过往的经验对当下的意义，将有效帮助老年人接纳当下的自我。此外，正如艾利克森所言，智慧的开展是促使晚年期个体有效自我统整的重要因素，所以在休闲活动中也应该增加老年人与其他人进行真实的心智活动，例如益智游戏等，或通过一些情境两难的问题，使之与其他人交流、产生经验对话。

（二）保持学习活动的参与，可有效降低情绪性疾病的发生

一般而言，心理健康通常有三个指标，分别是：情绪稳定、热爱生命、能与人和谐相处。对于许多老年人而言，最常面临的情绪困扰包括：①在退休后，不知如何与配偶或家属相处；②丧偶后，一时无法适应单身的生活，

或是面对生命即将老去的事实，尚未发现当下生命的意义，以至于对生命持冷淡的态度。此时，若能保持社会活动的参与，往往能够有效地改善上述这些情绪上的问题。在各种可参与的社会活动中，参与学习活动应是可列为优先选择的项目。因此一般社会活动的参与，例如：志愿者服务活动、休闲性社团，或许可以改善人际关系孤立的现况，但是却不能像学习活动一样，能有系统地提升与开展个体对生命的审视。当代社会终身学习不只是一个口号，更是一个具体事实，为维持自己的心理健康，老年人在自己体力与经济能负荷的前提下，应持续参与休闲类的学习活动。

（三）成功的老化应是老年人参与休闲活动的重要目的

老年参与者与一般成人参与者在休闲活动需求上最大的不同是：老年参与者不再以实用技能的取得，或是雕塑健美壮硕身材为主要需求；老年人可能只是为了休闲而休闲，也可能只是借此拓展自己的人际关系。因此在休闲活动设计上可以：①提供老年参与者更多心智功能作业的练习，以减缓老年人认知功能的衰退；②提供老年人社会参与的机会；③可以通过互动游戏保持老年人心理健康。

重新出发，从"心"出发。每一个进入老年期的人，都走过了一段相当漫长的岁月；在人生的旅途上必有欢乐亦有痛苦，悲喜交集。如常缅怀过往，沉浸于无尽的懊悔之中，势将痛苦不堪；如常回忆过往，追寻往日的欢乐，心驰神往，也将使自己陷入那一去不复返的虚幻岁月中，而无法自拔，从而认为现实的老年生活是没滋没味的、愁苦的。这两种心态让老年人跌落往昔，容易与社会脱节，都相当危险，徒增老境的荒凉与孤寂。老年人要明白、我们也要一起与老年人共同发现他们生命的意义与价值，塑造统整感，开创老年新生涯的信念和勇气，使自己能够继续发光发热，做有益社会的事，这就是活得充实。活得充实就能够得到快乐，而有益于身心的健康。身心的健康，是人生每一阶段都很重要的目标，更是老年生涯根本的意义与价值所在。

第三章
社会老化的认识

个体在社会中生存,在社会上发展,个体身心的老化,无可避免会影响其社会互动及人际关系,可见社会的老化也是至关重要的一环。学者邱天助(2002)的研究发现,一般对老年人的界定,以生理老化认定者占49.3%,而以社会角色做界定者占了38.5%,许多到了老年阈限的人,会承认自己真的老了是当了祖父母之后,是社会老化的角色转变。可见社会老化层面的探讨甚为重要,尤其它涉及了人际互动关系,对于休闲活动规划者而言更要谨慎面对。本章探讨社会老化的现象、社会老化的理论,以及对社会老化的因应。兹分三节说明如下。

第一节 社会老化的现象

社会老化涉及个体与社会环境的互动关系。究竟它所涉及的范围为何?社会老化会表现在哪些现象上?此两个问题为本节探讨的重点,故首先从社会老化的意义谈起,再具体论述社会老化的现象。

一、社会老化的意义

长期以来,对老化的探讨一直偏重在生理层面,其后关注到心理层次,通过心理学发展了许多理论;至于社会老化层面的探究,则迟至20世纪50年代以后。社会层面的探讨,充实了对个体老化差异的了解,并且打开了个体老化的新视野,推进了对个体老化全面性的认识,使人得以窥探个体老化的全貌,相当具有意义。如同社会学家和德里克斯与阿钦伯尔尼(Hendricks & Achenbaum,1992)所言:"老化经由经济、经验和文化的介入探究,始能彰显老化现象的影响与意义"。

所谓社会老化（social aging）是指个体进入老年期后，与社会互动关系的改变情形，亦即个体从主流社会撤退或脱离的现象。个体在老化的过程中，有时候与社会的关系并非由自己所能完全决定，而是社会对年纪较大者的行为模式已设定了一种制度准则，来规范他的行为。例如：认为老年人该从职场上撤离，而有了退休制度的建立；或认为老年人应该在家中含饴弄孙、颐养天年。这些想法都会影响老年人的角色转型与生活形态，进而决定其与社会互动的关系。因此，社会的老化，不像生理老化或心理老化，可借由自身的努力将老化对个人的影响减到最低，甚或扭转为积极的一面。基于上述，社会的老化包括四方面的含义。

（一）社会老化来自生理与心理老化的结果

个体的生理和心理老化是一种客观的法则，为每个人无法逃避的现象。个体在历经身心老化之后，其直接的结果就是与社会互动关系的改变；通常老年人因为生理与心理的老化，导致再社会化的能力减弱，往往被排除在社会生产的主流人群之外。19世纪70年代，德国首相俾斯麦所主导建立的强迫退休制度，在当时的想法是一种社会福利与保障，是对已工作数十年的老年人所做出的一种回馈。但此种制度从另一角度观之，也是对个体老化抱持一种否定、负面的态度，认为其生理与心理已不堪负荷，而使个体退出工作领域。

（二）个体社会老化的具体表现就是角色的中断与次级角色的转换

个体的主要角色在于职场及家庭。到了老年阶段，这两个场合的角色均有所改变。在职场上面临退休，原有的岗位角色丧失，即使再重拾工作或担任志愿者，均为次一级或辅助性角色。许多人视工作角色为一个人的社会地位，个体退休后，取而代之的往往是退休老年人的新称谓，被社会学家称为"无角色的角色人"（rolelessness）。在家庭中，老年父母的角色也产生了模糊化，育孙的权利与义务相当模糊不清，使老年父母难以调适这种角色的中断、角色的转换或角色定位的不明。这些对老年人的社会参与关系，均会产生相当大的影响。

（三）个体社会老化呈现相当大的差异性

个体社会老化的差异来自三方面：身心老化的差异性、角色改变的差异性以及再社会化的差异性。首先，在身心老化方面，我们已从前两章理解了个体间在速度、程度上有极大的不同，例如有些老年人依旧健步如飞，有些老年人则瘫痪在床；其次，就角色的改变而言，有些人仍然持续工作至最后生命期，中途并没有中断或转换另一种角色，而有些老年人则转换到另一个职业，或为部分时间的工作者、或为志愿者，在工作表现上仍然积极活跃；也有些人选择完全离开原有工作，赋闲在家，从此过着清静无为的日子。另就再社会化而言，也是因人而异，有些易接受新观念、新思想，积极参与休闲活动与学习，有些人则墨守成规、保守固执，较无从适应社会的发展变迁。

（四）个体角色改变的过程，依三阶段进行

①第一阶段：中年的角色稳定时期。个体到了中年后，生理功能已开始逐渐下降，生理老化现象约在40岁左右显现，为个体自身与他人所能感受察觉到，此时因身心老化的影响，导致再社会化的能力减弱，故已届中年时一般不轻易变更已具有的职场角色，呈现稳定固化的特征。②第二阶段：角色中断或转换为次级角色时期。此一阶段通常会遭逢退休，在家庭中的角色地位也呈现弱化的情形。③第三阶段：角色的撤离时期。到了第三时期，也就是到了"老老"阶段，会经历体力急剧衰退、生活上无法自我照顾，需要他人照护扶持，或已无法担任次级角色，可以说进入一个角色撤离的阶段。

二、社会老化的现象

经上述分析，可知社会老化的体现，即在于工作角色的中断或次级角色的转换、社会地位的滑落、家庭角色的改变、人际互动的减少及社会生活参与的不足等。

（一）工作角色的中断或次级角色的转换

这部分的原因，主要就是来自退休。退休是人生重大的转换，也是重大的挑战。个人是否退休，何时可以退休，依循社会制度而来，并非个体可以单方面自由决定的。由于工作岗位与工作者角色的扮演，伴随而生的是金钱、自尊、自信以及人际网络的改变。退休会使原有的工作产生中止，导致原扮演的角色中断，而使个体成为没有角色的角色（rolelessness）。有些人在原有工作结束后，会想办法转换到另一项工作中，或转为部分时间工作，或担任志愿者。但不管哪一种，这些转换后的工作，在整体社会主流中往往是次一级或辅助性的角色。

（二）社会地位的滑落

老年人社会地位下降，具体表现在两个方面，即上述所说的退休，以及对老年人的歧视。其一是退休制度的建立，原具有人文主义的色彩，但是自19世纪实施至今，值得反思检讨之处有二：①现代老年人的健康状况已大为改善，生命期不断增加，故仍以一个世纪前老年人的身体状况作为强迫退休

的指标，显非适当；②以实足年龄作为退休唯一依据，无法确切代表其身心状况，无视发展上所显现的个别差异存在。其二是部分电子及平面传播媒体的报道，常会不经意建立老年人体弱多病、保守顽固的"形象"，或是老年人就是个弱者，要给予怜悯照顾、关怀协助，此种偏见颇为盛行，甚至在整个社会体系中带来种种对老年人的歧视行为，冠以"老而无用""老狗玩不出新把戏"等错误见解，使其社会地位大幅滑落。事实上，新一代的老年人在教育、经济等方面均有卓越的表现，已与过去的老年人不同，又因其经验丰富可以成为年轻人的人生导师，然社会却未能给予其发挥的舞台，致使两代人双输。

（三）家庭角色的改变

老年人在家中，最重要的两种角色就是父母和配偶。就父母角色而言，由于子女长大，父母作为家长或监护人的角色也随之淡化，而社会对空巢期父母角色的期望，同时随之降低或中止；待过一段时间，老年父母又负起照顾或教养孙子女的责任，但这时只是成年子女的帮手或协助者的角色了。在配偶方面，所谓的"老伴"是老年人的相互依赖，在现今时代里，就经济支持、日常生活照料和精神慰藉，老伴发挥了子女无法替代的作用；一旦进入丧偶阶段，从配偶角色变成鳏寡角色，无论男女均会面临强大的打击，故丧偶对老年人的负面影响大于其他生活事件，亟宜正视，加以关注。

（四）家庭地位的削弱

许多老年人在家庭中因角色淡化而地位不若以往，即权威父母角色的卸下、家庭经济重任角色的卸下、对家庭中事务参与或决定的角色退居幕后，走向扮演被告知的角色。兼之，又因收入减少、体力日衰、活动力减退，也会使老年人依赖性增加。这种由主角到配角、由独立到依赖、由支配到被支配，均显示老年人在家庭中地位的下滑。在东方文化中，相当重视家庭功能及亲情，此番改变对老年人的心理影响尤大，有待好好引导，树立正确的社会老化观念，以降低其冲击。

（五）人际关系的疏离，互动的减少

由于从工作岗位上退休，因工作而产生的各种人际关系，将随退休而逐渐疏远，甚至中断；再者，由于子女长大离家、配偶离世，这些现象均会造成老年人的人际互动再次受到冲击并减少。同时，个体因身心老化，使得老年人对于各种活动的参与不足，最终变成老年人在面对人群时产生退缩念头、易受伤害，渐渐与社会隔绝。因此，老年人若常有家人或亲友陪伴探望，共同参与一项户外活动，最能改善老年人的精神状态，有助于提高生活质量。

第二节　社会老化的理论

社会老化的理论，自20世纪50年代迄今，随着社会的变迁而陆续发展，已累积了丰硕、且较为成熟的论述。下面依理论探讨所涉及的范围，将社会老化的理论分为微观、中观及宏观三种层面。所谓微观层面理论，是指该理论着重在个体老化与社会互动的关系；中观层面理论，是指该理论所探讨的重点在于老年族群与社会系统的关系；所谓宏观层面理论，则从社会变迁、人口老化的观点，探讨老年人与整个社会结构的关系。

一、微观层面的理论

微观层面的理论主要关注个体老化如何适应社会的问题。不同的微观理论对正常老化的现象，提出各不相同的说明，但其共同点就是都提出"最适老化"（optimal aging）的假设，即均着眼于个体在老化过程中，应采取何种最好的调适方式。微观层次的理论包括撤退理论、活动理论、持续理论三种。

（一）撤退理论

撤退理论由康米与亨利（E. Cumming & W. Henry）在1961年，针对堪萨斯州257位50~90岁身体健康、经济自足的老年人，进行的横断面调查分析所提出的，主张所有的社会要循序渐进地进行老年人及年轻人之间的世代交替。也就是说，其理论认为老年人晚年逐渐自工作角色和社会关系中撤退是必然且合理的转变，老年人会减少活动程度，朝向更多被动的角色，与他人互动频率减少，并专注于内在生活。

由此观之，个体到了某一年龄，均应从原来的社会角色中退出，借由新旧血液之交替，以维持社会的均衡，这深受社会功能论或结构功能论学派的影响。所以，若从社会延续的观点来看，此一理论并不认为老年是中年的延长，反而主张老年人的社会角色和价值体系已不再适应社会的需要，而必须采取撤退的行动，让年轻人得以顺利进入社会的舞台。康米与亨利认为老年人从社会活动中撤出，并不是一件有负面影响的事，事实上，康米和亨利二人在1961年所做的研究指出，有许多老年人从社会活动中撤退之后，反而提高士气，且拥有较高的生活满意度，特别是针对80岁以上的老年人而言，他们不但享受撤退的过程，而且还呈现出一种自然而然的适应，以符合整体社会平衡的需要。

纵使老年人自愿在社会中隐退，让下一代承担责任，不再被工作上的期待与社会上的要求所束缚，但不管如何，撤退理论不免有过于扼杀老年人存在价值之失，而且无法适用于所有不同类型的老年人；因而，随后康米与亨利将此理论修正为进取型和选择型。前者希望和社会保持联系、接触，认为撤退之后反而不利于健康，故当老年人失去某些角色时，会有其他取代其原本角色的替代品，例如休闲活动之参与；后者选择撤退以明哲保身、自求多福，例如从职场上退却赋闲在家。

（二）活动理论

活动理论是由哈维赫斯特（R. J. Havighurst）在1953年提出，其后由伯基思（Burgess）在1960年探讨符号互动论和社会老年学两者关系时，促进了活动理论之发展，而成为早期美国老年学的重要理论之一。伯基思认为随着预期寿命的延长，老年人逐渐老化的现象也是可以预期的，而且随着高龄人口的日渐增加，将使其成为社会上一个独特的族群。然而社会结构中的各种机构，包括职场、家庭、亲族和社区，已无法将这群年迈的老年人视为完全参与的成员，其结果将使老年人与社会中的日常活动渐行渐远，进而被迫处于不活动的静止状态，成为"无角色的角色"，使其未能发挥有意义的社会功能。基于上述，伯基思强调老年人在此情况下，不应扮演无角色的角色；相反地，老年人应借由新角色的扮演，以彰显其存在的意义。

此理论的基本假设有四：第一，角色失去愈多，活动参与量愈少；第二，愈能维持高度的活动参与量，愈有助于老年人的角色认同；第三，自我概念的稳定性有赖于所扮演角色的稳定；第四，自我概念愈趋于正向积极，生活满意度愈高。据此四点基本假设，活动理论认为老年人脱离从前的角色时，将会感受到失落、被排挤和自尊丧失；而保持活跃，将使老年人保持较佳的心理健康，因此若能维持活力与社会参与，将会有最理想的社会调适。主要论点认为：老年人虽然面临生理、健康状况的改变，但与中年期一样，有活动的心理性和社会性需求，并主张高度的活动可为老年人带来满意的生活。这是由于活动可提供个人的角色支持，因而重新确认自我概念，而正向的自我概念可提升晚年士气，带来高度的生活满意度。

（三）持续理论

持续理论是老年学学者阿契利（Atchley）在20世纪70年代中期所提出的。此理论修正了撤退理论和活动理论的观点，而发展出一个极具包容性的论述。该理论指出，老年人不会因身体老化而改变其以往思想、行动、生活模式或人际关系。个体的思想、行为及人际关系，在过去、目前及未来都是持续的，不因年龄大而改变。也就是说，人类生命周期的每一阶段都有高度的联结性，且是持续受到生理、心理和社会的交互作用，而产生的动态发展历程。

此外，该理论还强调内外在的持续与老化过程是不同的，以及区别了正常老化和病理老化的差异。内在的持续，是指个体在气质、情绪、经验、偏好、兴趣上的持续；外在的持续，则反映个体在中年时的技巧、活动、角色和关系成功地延伸到老年。

依照持续理论的观点，个体的正常老化并不会带来生理或心理的疾病。撤退会发生，但并非不可避免的现象，也不是一种功能调适的过程。撤退的发生是来自内在或外在的病理因素而导致继续的中断，是一种非功能性的结果。由于正常老化与病理老化不同，在持续理论的架构中，正常老化的最佳模式就是把中年期的活动及兴趣延伸到老年期。

（四）综合讨论

三种理论各有假设，均有其立论依据，也有一些实证性研究的支持。虽然观点不同，但每一种理论都关注于老年个体的适应性问题，都指出了某些措施的介入，对个体的最适老化是有帮助的。事实上，老年期相当漫长，个体在此期间身心不断地改变，如以生命历程的脉络而言，可以将此三个理论应用在老年期的三个阶段，即持续理论可以适用于退休后初期的生活状况；活动理论可以适用于退休后中期的行为；撤退理论则适用在晚期，老年人由于身体健康原因和心智的退化，宜从社会中撤退静养。

二、中观层面的理论

中观层面的理论反对微观层次的理论将老化的问题归诸个体的适应，而非社会的结构。因此该理论一并关注个体和社会系统两方面，将二者加以联结。中观层面的理论强调个体和社会体系的关系，将对个体的关注转到更侧重社会的层面。中观层面的理论包括老年次文化理论、交换理论。

（一）老年次文化理论

所谓次文化（subculture），是指社会某一团体的生活方式，既包括这个社会的共同文化特征，又包括某些独特的、不为其他团体所具有的文化因素，这个团体文化就被称为次文化。

此理论由罗斯（A. Rose）所提出，强调老年人在人口特质、角色改变、生理限制、社会参与的变迁等，都有某些共同的特征，拥有一套属于自己的价值体系和行为模式，因此很容易自成一个团体；再加上社会大众的偏见，促使老年人更加相互依赖，而与其他年龄层较少往来，进而易为人所排斥。

因此在面对社会变迁时，老年次文化有其不同的调适方法。

老年次文化的形成，可由两个现象予以观察：其一，当老年人产生自我认同时，会与以年轻人为主体的社会产生疏离；其二，由于老年人对自身团体的认同，易于发展出族群意识，进而创造政治影响力，或采取社会行动以争取权益。事实上，在先进国家中，老年人会组成一个对政治有影响力的团体，来探求分享更多的社会资源，却也没有遭遇被隔离或被排斥的情境，而且老年人并非一个同构型团体，个体老化的现象有很大的差异。但纵使如此，次文化理论仍有助于启发我们对于老年人经验和生活形态的分析与了解。

（二）交换理论

交换理论的代表者是何勉斯（Homens），其概念源自微观经济学，主张社会各成员间的"交换行为"是维持社会秩序的基础。社会互动实际上就是一种交换行为，在交换过程中会有利益问题，如果对利益不满意，就没有互动的必要，此中涉及报偿问题。从交换理论的观点来看，老年问题的产生，就是老年人所拥有的资源比年轻人不足，尤其是在信息、技能、力量或是持久性等方面皆然。正因缺乏可以交换的价值，缺乏给予他人利益，故与其他社会成员的互动少，使他们成为较为不利的一群。

有很多的文献反对交换理论的说法，他们指出例如爱、利他主义、仁慈等，这些由老年人提供的交换物，可能胜过在交换时所谓"不平等"的部分。此外，交换理论另一受到批评的地方，就是交换时只注意到动态和世代间的交换层面；但事实上在大多数的家庭中，即使在非常老年期的阶段，资源的传送仍然倾向于由父母向子女，而非由子女至父母。

（三）综合讨论

中观层面理论重视老年族群与社会其他团体间联结关系的探讨，有其贡献。老年次文化理论强调老年人为具有次文化特性的族群；交换理论则指出在交易或交换时，时间及金钱和所关注的事务均要纳入考虑。但我们也应该理解上述两种理论，不管是在家庭还是其他环境中，均不可能独立于社会情境之外，社会结构中的政治、经济和文化因素，会增强或限制交换的机会及物品，此即为宏观层面所要探讨的部分。

三、宏观层面的理论

微观及中观层面的理论对老化的探讨均有其重要的贡献，但也都不能说明历史和快速的社会变迁对老化过程的影响。故社会学家提出宏观理论，试图从历史和社会结构的观点，说明对个体老化和人口老龄化过程的结构分析，强调社会结构因素对老化过程的影响,侧重社会变迁和年龄阶层化的结果。

(一)现代化理论

现代化理论由柯基尔与何姆斯(D. Cowgill & L. Holmes)在20世纪70年代初期提出。认为由于生产技术的进步,会为个体及其家庭创造新的角色与地位,也会带来对老年人的社会与文化的影响。此理论的假设是:工业化前的社会,对老年人的智慧是相当敬重的,但现代化的过程致使工业的生产取代了传统的农业和手工业,老年人的知识和技能过时,不利于就业,也就降低了老年人的地位;加上都市化与教育的普及,重视科技的学习,使得年轻人移居城市,将老年人留在乡村,更增加年轻人与老年人间的心理与知识代沟。

现代化理论遭受现今甚多学者的批评,他们认为现代化理论过于简化现代化所衍生的效应,也忽视了来自文化、社会形态及年龄以外的影响社会地位的其他因素。但我们仍然可以从中思考,当我们在为老服务、为老规划休闲时,是否因信息过新,而造成老年人在沟通互动时的不理解。

(二)年龄阶层理论

年龄阶层理论指出,社会常用年龄将个体分为高低不同的阶层,而社会资源的分配亦因年龄而有所不同,产生不同的待遇。该理论强调,老年人是在社会机会不利的时期。当社会人口的动态(年轻人少)与个体生命(生命期增加,晚年期是失能与脆弱的)未能同步调整,就会形成结构落差。落差程度视社会制度而定,如教育、职场、政府及家族等。年龄阶层主义依循功能主义主流社会学理论,以社会角色及规范确立社会秩序。

年龄阶层理论提供对社会静态模式的了解,这是其他理论较少探讨的地方,使我们了解政治过程对社会不平等及结构化不平等的影响。然而,尽管年龄在现代社会中确实有着相当重要的作用,但理论中显然过于强调年龄对社会不平等的结构性影响。作为一名称职的规划者,尚须关注世代不同所造成的差异,并给予绝对足够的理解,尽量消除世代间的隔阂。

(三)批判老年学与生命历程理论

这类型理论建于现代化和年龄阶层理论的基础之上,企图修正这两者论述中的缺失,包括政治经济学理论及女性主义理论。这两种理论皆挑战了过去若干老年学理论的假设,主要受到马克思主义和韦伯主义的传统社会学思想所影响。

1. 政治经济学理论

政治经济学理论的出发点,就是大多数老年人的问题都是社会结构造成的。该理论强调，老年人的不平等，主要来自政治和经济因素；由于不适当的公共政策，造成资源提供的不足，而导致社会机会的不够，此种结构依赖（structured dependency）的过程，就会产生社会对老年人的排斥，将老年人推向社会边缘的地带。故老年人的问题是社会结构的问题，是社会建构的后果；而老化本身不是问题，问题出在老年人收入低（没有收入）、需长期照顾或住宅的社会条件问题。

2. 女性主义理论

女性主义取向对老化的研究并非是一个正式的理论，而是挑战老化研究忽视性别的差异，所以重点在于探讨性别的关系。他们认为男、女性是社会建构的，男、女老化的经验是不同的。他们举例：多数对于配偶死亡的影响都侧重在女性身上，但对于退休后生涯规划的研究都侧重在男性身上。女性主义者强调老年人男女两性的不同，不是生物的差异，而是长期以来社会结构和社会差别对待所造成的。在此理论中，我们可以了解到男女角色在活动规划上必须有同等机会，了解性别与获得朋友等社会支持网络上的关系，认识工作和退休的性别经验差异，及性别在家庭负担上的问题。

（四）综合讨论

宏观层面的理论如政治经济学理论与女性主义理论等其他批判取向的老化研究中，特别侧重在角色转换、晚年的生活轨迹与结果，可以对过去有利及不利事件的影响有较为良好的说明；年龄阶层理论可以对年龄与社会阶层的关系有所了解，阶层并非静止或固定，而是由个体一生中遇到的生命机会所建构。

第三节　社会老化的因应

从上节社会老化的现象与理论可知，社会的老化关系到个体与社会两部分。对于个体在老化后，如何与社会互动，这是属于较个人的问题；当个体老化后，社会应如何对待老年人，这是老龄社会层面的问题。本节探讨社会老化的因应，就从个体与社会两个方面提出因应策略，供老年工作规划者酌情参考。

一、就个体层面

面对社会的老化，个体本身宜采取适当的措施加以因应，包括持续参与社会活动、寻求替代角色、增进人际关系、建立个人社会资本、积极面对社会的变迁等。

（一）持续参与社会活动

持续理论告诉我们，当个体老化之后并非要从社会中撤退，或是断绝各种社会活动的参与、退缩在家中静养等，而应尽可能地维持活跃、持续参与休闲等活动，才能达到自然的、适当的"最适老化"生活方式。许多实证研究也都发现了持续活动的老年人，他们的身体较健康且生活满意度较高（黄富顺，2011）。能否采取此种有效的适应策略，就在于老年人观念是否正确，以及具有对老化的正确观念的社会，能给予老年人引导或启发的机会，而有以致之。

（二）延伸或寻找替代角色，充实生活内涵

从某一个生命阶段到另一个生命阶段，都会有角色丧失或撤离，这不是老年人所独有，而且，这也意味着将可以形成或取得新角色。因此，面临老年人角色的丧失，宜发展新的角色，来维持自我的连续，使生活有重心，充实生活的内涵。事实上，老年人不是撤离角色，而是转换角色而已。老年人宜积极加入各种组织，参与社会各种活动，重新建立一些新的角色，来替代原有角色的中断。

（三）增进人际关系，建立社会资本

老年人的角色变化，不管是工作上还是家庭中，都会带来人际关系的改变，形成人际关系的窄化。而人际网络的建立，是扩展社会人际网络至关重要的一环，可以增强个人的社会资本，使个人维持积极的生活态度，直接影响老年期的生活满意度。其中家庭更是老年人极为重要的人际关系，家庭中最重要的人际活动对象就是配偶与子女，与此二者关系的强化、互动的频繁，成为老年人生活的依赖与慰藉。因此在活动安排上可以为老年人多建立社会人际关系，加强家庭人际互动。

（四）强化对变迁社会的适应

社会不断的变迁、科技不断的进展，会造成知识的更迭日渐加速，以及对科技产品的应用与日俱增，这些都是老年人所不可避免的；如果老年人不能适应变迁，将无法在社会中良好适应。现代化理论、老年阶层理论均指出，老年人应该与时俱进，与社会维持频繁的互动关系。因此，老年阶段需要积极寻求各种机会，参与学习活动、吸取新知、开发潜能、达成自我实现，进而发现生命的意义，这是老年期的发展任务，也是老年人生命的价值

所在。

二、就社会层面

面对个体的老化，社会宜从改变退休的观念与制度，消除社会对老年人的负面印象，重视老年人的社会资产，降低社会结构对老年人的不利影响，以及应用老年人的人力资源五方面来加以因应。

（一）改变退休的观念与制度

首先，在退休观念方面，应了解退休只是角色改变，并非要从职场及社会活动中撤离，退休后可以转换到其他角色，使中年人扮演的角色得以延续；其次，退休并非由工作转换到完全没有工作，而应有循序弹性的做法，即由全时到部分，再到完全退休的阶段性安排。

《抢占两亿人市场》（Age power）的作者戴可沃（Ken Dychtwald）就说："退休的观念该退休了！取而代之的，是以更具弹性的方式，持续地工作"。《一周工作4小时，晋身新富族！》的作者佛利斯（T. Ferriss）也指出工作是快乐的，并提出"迷你退休"的观念，也就是在老年截断时不定期地退出职场，休息一会儿再重新出发，在工作中寻找快乐。因此，在退休制度的设计上，亦宜重新调整，将强迫退休的年龄延后或采取渐进方式进行，以创造社会及老年人双赢的局面。

（二）消除社会对老年人的负面印象

由于某些媒体的报道，一般人常有对老年人持负面的印象。新一代的老年人，往往健康良好、活力旺盛，绝非过去的老年人所可比拟，必须正视老年人的价值、传承老年人的经验与智慧。此举，有赖从学校教育与社会教育着手。另外，老年工作规划者在做活动宣传时，也应避免出现歧视老年人，或是塑造老年人体弱多病的形象，宜与各种媒体配合，加强老化相关知识的介绍，并运用各种教育机会，传递给民众正确的老化观念。

（三）重视老年人的社会资产，提供其发挥的机会

老年人具有丰富的经验，是人生智慧发展的高峰期，这些丰富的经验与智慧，都是人类社会的重要资产，宜传承并发扬光大，才能使社会持续进步。老年人并非如交换论所主张，在社会互动中没有可资交换的价值，现今的老年人"给"也往往多于"取"。因此，老年人具有这些重要的资产，在为老年人作活动规划过程中应加以重视与发掘，让老年人一起参与计划，这也是老年人乐意从事的事务。

（四）致力消除社会结构对老年人的不利影响

依现代政治经济理论的观点，老年人所面临不平等的问题，都是社会的政治、经济势力所造成的。老年人的问题是社会结构的问题，而老化本身是没有问题的。因此，要解决上述情况，就要致力消除社会结构对老年人不平等的对待，社会中的政治及经济势力对老年人的不利影响；政策上应注意这些不利因素的排除；在处理老年人的相关活动时，应注意老年人平等机会的参与。

（五）应用老年人的人力资源

前述老年人拥有丰富的经验、成熟的智慧，是社会的重要资产；他们的脑力与体力均可持续为社会服务。此举不但不会使老年人成为社会的负担，更可以使老年人成为具有生产力的一员，达到"生产性老化"（productive aging）的目标。老年人可为社会服务的机会众多，或担任志愿者，发挥余热；或协助家庭照顾儿童、从事社区服务工作、投入教育服务工作，以及应用自己的专业担任辅导咨询人员、讲师、行政助理、活动策划人员等。同时，我们除了考虑老年人帮助年轻世代，还可以让老年人帮助老年人，尤其让参与休闲活动有成功经验的老年人，将参与的心得分享给其他老年人，将更能吸引更多老年人参与活动、更具说服力。

整体而言，在老龄化社会中，各国政府对于老龄人口的安置与福利政策的重点，早期主要着重于经济保障与医疗照顾等社会福利体系的建立；然而随着老年学的研究成果与老年人真实性的需求，已从有形的经济物质层次，扩大到精神心灵层次。期待通过休闲与教育的方式，使老年人具备多方面的生活技能，从而协助其迈向成功老化的境界。

第四章
认知老化的认识

认知是人类非常重要的心理活动，它与个体的日常生活息息相关，认知是影响老年人生活质量与生活满意度最具代表性的因素。个体到达老年期后，其认知的发展如何？是成长还是衰退？如何因应？均至关重要。许多书籍对认知的探究，通常会放在心理老化的章节中一并说明，本书则特别单列一章，以突显认知对于休闲活动规划的重要。本章探讨老年期认知老化的发展，首先从认知意义出发，探讨老年人认知的发展方向与现象，再次探讨认知老化的理论，最后提出认知衰退的因应。兹分三节说明如下。

第一节 认知老化的现象

个体的老化，涉及的层面相当广泛与复杂。老化对认知产生影响，进而对日常生活的运作造成冲击，影响人际的关系。本节将从认知的意义开始阐述，再对认知老化的原因、认知在老龄生活中的重要性加以分析。

一、认知的意义

认知（cognition）是心理学近年来研究与探讨的重点，认知一词的使用，也愈来愈普遍。然究竟何谓认知？则有人言人殊之感。所谓"认知"，是指个体对事务知晓的历程。在此历程中，包括了对事物的注意、辨别、理解、思考等复杂的心理活动。认知心理学大师奈瑟（Neisser, U）在其1967年出版的《认知心理学》（cognitive Psychology）一书中指出，认知涉及感觉，将感觉的讯息加以转换、筛选、修饰、贮存、提取、使用等所有的过程。简单来说，凡是个体要解决某一问题，就涉及认识问题、了解问题的性质、掌握问题的关键、寻求相关的信息、运用既有的知识思考推理、找出适当合理的方法，以获得问题解决等一连串的心理活动；更简单扼要的来说，认知就是一种"知的历程"。

二、认知老化的原因

实证性研究指出，造成认知衰退的原因，大致可归分为：生理学的因素、心理社会的因素、研究及测量的问题、信息处理的问题四大类。

（一）生理学的因素

对于生理学上认知能力的衰退，受到较多关注的是大脑的改变、神经系统及可塑性的改变两方面。

1. 大脑的改变

由于神经科学和神经心理学的发展，对于大脑和行为的关系，现已可以获得更清楚的了解。年龄愈大，大脑神经细胞愈退化，造成记忆力的老化。大脑的体积在70岁时丧失5%，至80岁时丧失10%，至90岁时丧失20%。尤其是在大脑的额叶皮质的部分，平均每年萎缩速度为0.9%～1.5%；其次为顶叶，平均萎缩速度为0.34%～0.9%。额叶是皮质面积最大的一部分，其功能为控制思考和行动，额叶后方为运动皮质，运动的神经元都产生于此。运动皮质的前面是前额叶皮质，将内外在感觉的信息在此统合。前额叶是最高层心智活动的中心，和判断力、问题解决能力息息相关，其提早衰退是中老年人遗忘的根本原因（见图4-1）。

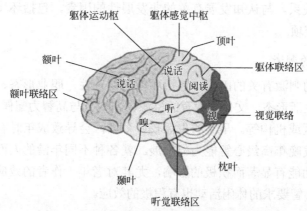

图4-1　各大脑区域的分布位置及其司职功能

额叶主要为高级认知功能，如语言、决策、学习、抽象思维、情感等，自主运动的控制

由于正常老化，会带来额叶皮质和海马回（hippocampus）的衰退，因而造成老年人记忆力的衰退。在以26～82岁个体为对象的研究中，发现海马回

的年萎缩率为0.86%，但50岁以上者为1.18%，70岁以上者更高（Dennise & Cabeza, 2008）。故老年人在回忆人名、字词等会较困难，以及忘记较新近的事物。不过要强调的是：个体间仍存有相当大的差异。

2. 神经系统和可塑性的改变

有关在神经的研究上，主要侧重在神经键的部分。神经传导的发生主要在神经键，它会释放化学的神经传导物质，很多的神经传导物质已被找出，分别在大脑的不同部分活动，管制不同的神经活动，其中之一为多巴胺（dopamine），在前额叶皮质活动，会影响注意力、处理、速度和工作记忆。在整个成年期中，多巴胺的数量和接收器的数量，每10年衰退5%～10%。因此，认知的不足可能就是支持神经传导的化学物质改变的结果。

一般而言，神经键的数量代表神经功能的复杂性。换言之，神经键愈多，愈具传递信息的能量，可以收到或释放出更多的讯息。而神经键的数目系由树状突和轴突决定。由于年龄增大，神经系统丧失，就会影响信息的接收与传递，而造成老年人认知的衰退。故神经和可塑性的改变，可能也是造成老年人认知衰退的因素之一。

（二）心理社会的因素

此因素的影响甚巨，主要着眼于实足年龄虽然是发展的重要预测变项，但也只能解释认知能力25%的变异，另75%的变异来自非发展性的因素，与年龄无多大关系。与认知发展有关的非发展性的因素，包括环境的刺激、心理及人口的变项。

1. 环境的刺激

与环境的刺激有关的因素，包括环境的复杂性、职业形态、职业的复杂性、积极的生活形态、文化与教育的资源、婚姻、与高智力配偶的婚姻长度、所居住的社区或机构等。早年的生活较好积累，会导致成年时有较高的职业成就，会激发晚年高级心智能力的发展。就各种不同年龄的人而言，复杂的工作对心智功能有显著而积极的影响，尤其对老年工作者的效应最大。同样的，从事有心智要求的休闲活动也有积极的效应。

2. 心理因素

在心理特性和认知老化的相关研究中，最受注意的是自我效能、心理（智）的弹性和情绪状态。所谓"自我效能"是指当个体面对特定任务时，相信自我可以完成的程度。而所谓"心理（智）弹性"则是指面对认知问题时，能够使用各种途径，来加以解决的能力。这两者之间，各与认知功能有交互作用的效果。如自我效能与心智弹性愈高，则老年人的认知功能就会愈易开发；认知功能的提升，也会导致老年人的自我效能与心智能力产生正向发展。另外，情绪的状态也与认知功能有关，忧郁和认知能力具有负相关；压力也与认知的衰退有关。忧郁和压力均会增加老年人的负担，从而影响老年人对信息的处理。

3. 人口变项

在人口变项中，最被关注的是社经地位、性别和文化等变项。

（1）社经地位

社经地位与认知衰退具有负相关，高社经地位者，其衰退的比例较低；教育程度是认知衰退最稳定的预测变项，具较佳认知能力者，往往会有较高的教育程度。此外，早年教育成就会建构个人终身学习的习惯，引导个体追求有利的、丰富的刺激环境。当然，教育也会与自我效能、压力和沮丧有交互作用存在，减少对认知产生不良的作用。故教育机会的提供，是成功老化与最适老化的重要因素。

（2）性别

性别也是研究上受到关注的变项。有关认知老化性别差异的研究仍属不多。有许多研究发现85岁以上的老妇人，在记忆和文字流畅的表达优于同年龄的男性；但也有研究认为性别在整体智力或智力随着年龄衰退的程度，并没有任何系统性的关联，即使有也是很小，或两性间有相当的重叠。

（3）文化

最近一项探讨文化与大脑差异的研究特别有趣，以10位日本人和10位美国人为对象，对大脑做功能性核磁共振造影（FMRI），发现两种人确有差异存在。该研究指出，个体的生活文化不同，造就不同的大脑结构与功能。因之，文化不同，大脑的发展不同；东方文化的集体主义特性与西方文化的个人主义特性，影响大脑结构与行为。东方文化趋于整体的信息处理，西方人则往往将重点摆在单独对象上，产生了注意力、分类和推理上的差异。故社会文化也是影响认知发展的重要因素。

（三）研究及测量的问题

有些验证性的研究发现认知随年龄增加而下降的现象，其原因可能是在于研究方法与研究设计的问题。例如：有些研究是在实验室中进行，采取心理计量的方法，重在单一认知要素的运作。由于老年人对实验室环境不熟悉，当老年人在此陌生环境中表现不好时,就认为日常的认知功能已受损,却不知他们在真实生活中的表现并不差,又加上只采取心理计量的方式测量认知功能,并无法反映日常情况,而提供不正确的结论。此外,如果研究中的老年人样本,并不足以代表人口的母群,就会有高估或低估的危险。

另外的两个困难是,第一,在研究认知老化时难以区分正常老化或病态老化;若要研究正常老化,必须完全排除有疾病的老年受试者,但是像老年人罹患早期阿尔茨海默病时,并不易诊断出来,这在一般随机取样中,确实难以做到筛选。第二,由于老年人在作答时的心态过于审慎,故在限制时间的情况下,常不能答完所有题目,或对于没有把握的题目选择舍去不答,导致得分较低,这属于"遗漏误差"(omission error)。总之,老年人所知道的可能比在测量时的表现还要多要好。

(四)信息处理的问题

依照信息处理论,老年人信息处理的不足,反映在注意力、处理速度和记忆容量三个方面。

1. 注意力

在选择性的关注中,包括筛选和抑止无关信息的能力,以及专注于与当前任务有关事物的能力,随着年龄的增加而有衰退的现象。老年人在需要大量信息处理的情境中,较易分心,也较没有效率。

2. 处理速度

研究显示,个体自25岁开始,信息处理的速度呈衰退的现象。一般而言,老年人在很多任务的处理中速度较慢,当任务的复杂性增加时,年龄的差距将更加明显。

3. 记忆容量

在针对老年人的研究中,发现与年龄有关的记忆衰退确实发生,只是有些层面影响较大,有些则否,甚至到老仍维持得相当良好。

(1)短期记忆与长期记忆

记忆分为感官记忆、短期记忆与长期记忆,是为"记忆的三阶段模式"(参见图4-2)。老年人因为生理感官较为退化,因此感官记忆常会因感官接收信息不良而产生影响。短期记忆是"运作记忆",是对信息正进行运作的记忆,大约可保留30秒,需要加以处理始可进入长期记忆中;研究已证实老年人这方面的记忆能力较差。长期记忆则容量无限大,可对信息做永久贮存,只是必须给老年人足够的时间向大脑回忆与提取。

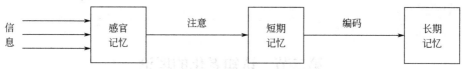

图4-2　记忆的三阶段模式

资料来源：Hoyer, Rybash, & Roodin（1999）

（2）处理程度

处理程度是指对信息编码的处理程度。对信息的处理，如能够更细致、更深化，则较易于回忆。一般而言，老年人在信息处理的深度及细致度，较不如年轻人；但如果老年人在某些领域有较多的知识和经验，则可以同样做到丰富细致的处理。因此也可知，具备某专业经验的老年人，其在该方面的领域知能可以保留较好，而较不会有衰退的现象。

（3）情节、语意与程序性记忆

情节性记忆就是对所经历的特定事件，在时间和地点上的记忆；语意记忆是指对一般知识和词汇的过渡学习；程序性记忆是指有关步骤、方法等的记忆。研究显示，对老年人而言，情节性记忆是最脆弱的，其影响较大，其次是语意性，最后为程序性。

（4）隐性和显性记忆

隐性记忆是指对信息不做注意、无意识地保留；显性记忆则是有意识地对过去经验的保存。随着年龄的增长，隐性记忆较不受影响，显性记忆所受影响较大。

（5）预期记忆

预期记忆是指对未来要做的事的记忆。此种记忆最受老化的影响，老年人特别容易有意向和执行间延迟或遗忘，通常显现在遗漏的错误（忘记要做些什么）及重复错误（忘记已经做了），特别是在有几种同时发生的任务之时。

（6）有意义材料的记忆

这里最常指向的就是记忆一个人的名字。一般人都知道老年人回忆人名较困难，常发生"舌尖现象"（话在嘴边，却一直想不出来）。

综上所述，记忆是否随年龄而衰退，其答案似乎"是"或"否"均对，视何种层面或何种记忆的任务而定，且记忆和老年人的个人经验与专长亦有关系。一般而言，教育程度高、身体健康、乐观、在人格上有弹性的人，能够生活在有刺激、认知有挑战的环境中，记忆力较不会衰退；而对已有衰退现象的老年人，如能应用适当的环境支持，也会对记忆能力大有改善。

第二节 认知老化的理论

认知老化的理论概念，主要从认知心理学的论述而来。认知心理学主张以科学的研究探讨个体的心理过程和活动，它是认知科学的一部分，其发展来自相关领域的进步，尤其来自神经心理学的贡献最多。以下将从四种不同观点切入，包括机体模式、机械模式、情境模式和心理计量模式加以说明。

一、机体模式

机体模式是以个体作为探讨的核心。皮亚杰（J. Piaget）就是最有名的机体观点的代表者。此学派认为认知的发展是依循一系列与年龄有关的系统而普遍的阶段发展而来的，主要来自基因的构造。每一发展阶段都代表着一种认知能力的质变。认知的发展是来自个体内部，个体会对知识的建构及环境的适应做积极的介入，而非被动的接受。

二、机械模式

此学派认为个体的认知发展是由环境所决定，心灵本为一张白纸，通过经验而充实。在此过程中，个体是处于被动的状态下，对外在环境做机械式的反应，而且每一次均对不同环境做不同的反应，并没有普遍的、一致的方式存在。因此，认知发展被认为是一种与年龄无关的改变，其本质是量的增加。机械模式学派的主张，相当重视行为主义的研究，而20世纪70年代才有了由班杜拉（A. Bandura）的新行为主义观点，对机械模式学派的观点予以修正，承认个体的发展有认知涉入的成分。

三、情境模式

此种观点的代表人物如维果斯基（Vygotsky）等。认为认知的发展相当复杂，是个体的基因与各种社会文化和历史的情境交互作用的结果。由于此种交互作用的复杂性，而导致个体间在认知发展上有相当大的差异，故个体在认知发展的时间性、方向及本质上均有所不同。

四、心理计量模式

此模式乃是利用测验工具来评量心理的特质，这种研究取向不同于前述三种，因其不是一种真正的理论取向，它并未对认知的起源与本质做任何的假设，而只是通过标准化的评量工具来描述认知表现的方法。在心理计量的研究中，卡提尔（R. Cattell）和荷恩（J. L. Horn）所提出的流质智力（流动智力）与晶质智力（固定智力）的说法，甚具贡献且最引学术界关注。

流质智力主要来自遗传，有关思考与推理的能力，是信息处理和问题解决的基本能力，随着大脑和神经系统的成熟而开展，衰退而下降。晶质智力是知识的积累、信息的获得、经验的储存、技巧的应用等，主要来自教育和经验的积累，当然也会受到大脑和神经系统的影响。

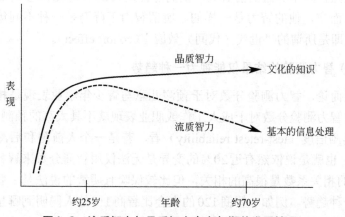

图4-3　流质智力与晶质智力在老年期的发展情况

图4-3说明了流质智力与晶质智力在成年早期至老年期发展形态的分化。流质智力从出生后开始成长，至25岁后或30岁开始下降；晶质智力随年龄的增加而增长，仅在年龄很大的时候，或许至90岁才会开始下降。在最后的阶段，因大脑生物损害累积的结果，使两种智力都大幅下滑，可能是生命休止的一种信号。

第三节　认知老化的因应

认知老化是一种自然现象，针对老年人头脑不灵光或记忆退化的刻板印象大多是由于一些似是而非的观点所造成的。事实上，从许多的研究中得知年龄对于认知老化而言，仅是影响的因素之一，尚有许多方向值得深思。据以分析说明。

一、认知老化研究发现的启示

针对老年人智力和记忆的研究发现,以及影响认知老化因素的分析,可以归纳成下列几点值得思考的方向。

(一)对于老年人智力下降宜持谨慎的态度

我们经常听到智商会随着年龄增加而下降的说法,这是一种简化性的讲法,并不全然正确。所谓的下降,通常是把老年人组与青年组的分数相比较的结果,如果一个人在20岁时智商是在同年龄组的前10%,到了80岁时的智商分数依然在同年龄组的前10%,我们能说此人20岁时比80岁时聪明吗?就同一个人而言,他的智力是一样的。所谓智力下降乃是一种不同年龄层比较的结果,即是所谓的"世代(代间)效应"(cohort effect)。

(二)智力测验的结果仅能视为一种趋势

一般而论,智力测验分数对于预测儿童与青少年学业表现是相当好的指针,但是智力测验分数对于成人工作或职业表现就不具太高的预测性。此外,如果从再测信度(test-retest reliability)看,若是一个人前测和后测的相关系数达0.9,也就是说依然有近20%的变异是无法仅用智商分数来解释的。因此尽管0.9的相关系数是很高的相关,但比较保险且明智的说法是:智力测验仅能视为一种趋势。例如:智商120的人会比智商115的人聪明到哪里呢?事实上智力测验无法提供任何的答案。

(三)年龄仅对流质智力有影响,至于晶质智力则不受影响

许多经验老到的老棋士或桥牌高手,虽然在反应的速度和记忆上不及年轻棋手,可是往往却能在关键时刻反败为胜(Stuart-Hamilton & McDonald, 2001)。此外,Stuart-Hamilton(1995)研究发现辨识字母的速度与阅读经验有关,而与处理信息的速度无关。同时,也有研究发现大约有一半左右流质智力测验所产生的年龄差异,其主要的原因竟然是老年人来不及作答。

(四)老年人的智商分数在解释上需要换位思考

Salthouse(1992)曾将许多老年人智力的测验做后设分析,发现老年人与年轻人的平均智商分数的标准偏差达1.75,有些研究结果甚至相差2.00。如果根据统计标准,智商分数达两个标准偏差就是智障,但是没有人会说那些年华老去的人就是智障。Stuart-Hamilton(1995)主张老年人智力的变化并不代表智力水平的变化,而是思考方式的变化。此外,Stuart-Hamilton & McDonald(2001)认为学术界把每个人必须要维持智力的水平视为放诸四海

皆准的信条，殊不知老年人往往因为生活形态而失去智力的技能；然而那些学术界看来是生活必备的技能，在老年人眼中却认为识字不多，或是不会复杂算术公式的日子仍然可以过得好好的。

（五）认知老化存在着很大的个别差异

社会中的老年人并非一个同构型的团体，每个人老化的速度与程度都不同。老年人因为不同的生活经验、外在环境和基因条件，都会使心智能力变化产生很大的差异。

（六）年龄增加不代表认知能力的衰退

认知能力与认知反应是不同的概念，但很多人认为老年人认知能力衰退，是因为误把认知反应等同于认知能力。经验证明，如果把老年人认知反应推到极限（测验数量大与反应时间短），那就会产生所谓老化衰退的现象。许多证据显示老年人的认知能力并没有因为年纪增加而受到太大的影响，仅是回答速度有下降的趋势，如信息处理的速度与回忆的速度下降等。

（七）适度的体适能训练可增进老年人的认知能力

老年人的认知能力可以经由适度的训练和社会的支持而改善，甚至到了第三年龄阶段的60～80岁的老年人，经由短期的训练后，其流质智力表现亦有相当的进步。

二、认知老化对老年休闲活动规划的应用

个体随着年龄持续增加，认知功能也会不断产生变化，因此如何利用休闲及学习活动的机会，增强老年人在认知上的优势，弥补因年龄而产生的衰退，是老年休闲活动规划者在方案设计上必须要先有所计划的。以下，将提出几项基本原则以供参考。

（一）提问的方式宜采取目标中立的问题

活动设计者鼓励老年人参与休闲活动时，其所提问的方式应尽量采取目标中立的问题。例如：提问避免使用"请问到健身中心要搭乘几路公交车"，改为"试着想想到健身中心有几路公交车可以搭乘"；即把特定目标转换成没有特定目标，其目的在于减轻老年参与者在认知上的负荷。因为有特定目标，老年人的工作记忆会需要处理主要目标和次要目标，工作记忆处理信息的资源就会被占用，而且处理的速度会降低，甚至连带对前往健身中心产生焦虑与排斥心理。

（二）利用成果实例进行休闲活动

实际的操作对于了解复杂的问题是很有帮助的，解决实际生活上的问题能让老年参与者有主动投入和满足休闲动机的效果。通过实例参与的方式，让老年人置身于休闲情境之中，才有机会造就后续投入休闲活动的可能；而且经由成果实例的了解，例如：借由一个成功经验，让老年人"体验"一堂活动课程，亲身体会休闲活动对于自身健康的重要性，也较能全面理解为什么需要参与休闲活动，对于如何操作也有深刻体会。

（三）避免老年参与者分心

对老年人休闲活动的参与及教学，活动带领者应避免"倾囊相授"，因为过多的相关信息会加重老年人的认知负担，而且容易造成分心。所有的休闲活动，包括给予的书面活动参考材料都应尽量单纯化，再逐步渐进地分段将活动内容介绍给老年参与者。

（四）以实际操作代替口头解说

以操作运动器材为例，对年轻人而言使用说明手册或许相当有用，可是对老年人来说，使用手册往往是英雄无用武之地。如果一面使用器材、紧盯跑步机屏幕上的数据，一面查看手册，往往会使老年人不是手忙脚乱，就是过目即忘，这对老年人认知负荷极重。因此最佳的办法就是直接带领老年人活动，慢慢地一步一步地让老年人跟着操作，让老年人只专注在体能练习这件事情上，则有助于让老年人提升活动参与成效。

（五）善用认知与社会的支持

在老年休闲活动参与中，最担心的就是老年人是否能够持之以恒，如果没能借助外界力量协助其参与，有可能产生"用脚投票"，从此一去不回头、不愿意再度参与。因此，活动带领人善用各种语言等认知支持，增强同伴间的社会支持，鼓励合作与促进互助机会，都是提升老年人参与休闲活动效果的重要方法。

第二篇

理解老年人休闲行为

第五章
老年人休闲与健康

20世纪最美好的发展之一,便是"休闲"开始成为政府官员、企业领袖、社会福利工作者、家长,以及关心大众健康生活人士的焦点。为了更好理解休闲本质,有助于后续为老年人规划更美好幸福的休闲活动,本章将从休闲的定义与内涵开始介绍;其次,说明老年人多元休闲形态;最后,从休闲教育的指引,探讨如何促进老年人的休闲动机。兹以分为三节阐述如下。

第一节 老年人休闲生活需求

休闲是我们生命中不可或缺的动力;除了睡眠以外,休闲活动应该是我们花最多时间从事的活动。如果你现在是豆蔻年华,莱特纳(Leitner & Leitner, 2004)计算出在剩下的60年"健康余命"中,尽管未来还有繁忙的事业等着你,你也将花费相当于整整18年的时间参与休闲活动。另外你还会花17.8年的时间睡觉、8.33年工作(以每周36小时、工作40年计算),1年受教育,7.12年做个人护理,5.34年照顾家庭,1.53年通学通勤,以及0.80年做其他的事情。何况,我们的健康余命可能还达到70年,甚至100年!既然休闲活动占了我们生命中这么大的区块,底下,我们将试着理解休闲活动。

一、休闲的定义与内涵

著名休闲教育学家凯莱(Kelly)主张休闲是现今社会的中心。他声称休闲是:"表达与发展自我,寻找对个人极为重要的自我认同,以及个人应有的生活空间,是用来发展亲密互动的社会空间,同时是维持社会本身运作的中心"。

1. 休闲的界定

自人类开展文明生活开始,即有休闲活动。正式的休闲活动研究可分为古典休闲学与现代休闲学两个阶段。

(1) 古典休闲学的看法

根据相关文献记载,在约公元前300年,亚里士多德(Aristotle)对当时的思想和安宁生活进行整理和分类,阐述了快乐、幸福、美德和安宁生活等休闲问题,提出娱乐(amusement)、游憩(recreation)与沉思(contemplation)三层架构。这可能是文献上最早提出休闲内涵的模式,因此他被奉为"休闲学之父"。亚里士多德认为娱乐是人们最基层的休闲生活,而最顶层的沉思是一种深思状态,即古希腊哲学家所推崇的沉浸、宁静与忘我的境界。

(2) 现代休闲学的看法

1899年,伟柏伦(Thorstein Veblen)提出"有闲阶级论"(theory of the leisure class),记录了当时富裕社会中"有闲阶级"的娱乐生活,分析了当时休闲与时间、权力与消费的关系。他发现,休闲已经成为一种社会制度和标志,人们用休闲来区别上层阶级与劳动阶级间不同的生活方式。直至1963年,派柏(Josef Pieper)发表《休闲:文化的基础》(Leisure: the basis of culture)一书,被视为休闲领域的经典作品,强调休闲、哲学与文化密不可分,并阐释休闲作为文化基础的意义和价值,强调信仰思想与心灵态度,明确指出休闲是所有人的一种信念、精神和思想的状态,休闲不仅是心灵上的,更是精神上的态度。所以派柏鼓励每个人都应该通过休闲活动去感受生命的幸福、快乐和价值。

2. 休闲的构面

汉代许慎的《说文解字》中所记,"休"乃人倚木而息,指人在工作疲倦时,倚靠树木来修养精神,以减低疲劳感,故休之本意为"息止也",有休息、休养之意;"闲"在清代段玉裁批注的《说文解字》中则提到,"闲"乃门下观月,指"闲"者稍暇也,故曰"闲暇",有安闲、闲逸的意思,意指人在工作之余,享受休闲与放松。

无独有偶,休闲的英文leisure,源自拉丁文licere,同样指涉个人无拘无束的行动,摆脱工作之后所获得的自由时间或从事自由活动。事实上,自古至今,许多国内外学者对休闲有不同的看法,默非(Murphy)在1974年整合对休闲的定义,提出六种休闲构面。

① 自由时间论(discretionary time):指休闲是在工作及维持生存活动外的自由时间。

② 社会工具论（social instrument）：指休闲是为了达到某种目的或功能，如休闲参与为达到放松心情，丰富人生以增广见闻。

③ 社会阶层论（social class）：指休闲决定于特定社会阶层、地位和职业等社会因素。

④ 古典休闲论（normative）：指休闲为一种自由的心理状态。

⑤ 反功利论（anti-utilitarian）：指休闲本身非为追求功利，是一种自我表现和自我满足的实现。

⑥ 整体论（holistic）：指休闲是一个不可分割的整体，无所不在于各个层面中。

由于不同时空背景，对于休闲自有不同的理解。对现今来说，休闲较偏向为：一个人在自由时间及满足心态下，不为经济因素、也不为其他目的、更不受阶级考虑，心甘情愿且平等的一种令人感到愉悦、放松的体验活动。

3. 休闲的内涵

在学术上，休闲一词至20世纪才被广泛应用，自此有关休闲的内涵不断地被扩充，使得休闲涵盖的范围日益广泛。综合学者对休闲内涵的界定包含下列向度。

① 时间性：时间是休闲的核心，指可以自由运用的空闲时间，也就是排除工作、生存（如睡觉、吃饭等）所需的剩余时间。

② 活动性：休闲活动的目的是为了放松、娱乐或增加社会关系及拓展个人创造力，是指人们于空闲时间，依自由意志选择从事正面的活动。

③ 经验性：一个人在自由时间里看似悠闲，却为无事可做而烦恼，此不能称为休闲。休闲应是在心理上获得满足与愉悦的感觉。所以说休闲是一种心理状态、一种处境，与活动经验的获得，进而通过活动的方式去体验出丰富的内涵。

④ 行动性：休闲是一种行动，参与者选择自己喜好的活动付诸实践，并不只是一种心灵感受或心情喜悦而已。

⑤ 自我实现：通过休闲体验成为活动参与者，可以促进个人探索、了解、表达自己的机会。依马斯洛（Maslow）的主张，一个人在基本维持生命和安全需求获得满足之后，就自然会去寻求自我实现的满足。

4. 其他相关概念的区分

Diver, Brown & Peterson（1991）认为各种行为或体验全都包括在休闲概念之下；也就是说，休闲为含义最广的一个概念，游戏、游憩、竞赛、竞技运动等概念，都可以被视为是休闲的形态，也可以经由更特定、明确的特性来加以区分（如图5-1）。

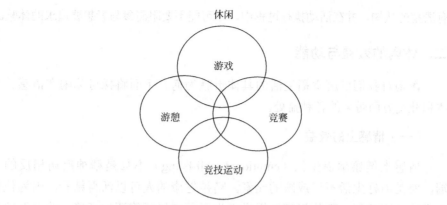

图5-1 游戏、游憩、竞赛、竞技运动与休闲之间的关系

① 游戏（play）：是一种带有自发、自我表达等天真特性，为休闲行为中自发性最高的形式，而且非严肃的休闲活动，使得参与互动更加自由发展，可以因应需求加以变化。由于是一种特殊形式的休闲，所以游戏可以有许多明确的特性来加以定义，替参与者创造出一个在日常生活里无法获得的自我世界；也正因如此，游戏成为休闲活动中最难设计的一种。

② 游憩（recreation）：是为了促进个人和社会利益从事的一种休闲活动，所以游憩总是带有社会目的及道德的色彩，也就是说游憩涉及对与错的价值判断（如滥用毒品是道德沦丧的堕落行为）。游憩在本质上与工作有关联，因为它使人们消除疲劳、恢复精神而能完成更多工作，具有社会意义。它也是活动策划者最常鼓吹的休闲行为，在游憩活动发展时，活动策划者常被期待不只是提供休闲体验，更要协助具有社会意义的目标实现。

③ 竞赛（game）：是一种具有正式规则来界定互动内容的休闲体验，尝试让所有参加竞赛的人一律平等。具体的规则造就出不可预知及不确定的竞赛结果，所以只有通过参加竞赛才能知道结果如何。竞赛之所以成为热门的休闲体验，主要是因为具有良好的游戏规则，以及突发状况的解决方案。竞赛还可以被分为"为玩而玩""为玩而赛""为赛而赛"，休闲服务专业人员必须要懂得规则在竞赛中的功能，因为大部分比赛的活动企划都会涉及更改规则或更动设备，以便那些力有未逮的人也可以共襄盛举。

④ 竞技运动（sport）：是休闲涉及规则性竞争时的体育活动，它可以被视为一种需要体能竞争而有规则可循的竞赛，许多活动策划者就是筹备运动比赛与场所的工作人员。界定竞技运动的三个概念是："体能损耗""制度化的规则"和"体育技巧的竞争"，三者缺一不可。

以上可知，每种休闲形式的核心概念与彼此间的关系，其中相互重叠的部分即表示各种休闲行为之间或有模糊不清的地带。活动策划者应该对每种休闲形式有清楚的认知，并在活动执行过程中，尽可能不要阻碍参与者想要追求的体验。

二、休闲的效益与功能

休闲对我们健康幸福生活的具体贡献为何？下面将探讨休闲在情感、身体和社交方面带来的各种益处。

（一）情感上的效益

情感上健康幸福生活（emotional well-being）不只是精神疾病相反的一端，而是美好生活不可或缺的元素。精神健康的人可以活得精彩，因为他们充满了正面情绪，而休闲可以提供产生正面情绪所需要的环境。此方面的效益与功能包含以下几点。

1. 自我探索、自我肯定与自我实现

休闲是一个媒介，可以改善自我定位、自我实现和被赋予权力的感觉，继而产生正面情感。海格和威廉姆斯（Haggard & Williams, 1991）即曾讨论休闲与自我肯定的关系："主要是因为休闲活动不受限制，所以可能特别适合作为确认自我肯定的媒介，以及提供挖掘特殊才华、能力和潜能上的机会。"

2. 休闲可增进精神健康

当一个人在日常生活中感受到自由和内在动机增加时，正面情绪也会跟着增加。岩崎和曼内耳（Iwaksaki & Mannell, 2000）发现，完全地相信休闲活动可以增进情感上健康幸福生活，这样的信念就足以减少精神疾病的症状。但附带一提的是，在认同这些情感效益之余，积极的休闲比消极的休闲更能达到最理想的唤起，是一种"心流体验"（flow experience）的投入状态，较有益于心理上的健康。

3. 帮助处理特定压力征兆（threat of stress）

许多研究指出，休闲能力可以帮助人们处理会影响情感上健康幸福生活的"特定压力征兆"。当外界要求和个体处理能力，在实际与感知上出现不平衡时，心理压力就会产生。心理压力可能让我们生重病，最常见的就是导致心脏疾病、高血压、中风、颈背酸痛、失眠与危及免疫系统。通过休闲能力的锻炼与提升，将有助于特定压力征兆减缓或消除。

研究证实，享受生活的乐趣、追求社群互动的满足，以及从事一个可以抒发自我的休闲活动，可以减少心理压力，最后也会对免疫系统带来正面的影响。引用西根赛（Siegenthaler）的概述，可以总结此情感上的效益功能：有意义、能实现个人抱负、积极的休闲活动可以促进心理上的健康幸福生活、增加自由的感受、平衡生活中的各种需求，特别是面对重大生命危机的时候。

（二）身体上的效益

身体与情感上的健康息息相关，而身体健康也深受休闲活动的影响。参与动静态休闲活动能为心血管、呼吸、肌肉骨骼、新陈代谢、内分泌等系统的生理功能带来许多益处。动静态休闲游憩活动对身体有很好的刺激，可降低罹患冠状动脉血管疾病、高血压、大肠癌和糖尿病的危险。同样的，一个动态或积极的生活形态让我们不容易疲劳和肥胖，也能维持骨骼密度和关节灵活度，甚至可避免尿道感染。

持续的动态性活动让我们获得乐趣、得到他人的支持、相信自己有能力可以定期参与，而且对动态性活动的效益具有正向信念，也因此降低参与体能性动态活动的知觉障碍。当然，这一切最终的好处就是延年益寿，原因是来自健康的改善。但令人难以置信的是，有研究显示在北美洲只有15%的成人和50%的年轻孩子会定期参与动态性休闲游憩活动（Stumbo & Peterson, 2004）。在亚洲如中国等，或许比例也不高，甚至可能因为工作与学业压力而参与的比例更低。

一般来说，现代生活已经变得比较静态，因此在休闲中动态性活动更显得格外重要。选择什么活动并不是重点，极限飞盘、滑板滑雪、团康活动、跆拳道、太极拳等都可以。许多研究已经证明，从事上述活动、其他运动和休闲游憩活动，都能提供身体所需要的有氧效益。每天从事让心跳加快60%～90%、并维持20分钟以上的活动，可以获得维持健康的生理效益。有氧体适能的动态性休闲参见表5-1。

表5-1　有氧体适能的动态性休闲

促进体适能的高度潜力	促进体适能的中度潜力	促进体适能的轻度潜力
来回游泳	篮球	垒球
跑步	滑板滑雪	保龄球
竞走	网球	高尔夫球
划船	徒步健行	排球

注：Leitner, 2004。

（三）社交上的效益

休闲性行为是一种社会性行为，除了孤立性消遣，例如看电视和独自玩电子游戏之外，许多休闲活动都能帮助我们建立友谊，以及与其他人相处的能力。因此，休闲参与在本质上非常具社交性，可以促进社会性支持；在休闲体验中，最能强化和考验个体间的联结与关系。当人们感觉到有人关心自己，并且相信有困难时会得到足够的支持，他们便会对自己和生活感觉满意。许多研究以证明，通过休闲活动的方式所建立起的友谊与交情愈亲密，对健康的益处愈明显。同样的，休闲在家庭的发展与维系当中扮演关键性的角色，有共同休闲活动与兴趣爱好的夫妻，对婚姻的满意度最高。

如同动态性休闲，在现代社会里强调人际互动性的休闲愈来愈乏善可陈，有些人似乎偏好在家看电影，也不愿和他人到电影院；喜欢在家使用设备运动，也不约同伴到公园跑步；喜欢在计算机上玩游戏，而不与同事面对面来场篮球赛。

三、老年人休闲与健康生活

"老年关护""休闲娱乐""生命尊严"是老年人的三大生活需求。一般老年认为基本生活需求，如食、衣、住、行方面，并非老年人所迫切需要，反而是"退休后如何安排老年生活"，以及"维持良好健康状态"是最首要的需求。以下为老年人参与休闲活动所要达成的健康生活质量指针。

（一）延长生命价值

寿命延长是老龄化社会的事实，随着人类寿命的增长，老年人从工作退休后的"自由时间"也跟着增加，因而对于退休后的生涯规划有更多期待，且有更多时间接受教育、追求休闲、娱乐，以及从事志愿者服务与文化活动。因此，老年人若能规划适合自己、且自己喜欢并力所能及的活动，善用剩余时间，发泄多余的精力，以丰富自己的退休生活，将使晚年生活多姿多彩，更具有生命意义。有鉴于此，老年人休闲生活的活动规划需要体现价值意义。

（二）促进身心健全发展

在日常生活与老年人接触，或鼓励、建议老年人多活动时，总会听到："老了，没用了，没力了。"等消极性的响应，显示老年人对自我健康状态存疑，甚而抱持着悲观、否定与等待心情度日。另外，他们由于老化现象，而面临体能、心智及社会角色功能等多方面衰退；加上卸除工作重担后，非但无法让老年人落得清闲，反而增添生活重心移除的失落感。

安排适当的休闲活动，将可协助老年人重建生活秩序，经由健康活力促进、娱乐兴趣培养、人际关系互动及社会服务等活动，可减少其孤寂感，进而促进生理上的新陈代谢作用，活动筋骨预防退化，保持身体的生活机能，发泄被压抑的紧张情绪，甚至从休闲活动中得到心灵的成长，促使老年人身心健全发展,从而对家庭与社会上有所帮助。

(三)提升生活质量内涵

现今年轻人日子过得非常忙碌,总觉得生活压力大,时间不够用,故有时非常羡慕老年人时间比较多,生活也较不紧张,可以从容享受退休生活。老年人则因退休及子女成长而责任减少,导致清闲时间变多反倒不知所措。因此,休闲活动不仅可提供老年人重新建立生活重心、带来新的体验,满足老年人空虚心灵,进而消除无聊感,减少孤独及寂寞感,更可经由休闲活动的参与,提升其人际关系与充实晚年生活,这将有助于老年人提升生活质量。

总而言之,在老年人的晚年生活中,休闲生活的规划具有必要性,休闲活动参与更具必须性,适合的老年休闲生活不仅可以延长寿命、提高生命价值,最重要的是充实晚年生活,以提升老年人生活质量。

第二节 老年人多元休闲形态

休闲活动方案有各种形式与规模。从提供服务的角度以观,这表示为了达到某个组织或活动的目的,我们可以用许多不同的方法来提供休闲。身为专业的老年活动规划者,其责任在于发挥创意,掌握老年人多元的休闲形态需要,来达到最大的成效;就像是在玩许多不同小片所构成的拼图一般。我们期待通过本节的分析,能促使多种休闲活动规划有效地被重组、调整与替换,真正达到丰富多元形态。

一、休闲活动的分类形式

因为休闲游憩活动包含广泛且拥有不同的活动机会,也因为不同的参与对象、不同的背景和兴趣,致使学者对休闲活动的分类有不同的解读。以下将列举三种分类方式,予以探讨。

(一)从活动进行方式区分

Russell(1982)指出,休闲活动参与的形式是一种活动的结构,必须通过活动进行来呈现。因之,休闲活动参与形式意指参与互动的过程。根据Edginton等人(1999)所提出的分类,可分为六种方式。

① 比赛:强调技术上的竞技,活动以竞争的模式来进行。如门球比赛、歌唱比赛等。

② 启蒙：着重于活动的推广，让参与者对活动产生兴趣。进行的方式可能为主办单位提供场地与设施，让参与者尝试去进行此种活动。

③ 课程：以结构性的方式进行技巧的讲授，活动进行过程强调教授与讲授的效果。

④ 社团：是具有相同兴趣的人共同组织起来，以彼此共同切磋技巧为主的组织。

⑤ 特殊活动：为了特殊的目的举办的活动。

⑥ 会议：以讨论的方式共同研讨问题或未来发展方向。

（二）从组织形式区分

根据上述，可得知活动的参与组织结构将导致活动参与形式不同，李晶（2010）进一步予以分类成四项。

① 自由参与形式：如启蒙，是参与者自行到场地进行，所受的活动进行的管制较少。

② 组织形式：如社团，是具有相同兴趣的人共同组织起来，以彼此共同切磋技巧为主，有可能是松散型的组织，也有可能具有一定规模与制度。

③ 课程形式：以教学的形式进行，参与者有角色定位。

④ 赛会形式：着重竞争或学术交流的参与，有规定的参与程序、时间和完整的活动规划。

（三）从老年人为对象区分

中国台湾学者黄国彦（1994）在《银发族之休闲活动》一书中，则将老年人可以参与或常参与的休闲大致区分为六大类。

① 康乐性活动，包含：唱歌、舞蹈、看电视、戏曲欣赏、乐器演奏、才艺表演等。

② 知识性活动，包含：阅读、写作、文学欣赏、书画、语文研习、听演讲等。

③ 技艺性活动，包含：手工艺制作、饲养宠物、园艺、烹饪、摄影等。

④ 体育性活动，包含：爬山、郊游、慢跑、散步、太极拳、台球、羽毛球、门球等。

⑤ 服务性活动，包含：宗教活动、社会服务工作、担任顾问或志愿者等。

⑥ 其他，包含：与家人亲友同聚、逗小孩玩耍、休息等。这样的分类方式，主要着眼于活动类型作为区分。

此外，Edginton发现，活动参与的类型与形式直接影响到参与者互动的模式，如参加写生比赛与参加写生课程的人，在参与者的态度、彼此的互动等，就有很大的不同。而由于老年人受到过去经验的影响而异质性高，对于活动类型的取舍，就会有很大的不同。

二、休闲活动领域的组成

为了帮助了解，我们将从休闲服务传递系统中最具代表性的一种休闲活动领域开始讨论。进行分类将无可避免删除掉一些休闲活动。但是，休闲游憩活动方案的专业人士觉得将休闲游憩行为分成"活动领域"或是"活动组别"（activity sets）是很有用的。以下，我们先将以表格的形式，通过休闲活动案例进行活动领域的划分（见表5-2）。

表5-2 休闲活动领域的范例

活动领域	范例	活动组织程度	参与者分组情形	参与者技能程度	费用高低
运动	团队竞技（篮球、垒球等）	高	团体	初/中/高	普通~昂贵
	个人竞技（高尔夫、骑马、体操）	高	团体/个人	初/中/高	普通~昂贵
	两人竞技（台球、乒乓球、羽毛球）	高	团体	初/中/高	便宜~普通
	体育游戏（躲避球、撕名牌）	低/高	团体	初	便宜
	体适能（瑜伽）	低/高	团体/个人	初/中	便宜~普通
	走路和骑自行车（固定健身单车、竞走）	低	团体/个人	初/中/高	便宜~普通
	极限运动（滑冰）	低/高	个人	高	普通
水上活动	游泳和跳水	高	个人	初/中/高	便宜~普通
	水上运动（水球）	高	团体	高	普通
	水底活动（含浮潜）	低/高	个人	高	普通~昂贵
	水体适能和水中有氧	高	团体/个人	初/中/高	便宜
	航船活动（帆船、划船、风浪板）	低/高	团体/个人	中/高	普通~昂贵
冒险活动	绳索活动（挑战）	高	团体	初/中/高	普通~昂贵
	团队和启发性活动（游戏、密室逃脱）	高	团体/个人	初/中/高	便宜
	攀岩	低/高	团体/个人	中/高	普通~昂贵
	滑翔翼	低	个人	高	昂贵
	漂流独木舟	低	团体/个人	中/高	普通
	滑雪	高	团体/个人	初/中/高	普通~昂贵
	冲浪	低	团体/个人	初/中/高	普通

续表

活动领域	范例	活动组织程度	参与者分组情形	参与者技能程度	费用高低
跳舞	国标舞	低/高	团体	初/中/高	便宜
	踢踏舞	低	团体/个人	初/中/高	便宜
	社交舞	低	团体	初/中	便宜
	土风舞、民俗舞蹈	低	团体	初/中/高	便宜
	爵士与现代	低	团体/个人	中/高	便宜
	芭蕾	高	团体/个人	中/高	普通
	广场舞	低	团体/个人	初/中/高	便宜
观看/参与戏剧	电影和影片	低	个人	初/中/高	普通
	电视	低	个人	初	便宜
	舞台剧、音乐剧及各种表演（包括社区）	高	团体/个人	中/高	普通~昂贵
	哑剧	低	个人	中/高	便宜
	木偶剧	低/高	团体/个人	初/中/高	普通
	说故事	低	团体/个人	初/中/高	便宜
	大型历史叙事展演	高	团体	中/高	普通~昂贵
艺术	油画和绘画	低	团体/个人	初/中/高	便宜~普通
	雕塑	低	团体/个人	初/中/高	普通~昂贵
	书法	低	个人	初/中/高	便宜~普通
	摄影拍照	高	个人	中/高	普通~昂贵
手工艺	刺绣和缝纫	低	团体/个人	初/中/高	便宜~普通
	编织	高	个人	中/高	普通~昂贵
	首饰制作	低	个人	中/高	昂贵
	模型制作	低	团体/个人	中/高	便宜~普通
	陶艺制作	高	团体/个人	初/中/高	普通~昂贵
	烹饪和烘焙	高	个人	初/中/高	便宜~昂贵
	插花	低	团体/个人	初/中/高	普通
音乐	乐器	低/高	团体/个人	初/中/高	普通~昂贵
	歌唱	低/高	团体/个人	初/中/高	便宜~普通
	聆听与欣赏	低	个人	中/高	便宜
	作曲	低	个人	高	便宜
	音乐律动	低	团体	初	便宜
爱好	收集	低	团体/个人	初/中/高	便宜~昂贵
	园艺	低	团体/个人	初/中/高	普通~昂贵
	教育（电脑、有关个人健康）	低/高	团体/个人	初/中/高	普通~昂贵

续表

活动领域	范例	活动组织程度	参与者分组情形	参与者技能程度	费用高低
户外或大自然活动	露营	低/高	团体/个人	中/高	便宜~普通
	徒步旅行（背包客）	低/高	团体/个人	中/高	普通~昂贵
	赏鸟	低	团体/个人	中/高	便宜
	环境保护	低	团体/个人	初/中/高	便宜
	自然手工艺	低	团体/个人	中/高	便宜
	天体观察或天文学	低	团体/个人	中/高	便宜
	自然解说	低	团体/个人	中/高	便宜
智力或文学	阅读（读书会）	低	团体/个人	中/高	便宜
	写作	低	团体/个人	高	便宜
	辩论	高	团体	高	便宜
	参观博物馆	低	团体/个人	初/中/高	普通
	猜谜或益智游戏	低	团体/个人	初/中/高	便宜
	扑克牌和桌上游戏	低	团体	初/中/高	便宜
	静修营或研讨	高	团体	高	昂贵
	家谱研究	低	团体	中/高	普通
旅游	旅行团	高	团体	中/高	普通~昂贵
	自助旅行	低	团体/个人	高	普通~昂贵
	远足或一日游	高	团体	初/中/高	便宜~普通
	邮轮	高	团体	初/中/高	昂贵
	主题旅游（生态、文化）	高	团体/个人	初/中/高	普通~昂贵
	旅行纪录片	低	团体	初/中/高	便宜
	露营车	低/高	团体/个人	高	昂贵
社交休闲游憩活动	派对	低/高	团体	初/中/高	便宜~昂贵
	野餐和聚餐	低/高	团体	初/中/高	便宜~普通
	社交舞蹈	低/高	团体	初/中/高	普通
	交谊会（欢迎会、家庭招待会）	低/高	团体	中/高	普通~昂贵
	拜访和聊天	低/高	团体	初/中/高	便宜
志愿者服务	社团教师/教练	高	团体	高	便宜~昂贵
	儿童青少年活动带领	高	团体	高	便宜~普通
	募款	高	团体/个人	高	便宜~昂贵
	组织服务/服务学习	高	团体/个人	中/高	便宜

从表5-2可知，分类的方法可能较为随性，这是因为休闲活动之间并没有一个明显、非此即彼的界线。但在直觉的辨识上还是有意义的。在每个领域当中，活动规划者也有好几种方法来安排活动；有些活动需要较为严谨的规划和架构，有些则比较非正式；有些领域通常以团体来进行，有些则较常安排个人体验；有些活动会要求主动参与，有些则被动享受；另外活动规划者可以提供室内或室外的活动方案，可分为初阶、中阶、高阶；收费昂贵或者低廉，每年开放一季或四季等。

三、休闲活动领域的执行

为了更加理解老年人参与多元的休闲活动组成形式，必须要有执行的原则，以了解老年人在参与相关活动时，所衍生出必须注意的多元样貌。以下，再进一步针对上述分类进行讨论。

（一）运动

运动大概是休闲活动方案领域中最大的单一类别，它的成长是值得注意的趋势，也为老年休闲活动规划者带来无限可能的机会。一般而言，特定的规划程序与考虑会因当地的习惯、机构的资源，以及地理位置的关系而有所不同；但是，最重要的是活动规划者要切记：通过"运动"打开一道门，让参与者享受肢体活动的乐趣。要如何达成乐趣？以下是一些有用的活动原则。

1. 提供各种技能程度的活动方案

除了为运动技能高的人提供活动方案外，也应该提供一个相对的机会给初学者，和具有中阶技能程度的人。

2. 以终身运动为特色

活动的宗旨永远定位在：你不是在训练精英运动员，而是在提供参与者在一生，包括老年生涯中有不同选择来享受肢体活动的乐趣，使得不同生理老化程度的老年人都能参与运动，在活动的方案规划上应该给予同样的尊重。

3. 注意安全

参与者经常会"忘我"地让自己处于危险当中，这是运动特有的本质；这也会反映出是否落实健全的安全措施；定期安排设备与器材的安检与维修；随时强调游戏规则的遵守，并且确认指导人员受过良好的训练。

（二）水上活动

有关任何水的活动，都需要更小心地规划，活动规划者可能会在室内和室外的游泳池、水上乐园、海滩、湖泊、海洋或溪流等场地准备活动方案。除此之外，更需要掌握参加水上活动的老年人所各自抱持的目的，可能是为了追求冒险刺激、健康、治疗和增强自信心，因此活动规划者必须敏锐地观察其不同需求。以下是一些活动原则。

1. 让参与者先具有足够的知识、态度和技能

水上活动的规划必须对参与者的安全负起很大的责任，其中一部分增加的责任必须由参与者本身来承担。他们可以是先参加你所规划的安全课程，有足够的机会与时间了解相关技巧、水上安全处理流程，以及了解突发状况的处理方式。

2. 加入具有相关合格训练证照的团队伙伴

这些证照包括救生员执照、CPR急救证书；有些浮潜、划船等水上活动也应另配有相关训练合格证书或教练执照等，把他们加入你的活动规划方案中。

（三）冒险活动

这类别所包含的活动也有引人注目的发展，反映出人们对其活动的欢迎，也激励人们努力研发并突破传统，将这些户外活动带进室内（如室内攀岩），以及一些提供虚拟的空间（如VR、3D激流泛舟和虚拟滑翔翼运动）。这些重要的活动规划原则包括如下几点。

1. 拥有胜任的且活泼的领队

无论领队与作为活动规划者的你是同属一个团队组织，还是不同的专业服务机构，你们的热情将奠定活动方案的本质和目标，以及方案最后的成功。

2. 周密且完善的后勤支持系统是必须的

例如区域指南和地图、计划过的场地勘查、紧急处理规划等，都应该被列为主要的规划考虑依据。

3. 参与者应有适当的准备

应该谨慎评估参与者的能力。在活动前，参与者应该被给予足够的前导训练、安全简报说明、技能练习等。

（四）跳舞

跳舞是一种通过肢体律动来抒发自我的活动，可以吸引参与者和观众。其好处包括改善身体适能、促进社群互动、美化体态、放松和促进对文化的了解，因此受到一大群老年人欢迎。不过，跳舞这个活动领域还可以创造更多迷人、令人兴奋的潜在体验，以下是开展多元形式的指导方针。

1. 有才能且积极的跳舞领队有关键性的影响

一个受过训的跳舞老师、带领员，必须能够在不影响任何有趣的元素下，还可以呈现、顺应、指导和控制活动方案的质量，特别是教学式的活动方案。

2. 适当的设备是必要的

虽然跳舞活动方案不太需要昂贵的器材和场地，但也必须达到基本的标准，例如：一个通风良好的场地与足够的空间，有些视情况还需要好的隔音设备以及良好的地板。事实上，空间太小让人不好移动，也会破坏整体的舞蹈质量；但社交舞的空间若是太大，也会破坏团体的互动气氛。另外，国标舞需要一个坚实平滑的地板，而广场舞几乎可以在任何一个平面的场地进行，即使是沙滩也没有问题。

3. 适当的配乐是绝对必要的

音乐如何搭配跳舞的形式表现是营造气氛重要的环节，一定要适当地筛选乐曲，包括提供一个足够的扩音设备。

（五）戏剧

戏剧模仿人生，但不同于人生，通过活动方案的设计，表演者和观众都可以不计后果地尝试新的个性、思想和关系。戏剧活动可以非常简单，如为儿童大声地朗读故事，或是躺在医院的病床上看电视；戏剧也可以是精心制作的，就像是使用上千位演员和几百亩土地来重现历史故事。戏剧有丰富的可塑性，几乎每一个社区、组织或团体都可以提供戏剧的活动方案。以下是规划上的建议。

1. 提供进阶式的戏剧活动

每个戏剧活动的参与或表演都应该逐步进行，从简单到复杂。

2. 使用主动与被动两种形式

戏剧可以规划成温和的、富有思想的、反思性的欣赏；也可以是精力旺盛的、活泼的参与演出。

3. 设备的本质和大小应该保有弹性和创新

戏剧活动几乎可以在任何地方进行，如：私人住宅、室内体育馆、净空的商店、公共建筑的台阶上、美术馆、公园、学校、社区活动中心等。

（六）艺术

在规划活动时，清楚地区别艺术和手工艺两者是很必要的，如此才能真正满足参与者的需求。艺术主要是通过各种媒介，传达概念或形而上理念的表现方式；手工艺则是利用物质材料，制作有用的东西。以下是一些有关艺术活动在规划上的考虑。

1. 规划的复杂度由艺术的程度决定

程度愈高的艺术表现，对指导员的鉴识和能力、材料和设备资源、参与者的能力要求等也会愈高。

2. 拥有多方面创意技能的指导老师是关键

尽管艺术活动方案的指导老师最主要的职责是激发好的工艺作品、创造力和自由抒发，但拥有一些艺术方面的专业技能也是必要的。

3. 提供质量良好的艺术材料是一个重要的规划考虑

艺术需要用媒介来表现，如纸、石头、颜料、黏土、木头、纱线、蜡或沙子。活动规划的工作范围包括：放置、购买、维护、储藏、清洗用具等。

（七）手工艺

人们做手工艺品，是为自己、家人或朋友制作一些有用的东西，当然也为了尝试和扩展他们创造力的潜能。可以让老年人说出"这是我做的！"这句话，让一个人从成就中获得自信，这即是该活动的目标。其考虑如下。

1. 留意可以将手工艺融入其他休闲活动领域的方法

手工艺可以让跳舞、戏剧、音乐、社交等休闲活动方案变得更丰富。

2. 将重心放置在尊重个人的创造力

即使参与者努力在手工艺活动方案中制作出有用的东西，但是创意的表现应该比最终成果的实用性来得重要。

3. 对环境的适应力可以扩展规划的选择性

所有的手工艺几乎可以在任何地方完成，在行进的餐车内，或在森林小木屋中都可以。话虽如此，也些手工艺品的制作还是需要特殊的设备和器材，例如：陶艺需要砖窑和水槽。

4. 预先设计好安全措施及清洁工作

安全措施包括易燃物品的妥当储藏空间、足够的通风条件、灭火器、电器工具的安全放置空间，以及急救箱。清洁工作则需要自来水、香皂和毛巾等。

（八）音乐

音乐可以引导情绪，所以经常用它来带动其他休闲活动的气氛，并可以在活动进行中控制行为、激发团体合作，以及提供治疗的效果。以下是几个基本规划考虑。

1. 必须拥有音乐的专业知识和技能

为了让参与者能够享受并满足于音乐活动的体验，音乐活动方案的引导人员最好具有合格的专业认证。

2. 使用可获得的社区资源

可从其他组织中招募专家、设备和器材的供应者，包括私人和商业性音乐组织，这些资源都可直接融入和协力搭配你所提供的音乐活动方案。

3. 试图服务所有感兴趣的人

音乐可以吸引每个人，也因此保有各种不同音乐的偏好。对参与者不同的音乐偏好要敏锐，才能选择、安排和引领适当的音乐体验。

（九）爱好

爱好是一个比许多休闲活动规划者所能了解的还要重要的活动领域。因为爱好被视为一种个人的兴趣，不需要通过活动规划，经常在休闲服务中被忽略。但事实上通过规划，可以支持和扩展参与者的爱好。服务项目包括：初学者的教学课程、俱乐部会议、表演和展览会、示范活动等，都可以增进爱好的美好体验。规划的建议如下。

1. 专心为追求爱好的人搭起友谊的桥梁

能够帮助志同道合的爱好者互相认识和产生互动的活动方案是最有效的；有时甚至只要简单的提供一个适合聚会的场所，便可以促成。

2. 对培养新的爱好提供辅助

包括了解爱好的广度、提供如何开始学习新爱好的相关信息、材料来源的信息，以及协助老年人持续保有兴趣。

（十）户外或大自然活动

户外游憩活动并不单指在户外玩，必须得和大自然环境产生有目的且有意义的关系，其进行时需有智慧地利用到自然资源，使参与者学习"永续环境"的概念。其费用与成果表现皆会直接影响参与者的意愿，以下是一些普遍性的规划建议。

1. 注意执行活动方案引导人员必须具备的条件

许多户外活动的执行必须受过专业的安全处理训练，或自然科学训练、紧急救护，甚至是露营技能等训练。

2. 即使在都会区，也要寻找机会规划活动

当发展户外活动方案时，具有热心和能力的引导人员有时能够在缺乏广阔的户外环境下，依旧带领有趣的活动。

3. 做到平衡且简单

可以通过当地素材，和一般常见却易被忽略的草本植物来发展活动内容，以让参与者直接体验大自然的机会为基础。

4. 努力做好环保宣传

在每一项户外或自然的活动方案中，必须准确传达永续环境的信息及生态环保的体验，以帮助参与者了解周遭自然生态的变化为主要目标。

（十一）智力或文学

尽管智力型的休闲活动比起其他休闲活动方案所需要的空间相对较小，而且像是阅读、文字创作等也比较倾向一个人独自体验；但活动规划者仍然应该在广泛的活动方案中为参与者提供文学休闲的机会，原因如下。

1. 许多活动是不贵的

智力和文学活动一般只需要极少的资源（如设备、引导员、器材）便可以吸引广大的群众参与。你可能只需要提供一个安静的角落以及桌椅就行。

2. 许多活动对享受休闲的人来说是方便的

他们可以在家、工作地点、凉亭，以及许多其他地方进行体验。

3. 许多活动都会引起广大群众的兴趣

这活动领域的方案规划，不会受到年龄、性别，或是种族的限制。

（十二）旅游

无论是午后到附近的森林公园踏青，或是到中国台湾度假三个星期，旅游的活动方案都必须仔细规划；需要花费的心力取决于旅游目的和旅行人数。大致上有一些基本的规划必须考虑。

1. 旅行不能是毫无准备的

不管目的地多么近、旅程多么短，都应该仔细地被规划。

2. 确定旅客在出发前对于旅行的目的和后勤都有详细的了解

可以安排行前说明会让旅客了解住宿、餐饮、交通等情况，或者开展其他休闲游憩活动方案来支持这次旅行。例如：到意大利旅游之前，让老年旅客到附近的意大利餐厅练习使用刀叉，并品尝没吃过的料理。

3. 避免在一趟旅游中安排过多的行程

旅行本身就会产生疲劳，老年人更可能会在旅途中吃不消。因此，在行程中预留足够的自由时间让旅客休息或自我探索是很重要的。

4. 做好突发状况的应变安排

即使是最周详的行程安排，预先规划好替代的交通工具形式、餐厅选择，以及活动门票是必要的。另外也需要预留安排让旅客可以在最后一分钟自己做取消的动作。

5. 成功的导游是旅途中的灵魂角色

导游必须随着旅游目的地的风俗民情和习惯展现真诚；不管发生任何问题，都应该以乐意、沉稳且和蔼可亲的态度来处理。

（十三）社交休闲游憩活动

社交休闲游憩活动方案最好的效果，就是提供一个放松的休闲体验；它不像其他活动领域以挑战、技能发展为重点，该活动的特色就是提供普通又熟悉的人际交流。此外，它可能还必须依赖其他活动领域才能达到社交活动的目的。例如：一个老同事派对上可能包括跳舞、歌唱等活动。以下是一些规划的考虑。

1. 最重要的因素就是适切性

规划社交活动需要注意参与团体的兴致和聚会的目的。例如：这是妇女午餐会？或是老年大学同学的聚会呢？

2. 注意社交行为曲线（social action curve）

意思是当宾客抵达时，每个人的情绪都是平稳的；聚会进行到一半左右，气氛开始高亢，接近尾声时又恢复刚开始的平稳。一个好的方案应该有清楚的开始与结束。

3. 安排适当的带领人员

带领人员必须能够观察团体的反应、整体的情况，以及了解何时应该加入刺激或控制元素，让活动得以顺利进展。

（十四）志愿者服务

志愿者服务是一项特殊的活动，且适用于所有休闲活动领域；参与者付出时间和行动力协助其他人而获得利他所带来的快乐与满足。身为活动规划者，有一部分的规划需要专注在你的活动方案的志愿者身上。

1. 有目的性的招募志愿者队伍

因为特殊才能、训练或对活动方案有兴趣、能发挥老年人应有智慧与熟练经验而被招募的志愿者,才是最有效能的。

2. 清楚了解志愿者的任务内容

在招募时,清楚地和志愿者们讨论确定任务内容,提供明确的工作说明,列出志愿服务的时间和期限;最好请老年志愿者能提出健康诊断书作为参考。

3. 督导志愿者

必须定期观察和协助志愿者,注意志愿者的动机和个人需求,提供有意义的挑战,并且公开赞扬志愿者的表现与贡献。

第三节 增进老年人休闲动机

老年人往往因为健康、家庭、收入等多重因素而影响其休闲行为的表现。对于如何唤起老年人对休闲的认识,通过休闲技巧习得及资源利用,以提升休闲生活质量,成功地面对老年生活,是非常迫切的。本节主要先探讨影响老年人休闲动机的因素;其次导入休闲教育的指引,从休闲养成模式中了解促进参与动机的可行途径;最后,提出促进老年人参与休闲活动的建议。

一、影响休闲动机的因素

追溯过往,由于年轻时,多数人过分把生活重心放在职业上,加上对休闲质量的不重视,使得到老时,即使拥有很多的自由时间,也不知如何安排,而太多的空闲时间,反而会加速老年人生理和心理之老化。以下将进一步析论。

(一)老化现象

影响老年人从事休闲活动的最主要因素,其实就是老化现象的出现。生理机能的衰退,如:行动、反应、协调及感官能力逐渐退化,以致缺乏活动与学习技巧能力,进而产生自信心不足的情况,使老年人放弃许多活动机会,这是影响老年人参与休闲活动的重要阻碍因素。

(二)社会功能角色退出

老年人因为退休并结束社会功能角色后,生活出现重大转变,认为自己在社会上已失去地位,且对未来没有明显的期待,内在的自尊与自我概念需要经历长时间的调适以适应新的生活环境，故顿失生活重心而产生恐惧不安的感觉。有些退休的老年人，退休后根本足不出户，生怕遇见那些还没退休的同事，自觉是个"老古董"不想被人看见，更不欲与人打招呼；这种社会功能角色的淡出影响了心理，最后又因心理因素不愿出门参与休闲活动而影响了生理，造成恶性循环。

（三）休闲环境资源不足

近年来，政府对社区休闲环境场所的构建不遗余力，社区活动中心、幸福院、敬老院等美轮美奂的硬件设施，如雨后春笋般在城市与乡村地区建置完成，但却因为缺少完善的休闲环境规划及软件配合，如活动安全性考虑、休闲信息与服务指导人员等资源不足，无法满足老年人休闲需求，以至于使用率不佳，老年人参与率低等；甚至许多乡村地区的幸福院、敬老院大门深锁，老年人根本不得其门而入，变成了大型"蚊子馆"。事实上，休闲环境的良窳，对使用者的动机影响甚大。妥善的老年人休闲环境，应包括符合老年人使用安全性的各项硬设备，足够的软件配合措施，以及多元的休闲环境资源，以促进老年人休闲活动的动机。

（四）个人因素

影响老年人参与休闲活动的个人因素，包含以下几点。

1. 休闲态度

包括认知、情感与行为倾向，老年人参与休闲活动的种类会因其对于休闲的态度而有截然不同的选择。

2. 休闲经验

美好的休闲活动经验能够激发老年人持续参与休闲活动的动机；反之，则容易产生退却，或造成"习得无助感"的心理效应。

3. 健康因素

许多老年人因身体机能退化而产生健康状况不佳的现象，如罹患慢性病或关节炎，而影响了参与休闲活动的意愿与动机。

4. 缺少同伴

有些休闲活动参与或是学习过程，是需要同伴才比较有乐趣，而且也能相互提醒、相互鼓舞激励。另外，不少老年人是因为没有伴侣而放弃了参与休闲活动的机会。

5. 经济压力

老年人退休之后,经济收入减少;而一般老年人认为从事休闲活动,如出国旅游、唱歌看电影等皆需要金钱花费而抗拒;有些老年人则是生性节俭,觉得参与休闲就是浪费钱。

6. 教育因素

相关研究指出,教育程度也是影响因素之一。教育程度高者,其休闲活动的选择也愈多样化;而教育程度低者,则选择性相对较少。

7. 年龄因素

若将刚退休,与退休20年的老年人相比,其参与休闲活动的方式自是不同。一般而言,初老阶段的老年人参与休闲活动较多、偏向动态活动;老老阶段的老年人则参与较少,以偏向静态活动为主。

二、休闲能力养成的模式

Dattilo & Murphy休闲教育模式及其休闲能力养成阶梯所提出的休闲教育模式及其休闲能力养成阶梯为主要架构(图5-2),强调指导个体认识休闲的意义,学习休闲活动技巧,懂得利用休闲资源,做出自己的休闲决定,培养社会互动技巧,并能遵守休闲伦理,以期能达到提升个人休闲质量的功能。其内涵如下。

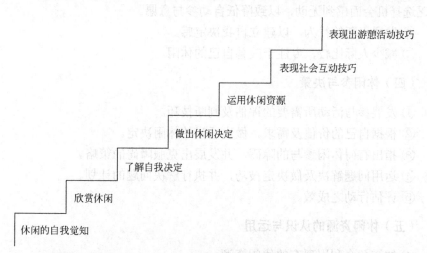

图5-2 Dattilo & Murphy休闲教育模式及其休闲能力养成阶梯

(一)休闲的自我觉知

① 了解自己休闲活动和涉入之偏好。
② 反省过去和现在的休闲参与。

③ 对自己的技巧和能力具有实际看法。
④ 检视自己的休闲价值观和休闲态度。
⑤ 反省参与动机、参与行为，及参与之情境。
⑥ 确定自己是否满意休闲参与的范围。

（二）休闲欣赏

① 了解休闲和休闲生活形态的概念。
② 了解休闲是快乐和满足的合法来源，且人人皆可享有。
③ 接受休闲不需要特定时间，但休闲机会来临时，你可以感觉到，也应该感觉到。
④ 确认可以促进休闲体验的各种情境、环境及活动。

（三）休闲的自我决定

① 提高休闲控制、休闲能力及内在动机之知觉，以促进个人选择的自由感。
② 学习负起做适当选择的责任。
③ 学会在自由时间做决定，以培养自发的休闲技巧。
④ 学会自发、独立地运用自由时间，以从事适合年龄的休闲活动。
⑤ 学习置身于可控制的环境中，开始及结束自己的休闲体验，以避免因缺乏选择机会而感到无助，以致降低自动参与意愿。
⑥ 发展果断的行为，以建立自我决定感。
⑦ 减少人际比较，专注于改善自己的休闲。

（四）休闲参与决策

① 发展参与活动所需要的评估及判断技巧。
② 根据自己的价值及需求，做出适当的休闲决定。
③ 指出有碍休闲参与的障碍，并发展出克服障碍的策略。
④ 运用问题解决及做决定技巧，并执行解决问题的计划。
⑤ 评估行动之成效。

（五）休闲资源的认识与运用

① 知道并会利用现有的休闲资源。
② 了解人力资源与组织资源，以提升个人持续或扩展休闲参与的能力。
③ 确认并找出休闲设施或环境之所在，并克服交通方面的阻碍。
④ 了解所欲参与的活动之必备条件，如费用、活动时间、资格、健康要求、规则以及装备或服装等。

（六）社会互动技巧

① 发展有意义的友谊及有效的社会互动技巧。

② 学会基本语言沟通技巧，像打招呼、发问、等待发言、加入讨论等。

③ 学习问题解决方法，例如：解释社交情境所代表的意涵、思考可行的方法、采取解决问题之策略、评估成效。

④ 获得社交的能力，如参与进行中的社交活动或展开新的一个、遵循活动的规则或惯例、提供回馈给他人等。

（七）游憩活动技巧

许多休闲教育方案的重心都在发展个人做选择的能力及能成功地参与多样化游憩活动，以获得满意、愉悦的经验。休闲参与的一个重要层面在于做出选择，因此，休闲教育方案应鼓励个人选择并发展最可能带来愉悦与满意的游憩技巧。

由上述模式可知，休闲就是终其一生对情境自由的实现过程，它不仅是存在、感觉，更是行动；对于老年人而言，过去生长在一个崇尚劳动的年代，休闲设施的缺失与休闲观念的落后，导致他们拥有的休闲技能非常有限，进而限制了他们的休闲活动；所以如何使其走向自由，避免受到拘束，的确具有很深远的意义。归纳 Dattilo & Murphy 的论述，以及本书作者对"伦理观"的个人观点，认为活动方案规划者应为老年人休闲达成以下四点。

1. 休闲觉知

能应用休闲的定义、休闲与生活的关系等"休闲知识"，及老年人的能力、兴趣、动机、态度、自由、责任等"休闲经验"来了解休闲概念，做出休闲决策，运用于日常生活中以提升生活质量及休闲效益。

2. 休闲技能

能培养思考、区辨、选择、设计、规划、评估、决策、问题解决、价值澄清、社会互动、行为改变等休闲技能，在生活中体验休闲，在休闲中享受生活，使老年人对休闲生活感到适切与满意，并达到自我实现的目标。

3. 休闲资源

能运用老年人的动机、兴趣、经验、能力、态度、责任等内在资源，并整合社区之产品、软硬件设备、环境等外在资源，充分发展休闲技能，以提升休闲质量，丰富休闲体验，涵养休闲生活。

4. 休闲伦理

能重视生态保育及环境保护，能与大自然和平共处；能维护生理健康，关心自我及他人，并表达对于社会关怀之情，强调人与自己、人与自然、人与社会三位一体，以自己为中心，推己及人，至民胞物与的境界。

三、老年休闲参与的促进

老年人休闲活动，关系到身体的健康及生活质量的提升，如何促进老年人参与休闲活动，这是重要的问题。以下就如何促进老年人参与休闲活动，从"老年人个体""活动规划者"两方面提出看法供参考。

（一）老年人个体方面

休闲活动有益于老年人的身体健康及提升其生活幸福感，应毋庸置疑。但何种休闲活动有益于老年人的身体健康与幸福感呢？这是属于选择的问题，且依个人的体能、兴趣、爱好和环境而定。以下是普遍性的促进之法。

1. 老年人宜谨慎选择适合自己的休闲活动

休闲活动的领域类型繁多，时间、空间、内容、性质、人数、目的、费用等各不相同、各异其趣，故老年人宜审慎选取适合自己情况的活动。首先，应诚实评估自己的体能、健康、经济、环境及兴趣与爱好；其次，对于休闲活动的选择，可通过"删除法"，亦即若无益于身心健康，或对他人、社会公益民俗、伦理道德有害或有违的活动，就必须避免；最后，老年人从事休闲活动，在心境上应秉持善念，不可心有杂念，或有不良意图，否则不但无法获得休闲之益，更徒增困扰，反受其害。

2. 动静合宜，体能性的活动不可少

老年人选择休闲活动，最好能有静有动，相互搭配，相得益彰。毕竟老年人由于身体功能的衰退，不能做过于耗费体力或太激烈的活动，但也不能久坐不动，这更会造成身体功能的衰退。适当参与体能性活动，是推迟老化、促进健康相当重要而有效的方法，必须避免自己成为家中"沙发上的大马铃薯"。

3. 旅游与学习相互结合，发挥休闲更大的效用

旅游可以使老年人走出户外，进行体能性的活动，并使身心舒畅、疏解压力、结交伙伴，具有多种的功能。近来，如美国的"老年人寄宿所"、欧洲的"第三年龄大学"、英国的"老年人旅游俱乐部"，都在旅游活动中，有系统有规划地将学习的主题纳入，达到增广见闻、激发成长、潜能开发的目的。中国的"红色逐梦之旅"也是一种旅游学习，老年人可以积极参加这方面的活动。

4. 休闲爱好，尽早培养

兴趣与爱好是可以培养的，它可由接触、熟悉，进而产生爱好，激发兴趣而逐步发展。此种兴趣与爱好的培养，不要等到退休后再做，可以在退休前5年，甚至前10年即可进行，到了退休后即可无缝接轨，发展为生活的重心，维护自我的一贯与连续，使老年期生活更加充实、丰富与愉快。

（二）活动规划者方面

针对五个对老年人参与休闲活动的阻碍因素，即缺乏兴趣、缺乏时间、缺乏金钱、缺乏设备、缺乏技能，提出具体做法，如表5-3。

表5-3 活动规划者排除老年人休闲阻碍因素的做法

阻碍因素	做法
缺乏兴趣	宣传营销、休闲教育、根据兴趣设计新节目
缺乏时间	活动安排不要与其他义务相冲突、除去不必要的承诺（或在活动中提供幼儿照护）、开设时间管理课程
缺乏金钱	减轻费用、利用折价券、筹划募款方案以补助活动
缺乏设备	善用已有的设备、把活动移到新地点
缺乏技能	训练方案、不同等级的活动、同侪间训练

第六章
老年人旅游与游憩体验

就老年人旅游事业，Ken Dychtwald在2005年曾指出，5～25年间，人数最多、权力最大的2亿银发族市场即将来临，这一族群对国家、经济将产生巨大的影响，其中"旅游"是热门商机之一。时至今日，该"预言"已然实现，旅游成为老年人最喜欢参与的休闲活动之一，且随着经济条件与身体健康状况愈来愈好，老年旅游事业一定持续增长。本章主要就旅游的意义与类型切入，再对游憩体验的功能构面进行探讨，以供老年人与活动规划者在安排旅游方案时有具体着力点，最后提出老年人旅游的执行元素。

第一节 旅游的意义与类型

Cook, Yale and Marqua（2006）提出50岁以上的成年人平均旅行时间为5.3个晚上，并将老年人旅游者分成三类型。第一类的倾向为观光客，这类型的老年人喜欢城市的景点，不喜欢惊险和派对地点，在旅行时非常注意自己的安全；第二类为热情参与者，这类型的老年人较为年轻，教育程度较高，喜欢冒险和造访新的旅游地点；而第三类为家庭中心者，这类型老年人喜欢和家人旅游，但在经济和教育程度上较其他两个类型低。这显示老年人对于旅游之游兴颇高，而类型择取上并非同质。依此，以下将予以说明旅游的意义与类型。

一、旅游的意义

"旅游"（Tour）一词来源于拉丁语的"tornare"和希腊语的"tornos"，其含义是"车床或圆圈，围绕一个中心点或轴的运动"。引申为一种往复的行程，即离开后再回到起点的活动，并短暂性停留在目的地，使用当地资源和设施。《韦伯斯特大词典》中认为旅游是：以娱乐为目的的旅行；为旅游者提供旅程和服务的行业。换句话说，其意味着外出，从此地至他地之行进过程，有着某种目标的实现，涵盖游览、娱乐、观光、休闲等意义。世界旅游组织（World Tourism Organization）指涉于人们离开平时的环境与空间，为休闲、公差、商务或其他目的而到外地旅行或考察，逗留连续时日在一年之内的活动。综合各方说法，旅游的定义可归结从"出游的目的""旅行的距离"与"逗留的时间"加以探讨。

（一）出游的目的

美国商业部的旅行及观光行政部门（Travel & Tourism Administration）同样透过上述三个方面，对于参访者（visitors）、观光者（visitors）、游览者（tourists）提供了定义，并予以比较，得以窥探不同的出游目的。

① 参访者　指一个人造访不同于平常自己居住的地区，其参访的任何理由不同于接受来自国内出差的工作酬劳。该定义涵盖两种参访的类型——观光及游览。

② 观光者　短暂的参访者，在参访的地区停留至少24小时，且其旅游的目的可被归类如下：a. 休闲、游憩、度假、健康研究、宗教及运动；b. 商业、家庭、工作、会议。

③ 游览者　在参访地区停留不到24小时的短暂访者（包括坐船旅行）。

（二）旅行的距离

Smith曾提出旅游路线在早期是一种描述性空间活动，有"节点""路径"与"旅游方式选择"三个基本概念。

① 第一个概念："节点"（nodes）　通常指的是客源地（origins）—目的地（destination）的一对概念，其不仅意味着某些资源或人口的区位，还表示需求与供给之间的相互作用，并且产生了移动，成为旅游研究的基本空间要素。

② 第二个概念："路径"（routes）　此是节点之间有规律的旅游类型发展结果，通常以一种或两种旅游方式为其主要特征，旅游路径一般主要指的是为行驶汽车与公共汽车而铺设的公路，其他还包括了铁路、飞机航线以及客轮航道等路径。

③ 第三个概念："旅游方式选择"（model choice）　指沿路径移动时所采用的旅游工具类型之选择。

另外，Flogenfeldt（1992）提出不同样貌的旅游路线，而这样的旅游路线，则指出因计划的不同而会在另一处逗留不同的时间，不一定是需要24小时以上才称之为旅游。他将此旅游路线分为当天来回旅游、度假区旅游、基地度假旅游与环状旅游。

① 当天来回旅游：系指从家里出发的单日短程旅游，并且在当天晚上返家。

② 度假区旅游：表前往单一目的地，并做长时间的旅游活动。

③ 基地度假旅游：为结合度假区旅游与从家出发当天来回的短途旅游，基地是每天短途旅游活动的出发点。

④ 环状旅游：两个或两个以上的行程，以几个点来回主要的基地，并有计划路径或是以特别的准则所构成。

而 Lew & McKercher（2006）再以众多学者观点归纳出旅游形成三大类型——点对点模式（point-to-point patterns）、循环模式（circular patterns）与复杂模式（complex patterns），同样说明旅游并非仅以"时间"作为划分依据，而是以出发地－目的地的联结来加以探讨。其中，有关点对点模式又可分为单一点对点、反复点对点以及旅游点对点。单一点对点，意指游客以住宿地为出发点，以当天来回方式前往一邻近目的地，隔日再前往另一邻近目的地；反复点对点为一种极端的形式，游客于住宿地与旅游目的地之间来回反复移动；旅游点对点则为游客前往主要观光目的途中，停留几个目的地，做几个夜晚的停留后，才到达主要观光目的地。

（三）逗留的时间

依照过去说法，通过时间点上做细项的切割，旅游成为必须是在参访地停留24小时以上的活动类型，没有停留24小时以上的，就不称为是旅游。不过，后续在旅游路线的研究以"节点""路径"与"旅游方式选择"的概念为发展基础，延伸出不同类型的旅游路线，又将停留时间的界限打破，重新为旅游定义，使之不局限于时间（24小时以上）的限制。事实上，对于老年人而言，考虑其可行的旅游形态，以及不同规划方式，低于24小时的行程也可以称之为旅游。

二、旅游的类型

Swarbrooke & Horner（1999）将旅游类型分为拜访亲友、商务观光、宗教观光、健康观光、社会性观光、教育性观光、文化性观光、风景性观光、活动性观光等。Smith（2002）则主张将旅游类型区分为五种，分别是：族群旅游、文化旅游、历史旅游、环境（生态）旅游，以及休闲旅游。

所谓族群旅游，是以参观地方奇异和其他民俗风俗习惯为特色，主要包括到当地人家和村落拜访，观看民族歌舞和仪式表演，购买当地民俗工艺品等活动；此种活动所吸引的为少数因好奇心驱使的探奇型游客，主客之间的影响不大。文化旅游，乃是参观逐渐消逝的风土民情、文化展演等，其目的在增进对异文化的了解而扩大个人知识面。历史旅游，主要是参观博物馆、教堂等，包括由导游带领探访历史古迹，观赏书上介绍过的表演或戏剧等，往往深受受教育程度较高的游客欢迎。环境或生态旅游，则常伴随着族群旅游，但这里所指的更重于地理性而言。休闲旅游，系属一般大众旅游，主要借由度假来调剂身心。

对于休闲活动规划者而言，由于更强调旅游样貌与方案内容，因此结合上述说法，并依当前老年人可能参与较多的旅游型态，从生态旅游、文化旅游、民族旅游、宗教节庆旅游，以及健康旅游加以说明。

（一）生态旅游

生态旅游学会为生态旅游下的定义是：一种具有环境责任感的旅游方式，以保育自然环境与延续当地住民福祉为最终目标。生态旅游的内涵应包含参与、责任保育（护）和利益，三个互动关联的目的，亦即经由参与生态旅游的活动，可以获得个人与地区的利益，以及保育自然环境。反过来说，保育自然环境，让生态旅游得以实现，而获取个人和地区的利益。因为个人和地区的获利，才得以支撑生态旅游，以及保护自然。

（二）文化旅游

联合国教科文组织（UNESCO）将文化旅游定义为：一种与文化环境，包括景观、视觉和表演艺术和其他特殊地区生活形态、价值传统、事件活动和其他具创造和文化交流的过程的一种旅游活动。世界观光组织（World Tourism Organization, UNWTO1）则界定为：文化观光是指为特定的文化动机，而从事观光的行为，满足人类对多样性的需求，并试图借由新知识、经验与体验中提高文化素养，包含参加表演艺术之文化旅游、参与庆典或其他文化活动、参观历史遗址与研究自然、民俗或艺术以及宗教观光等皆属之。而Ritcher（2005）则指出，文化旅游基本上已成为一种相当弹性的名词，依使用目的的不同会有不同的定义。狭义而言，文化旅游是指个人为特定的文化动机，像是游学团、表演艺术或文化旅游、嘉年华会或古迹遗址等从事观光的行为；广义而言，文化旅游包含所有人们的活动，它为了去满足人类对多样性的需求，并试图借由新知识、经验与体验中提高个人的文化素养。

（三）民族旅游

民族旅游和文化旅游这类的观光形态，大抵是游客透过一种与文化上的他者接触，而获得从事独特文化体验活动的机会。Robert E. Wood以间接体验与直接体验之差异来区分文化旅游与民族旅游。Robert E. Wood（1984）认为，以观赏民族服饰、工艺品、生活形式等物理的展现为主，引领游客体验独特文化之观光活动称之为文化旅游；与此相对的，参访成为观光对象之民族的聚落、与当地居民愉快地聊天、在当地用餐或住宿等强调直接体验的观光形态，称之为民族旅游。

（四）宗教节庆旅游

宗教节庆旅游也是文化旅游的一种形式。梵蒂冈教廷曾予以明确定义宗教观光：于其所辖范围内，凡与从有关的宗教旅游胜地，无论其规模大小，所提供之服务与宗教或非宗教性访客有关者，皆属宗教观光的范畴。这样的说法，表示只要旅游活动中包括宗教据点，无论是为宗教目的或是仅只体验宗教等非宗教目的所从事的旅游活动，皆视为宗教旅游。Vukonic（1996）认为在这种形态的旅游方面，庄严神圣的宗教性建筑固然能吸引非常多的朝圣者或观光客，然而特殊的节庆飨宴或宗教纪念日甚至更能吸引信众前往，因为前往该地朝圣糅合了宗教性与世俗性，兼具情感与实用性的功能，拓宽吸引观光客兴趣的幅度，进而扩展传统宗教观光客的客源。

（五）健康旅游（health tourism）

由于人口老化问题、生活型态改变与保健系统的设计，加上旅游业能借由科技发展开拓新的契机，同时在全球化下也带来新产品组合的旅游形态，健康旅游于是应运而生（Garcia-Alter, 2005；Reisinger, 2008）。健康旅游被视为是人们为了改善目前的健康状况，离开居住地而从事的休闲活动（Laws, 1996）。Mueller & Kaufmann（2001）曾依照旅客需求动机，将健康旅游综合服务分成两类：其一，有疾病者，以治疗疾病为目的所寻求医护的旅游，是为医疗旅游（medical tourism）；其二，无疾病者，以预防疾病为目的所寻求保健的旅游，称为安康旅游（wellness tourism）。

三、旅游学习的概念

近来，旅游学习受到全世界的追捧，在老年人休闲活动领域方面亦不例外。包括美国老人寄宿所、英国老人旅游俱乐部、欧洲第三年龄大学等在内多个老年人教育组织，都在其所规划的课程中导入旅游学习方案。由于战后婴儿潮后出生的老年人，多有受过教育，且在经济与健康许可下，旅游学习蔚为风潮。以下将针对含义、划分与影响加以说明。

（一）旅游学习的含义

旅游学习，顾名思义乃是"旅游"加上"学习"两个条件的结合。因之，旅游学习（Treasure Learning）与学习旅游（Learning Treasure）是很接近的词义，通常也拿来阐述一个方案活动。Ritchie（2003）认为学习旅游是特殊兴趣观光中的一种形态，将此定义为一个人远离自己的家乡或国家到外地过夜，旅行的主要目的在于教育及学习，或者这两种目的可能是次要的，但被视为在使用休闲时间时的一种重要方式。这样的说法也是赞同此所集合形塑而来的方案内容，乃透过学习与旅游的两种元素。

（二）旅游学习的划分

加拿大观光局（Canadian Tourism Commission；CTC, 2001）指出，旅游学习以学习及旅游的结合有许多潜在的市场区隔，但大致上可以用"学习"与"旅游"两大成立条件说明。该局并借由此两大元素作为区隔的概念：其一，以旅游优先的旅游学习，是以旅游为主要动机因素，而学习的目的为次要，例如成人的学习旅游、文化旅游和生态旅游；其二，以学习优先旅游学习，是以学习为主要动机因素，而旅游的目的为次要，例如户外教学、语言学校和交换学生计划等。

该局进一步说明其观光范围，包含从"旅游过程中的一般学习"到"有目的的学习与旅游"；形式上可能是正式性的旅游（由某个机构或团体组成），也可能是由个人发起的非正式旅游。其划分方式可通过如图6-1的旅游学习方案加以呈现。对老年人休闲活动规划而言，应较偏向于以旅游优先的旅游学习，在形式上则可以是正式性的旅游或非正式性的旅游。

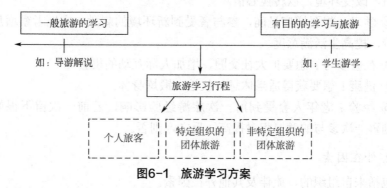

图6-1 旅游学习方案

资料来源：Ritchie, Carr & Cooper（2003）. Managing Educational Tourism

（三）老年人参与旅游学习的影响

诚如老人旅游俱乐部（Elder Traver Club, ETC）所主张，旅游对老年人的意义除了休闲的作用之外，旅游过程中能使老年人获得宝贵的人生经验，老年人的学习不宜被迫输入知识，这反而容易造成窒息感以及压迫感而影响学习的成效；经由一边游乐、一边学习所获得的经验是最不具负担的（Elder Traver Club, 2006）。依据David（1998）的看法，认为老年人参与旅游学习后的效果能彰显如下几点。

① 体验不同地区的真实生活：提供个人立即性的生活体验，尤其对老年人而言，这样的经验是独一无二的，无法复制的。

② 探究特定议题：个人经由团体学习的机会，由领导者引领与其他的参与者，探讨特定主题或个别性的议题和兴趣。

③ 认识不同种族的文化：参与旅游学习方案的老年人云游四海，接触不同的种族、文化、语言所带来的差异和刺激，所以让老年人觉得每天的学习都是新的一门课的开始。

④ 彼此分享相互学习：在具热忱及善于表达和引导的专业人员带动下，旅游学习的过程中，老年人本身亦可顺畅流利地分享个人既有的专业知识给其他参与的伙伴。

另外，多位学者则发现影响老年人参与旅游学习的原因很多（Guinn, 1980；Beard & Ragheb, 1983；Sirakaya, 1992；Arsenault, 1998；Huang & Tsai, 2003；Lee, 2005）。归纳学者的看法，可分为个人因素与外在因素两个部分。

1. 个人因素

系指个人可以自我控制的因素，可包括以下五项。

① 逃避：面对生活中不愉快的回忆，希望经由参与旅游学习可以暂时不用面对，改变环境，以转换心情。

② 学习：想要增广见闻，参与者受到新环境的刺激、实地考察增加自己的视野，提高生活满意度。

③ 社会参与：想要扩大社交圈、增加人际互动的机会。

④ 健康：想要获得适当休息与放松、锻炼身体。

⑤ 经验：老年人会受到前一次旅游经验影响，若前一次留下很好的经验，则再一次参与的意愿相对提高；反之，则否。

2. 外在因素

包括来自组织的、旅伴及其他外在因素。

① 组织：组织的信誉也是影响参与的原因，以及组织的宣传方案是否打动老年人的心。

② 方案的内容：方案具有足够吸引力，例如旅行舒适度、地点安排的适切性、活动内容的规划。

③ 同伴：参与者能否结伴一起参与的因素。一般老年人喜欢跟伴侣或亲友共同报名参加，而较少独自一人报名。

④ 其他：包括旅行日期（如是否与孙子的开学日撞期）、气候条件（如是否连日阴雨绵绵）等。

能玩、想玩，就要懂得如何玩，玩得有意义。文明社会物质生活充裕，心灵精神层面反较缺乏满足，也因为有钱有闲，促使人们更趋向于追求深度旅游活动以满足更多心灵上的需求，其最终的目的乃是希望能够达到最适体验的感受。从旅游学习方案的导入，可知老年人的旅游活动，将更着重于内在层次的感受，对于老年人在体验、探究、认识与分享层面，会有更深层的影响与意义。

从新一代老年人的休闲生活来看，的确比起过去一代的老年人更能面对自己的闲暇时间，但是经常是借由随意或漫无目的的休闲来填满，则无法满足休闲的真谛。换句话说，从事这种无意义且消极的休闲活动，不但无法提升个人的休闲质量，反而会造成心灵上的空虚。下一节，我们将从游憩体验的层面进行探讨，以通过游憩体验来了解什么是有意义且积极的体验方式。

第二节 游憩体验的功能构面

Kraus（1971）曾归纳游憩定义时下过批注：游憩不一定会带来美好的体验，相反的，游憩也有可能是危险的、没有价值的、对人格有害的活动。因此，旅游的"读万卷书，不如行万里路"亦不全然正确，除了提供较具建设性的活动之外，了解游憩体验的成效是必要的，游憩体验有满足参与者重要需求的正面价值，如能获得良好的游憩体验，不仅能拓展个人视野，亦能期使自我成长。基于此，本节将针对游憩的意涵、体验的构念、游憩体验的要素分次论述。

一、游憩的意涵

（一）游憩的意义

游憩一词，源自拉丁文recreatio，在传统上意味着个人的恢复或再造（recreate），被认为是为了工作之故，而投入能让自己恢复精神的一种活动。但是这样的定义有其限制，事实上，很多人并未将游憩看作是和工作有关的一个要素，或用它来提升一个人的工作成就。多数人对游憩的定义，都把它当作是一种活动的形式，或者加入另一种接纳的要素，即价值性而言提供给自愿参与者立即和内在的满足。Kraus（1971）提出过去几个常被用的定义。

① 游憩被认为是一种活动，包括身体的、心理的、社会的、情绪的参与，不同于纯粹的闲散或完全的休息。

② 游憩所涵盖的范围极为广泛，举凡运动、游戏、手工艺、艺术创作、

音乐、戏剧、旅游、爱好和社会活动。个人可能短暂的投入单一的活动，或在一生中持续地参与特定活动。

③ 活动的选择或参与是完全自愿的，并非基于外在压力。

④ 游憩是受到内在动机的鼓舞，而希望获得个人的满足，并非其他外在目的，如获奖赏。

⑤ 游憩强调的是心理的状态或态度，指当时参与的动机比活动本身来得重要。另外，由于个人对活动的投入，使得活动更具有创造性。

⑥ 游憩具有潜在的效果，虽然参与者的最初动机，可能是得到个人的愉悦，但其结果可能带来智能上的、体能上的和社会互动关系上的成长。但这并不是指游憩一定会带来美好的体验，相反的，游憩也有可能是危险的、没有价值的、对人格有害的活动。因此在规划旅游时，应该提供较具建设性的活动。

基于上述，"游憩"可被综合定义为：凡具有娱乐、游戏、创造、组织等性质，并以解除疲劳、恢复体力、振奋精神、自我娱乐、经验获得为目的，所从事之自由的、自愿的、自我表现的，有益于个人和社会的再造活动。或者定义为：游憩是排除生存时间内所必须从事承担的工作或义务，其身心不受任何约束与支配，而从事自然满足的活动或体验；其每种型态都能给人以立即的、直接的满足和愉快，并使自我得以表现的一种自由和忘我的感觉。

（二）游憩的构成要素

至于游憩活动之构成要素，以游客行为观之，可从人与人、人与时间及人与空间之间的关系探讨。

1. 人与人

游憩活动以人为主体。凡是从事游憩活动者，其构成三要素为时间、金钱及意愿，三者缺一不可。人若没时间，虽然有金钱及意愿，但无法成行；若没金钱，虽然有时间及意愿，则不得行也；若有金钱及时间，然而没有意愿，也是枉然！另外，大部分游憩活动在安全考虑之下，需要有特定群体或组织，集体从事特定活动或行为，个人可借由游憩活动的参与，学习及体验活动与团队精神。

2. 人与时间

当今社会，人可说是安排时间或被时间控制的个体。游憩活动需要有计划性且有具体时间与特定空间所从事特定活动或行为。个人要在特定的可支配的时间下，意味暂时脱离日常生活事务及义务时间，花费短暂或较长时间消遣于可满足身心需求的活动。

3. 人与空间

空间为游憩本身所需涵盖的实体要素，也就是具有吸引力的空间，其所呈现在人的面前，为特定的资源景观。人处在此特定空间之中，受到自然景观与人文资源的影响，对于身（生理）与心（心理）产生正面且积极的回馈。

（三）游憩活动的型态

另游憩活动之形态，从游憩目的、停留时间、活动范围、游憩资源与设施供应等之对照，可将游憩活动分类为流动型、目的型及停留型三大游憩活动形态。

1. 流动型

流动型以观赏、学习为目的，大多停留时间较短，从15分钟至2小时不等，其活动范围较小，行动以点至点可串联为风景路线，其资源较具有独特之吸引力。由于资源具不可替代性，因此多为优美、稀少的生态或历史价值等游憩区，例如福建平潭县海岸线全长近400千米，沿岸拥有特殊的海崖、海蚀平台、海蚀棚、海蚀洞、滩涂、蓝眼泪等自然奇景，还有沙丘，草原、渔村、古迹等景观，可从事浮潜、冲浪、矶钓、观日、听涛、扬帆、戏水、攀岩等游憩活动。

2. 目的型

目的型以观赏、游乐为目的，不过大多以游乐为主，观赏为辅。停留时间大约半天或半天以上，其活动范围可大可小，行动以游憩目的地为主要游憩活动区域范围，例如闻名遐迩的台湾日月潭风景区，其资源取向方面可分为：①自然资源相关性活动，例如钓鱼、游泳、登山、健行等；②人为设施相关性活动，例如高尔夫球、潜水、射箭、滑翔翼等。

3. 停留型

停留型以观赏、休憩、住宿为目的，停留时间多为一日以上，其活动范围及空间具有多元化度假游憩的独特吸引力，例如秦皇岛、海南岛可保证游客在该自然资源为主的游憩区内，有良好舒适的人为设施提供餐饮、住宿、娱乐功能。

二、体验的构念

体验是在个体参与活动后心中留下深刻难忘的回忆，是游憩核心价值之所在。Pine & Gilmore（1999）对体验所下的定义是：人们用一种个人化的方式（自由选择）来度过一段时间（闲暇），并从中体会整个过程（事件）中出现的一系列可记忆事件。Ghani & Deshpande（1994）认为体验是个人主体性且专注投入的事件，通常带有重要的情感意义。这个意义将由个体觉知建构，因此体验会在游客消费或参与游憩活动过程里，从环境中获得信息与刺激，经自我认知处理后，对个别事项或整体产生判断和呈现各种生理与主观心理状态。不同的体验活动不仅会使游客或消费者从中获得各种不同的体验，同时持续影响消费者决策和未来行为的其他活动，所以游客若在旅游中获得良好的体验感受，将会产生一种偏好型意象与评价型意象，期待下次游憩体验，同时也会对照及检定以往的旅游意象。

（一）体验的类型

Pine & Glimore（1998）认为，任何具有说服力的体验要融入多方领域，消费者的参与程度以及消费者的关联或环境皆与体验有关，可区分为四大类型。

1. 娱乐的体验（entertainment experience）

消费者较被动，吸收信息是体验的主要方式，像是阅读，进行社区生态、文化等体验活动。

2. 教育的体验（educational experience）

消费者主动参与，吸收信息，以获取知识技术为目的的体验方式。例如访问参观、知性之旅等。

3. 跳脱现实的体验（escapist experience）

消费者更主动参与、更融入情境，例如进行亲自操作活动、参与社区生态、文化、产业及休闲体验活动等。

4. 美学的体验（esthetic experience）

消费者虽主动参与最少，但深度融入情境，个别性的感受最多。像是面对安徽黄山产生心向往的感觉。以游客参与的性质来说，想去"感受"，就是娱乐的体验；而"心向往之"就是美学的体验。

此外，以Pine & Glimore的观点来说，旅游的设计，应该是要让游客产生多种体验为佳，并且尽量达到甜蜜（sweet spot）的体验。并认为任何具有说服力的体验必须包含"娱乐、教育、逃避现实、审美"四大领域的融入，以协助消费者创造记忆，也就是将娱乐融入其他三种体验中。

（二）体验的策略模块

Schmitt（1999）所提出的体验模块包括感官体验、情感体验、思考体验、行动体验、关联体验五种。

1. 感官体验

系指通过视觉、听觉、嗅觉、味觉、肤觉等感觉提供愉悦、兴奋与满足的情绪，为产品增添附加价值。

2. 情感体验

系指触动消费者内在的情感和情绪，了解什么样的刺激可以引起何种情绪，以及促使消费者自动参与。

3. 思考体验

系指利用创意，引发消费者多元智能的开发，获得创造认知与解决问题的效果。

4. 行动体验

系指借由身体体验，亲身参与，以及寻找替代方法，替代的生活形态与互动，并丰富消费者的生活。

5. 关联体验

系指让人和一个较广泛的社会系统产生关联，主要要求是为自我改进的个人渴望，建立强而有力的品牌关系与品牌社群。

三、游憩体验的要素

基于上述分别对"游憩"与"体验"意义的了解，整合对游憩体验的认知，即是经由"环境知觉历程"到"个人"对于游憩活动过程中所提供的各种自然环境、人文环境等信息，经由人体感官感觉，并透过知觉的转换、重组等复杂的心理状态而诠释环境信息，心理所体会到的结果便是游憩体验。换句话说，即游客从事游憩活动中，从环境中获得信息，经过处理后，对个别事项或整体得到判断和呈现的生理心理状况。

（一）游憩体验的阶段

Clawson & Knetschy（1969）认为应包括预期、去程、现场活动、回程及回忆五阶段，并由此在开始影响以后的游憩经验历程。此为一多阶段性的观念架构，区分如下。

① 预期阶段（anticipation）：旅游计划阶段。
② 去程阶段（travel to）：旅行途中阶段。
③ 现场活动阶段（on site）：到达目的地从事游憩活动阶段。
④ 回程阶段（travel back）：旅游回程阶段。

⑤ 回忆阶段（recollection）：前四个阶段记忆之回想。

另外，有学者提出不同见解，但在本质上是大同小异的。Toucher（1970）分为计划、去程、现场活动、回程、回忆五阶段。游憩体验包含游客之心理影响与实质环境影响。Clawson & Knetsch（1966）同样指出游憩体验应包括五个阶段：预期阶段（anticipate phase）、去程阶段（travel to the site）、现地体验阶段（on-site experience）、回程阶段（travel to home）与回忆阶段（recollection phase）。一般认为此五个阶段中以现地体验最为重要，但整体参与过程中所有的内外在因素，对整体满意度与否都有十足影响力。而Chubb & Chub（1981）更补充成11个阶段，依序是：知晓阶段（awareness phase）、最初决定阶段（initial-decision phase）、探索阶段（exploratory phase）、最后决定阶段（final-decision phase）、预期阶段（anticipate phase）、准备阶段（preparation phase）、去程阶段（outward-travel phase）、主要体验阶段（main-experience phase）、回程阶段（return-travel phase）、紧随的调整阶段（follow-up phase）、回忆阶段（recollection phase）。

Driver and Tocher（1970）亦提出"游憩行为研究模式"指出人类在生理、心理上具有游憩参与之驱使动机以追求游憩体验，而游憩体验之获得与先决条件（外在环境及游憩者特性）、中间情况（去程、现场活动及回程）、目标达成（获得满足体验及回忆）间有密切关系。在游憩体验过程中，以现场活动对游客游憩体验感受之影响程度最大，若现场活动的满意程度越高则游憩体验的正向感受亦会越高。由此，综合不同学者的诠释，大致上游憩体验除具多阶段性外，尚具多向度、短暂产生的特性。

（二）游憩体验的构面

从游憩体验的"构面"论之，大抵可分为心理体验与环境体验（Hall, 1992；Walk & Roggenbuck, 1996；黄宗成等，2000；李宗鸿，2006）；又有加入服务体验（黄淑君、林慧娟、郭家汝，2003）与民宿体验及节庆活动之娱乐体验（高崇伦、廖心兰、洪湘琇，2007）。另外，陈昭明、苏鸿杰、胡弘道（1989）将游憩体验分类为：生理上的体验、安全上的体验、社会上的体验、知识上的体验、自我满足的体验。

归纳学者的观点，并考虑现今老年人的体验需求，以及活动规划者应用的便利性，将游憩体验的构面分为如下六类。

① 生理健康的体验：通过旅游活动，能在接受大自然的洗礼下，呼吸新鲜空气，舒展活络筋骨，觉得通体舒畅。

② 心理安适的体验：通过旅游活动，感受到心理阴霾一扫而空，而且能

安心地在安全环境中放松，消除疲惫感。

③ 教育知识的体验：通过旅游活动，获得教育学习的机会，包括了解当地文化历史、风土民情，具有充实自我之效。

④ 嬉戏娱乐的体验：通过旅游活动，暂抛自我克制、享受游戏带来的乐趣，并且获得购买当地特产的喜悦。

⑤ 人际社交的体验：通过旅游活动，得到人际友好关系，互帮互助，与对方共许持续参与休闲的承诺。

⑥ 深层灵性的体验：通过旅游活动，感到心灵的升华，获得一种臻于顶峰、又超越时空的投入体会。

可见游憩体验有内隐与外显之分，而对于观察他人游憩体验，则有可显而易见的，亦有难以从外观觉察的体验；难以觉察或内隐的部分，需要深层阐释始能了解。

（三）游憩效益的评估指标

Driver, Brown & Peterson（1991）从构成指标上来分析，指出游憩效益应包含：享受自然、体适能、消除紧张、逃避生理压力、户外学习、分享共同价值、独立性、增进家庭关系、自我反省、认识新朋友、与体贴的人相处、成就感/刺激感、生理休养、教导/领导他人、尝试冒险、减少风险、创造性、怀旧、宜人的气氛等。Michael（1996）从后设分析统整过去相关的游憩体验研究，以建构游憩效益偏好量表时，发现游客的体验可分为15个构面及属性，分别为：成就感、独立感、热爱大自然、尝试冒险、创造性、怀旧、与人相处、学习新事物、反省、体适能、摆脱生理压力、挣脱社会束缚、教育他人、降低风险及寻找志同道合的朋友。国内多位学者（李宗鸿，2005；郑天明、李宗鸿，2006；许仲玮，2006）也透过游憩效益满意程度，具体提出如：自然与人文景观、游憩设施、服务质量、服务设施、安全设施及自然生态等构面作为衡量指标。例如李宗鸿（2005）认为游憩效益的满意程度可经由测量游客经历游憩过程后之心理体验感受程度得知，如放松身心压力、与大自然接触。而游憩体验之满意程度亦可借由对实体环境之感受而得知，如自然与人文景观、游憩设施、服务质量、服务设施、安全设施及自然生态等构面。

Hull（1992）认为，当人心情改变时，景色之美也随之改变，而个人于活动中所吸引的程度也随之有所消长；游憩体验不是静态的，故而游憩的结果与心理方面之获益也不是静态的。因之，一个人由过去的经验与当时现况的相互作用下，引发游憩需求，逐渐形塑动机与期望，最后产生游憩行为；当个人经历各种游憩机会后，并与过去经验做一种生理与心理的综合分析，即为从游憩活动获得感受的游憩体验。

而另外在环境体验面向上，Ittelson于1978年提出游憩效益的获得是由活动与环境所组成，而不同的活动及环境组合将会产生不同的体验效益，此外，环境须经由行动产生体验才能得以界定，环境体验具有系统性的特质与整体的预测。Virden & Knopf于1989年利用环境属性与活动等因素来检定游憩体验理论，此实证研究结果显示环境属性、活动和游憩体验间确实有函数关系的存在，可以以环境属性及活动之函数来表示游憩体验。故而，环境体验强调空间的变化会改变参与者的反应，游憩体验的满意度会随不同的空间结构与环境属性而有所差异。

表6-1为本书依照生理、心理、社会、教育、灵性等游憩体验构面，所提出的相对应游憩效益评估指标。

表6-1 游憩效益评估指标

生理	心理情感	社会	教育知性	灵性
消除紧张	期待	人际关系	熟练	入迷
放松	反思	友谊	发现	心灵伸展
运动	挑战	信任	学习	超越启示
发展运动技巧	实现	情谊	洞察	释放
复健	兴奋	参与	技巧	沉思
体适能	成就	伙伴	新经验	冥想
协调	美的鉴赏	沟通	发展兴趣	惊奇
生理成长	自我形象	团体与家庭和谐	文化觉察	
肌肉的弹性	内省	社区感	自我评价的学习	
恢复精神	安全	调和	统整	
体能检验	愉快	欣赏	问题解决	
	自信	文化的分享		
	自我实现	对他人关心		
	享受	归属		
	喜乐	互动		
	自我表达			

第三节 老年人旅游的执行元素

为使本章的旅游与游憩体验真正落地，被活动规划者所运用，在本节中将通过上述理念，探讨老年人旅游的执行元素。主要从理论依据、相关决定因素加以阐述。需要说明的是，本节虽不再强调旅游与游憩体验的内涵，但实则已融入至各个探讨环节中。

一、执行元素的理论依据

（一）系统观点

在系统观点方面，可以再分为宏观层次与微观层次；其方式是较为系统化的，利于直观上的分析，提供活动规划者在规划旅游方案时较为具体、显性的观察。

1. 宏观层次的论点

此部分是指客源地的总体情况（特别是关于其政治体制和社会经济发展的总体情况）对旅游的影响。这研究一般是基于从传统社会到现代社会的发展模式的背景。传统社会发展的主要物质基础是农业，然后到了工业化阶段出现了对旅游感兴趣的中产阶级，最终达到大众消费和旅游民主化的高级发展阶段。

2. 微观层次的论点

指相对一个整体的社会，个人对旅游产品的需求的决定因素。这些个人的决定因素可能会进一步分为两类：生活方式（lifestyle）决定因素和生命周期决定因素。前者包括个人的可支配收入、就业以及假期的权利、教育、种族/族群、性别与个人的流动性等；生命周期决定因素包括年龄和群体差异等。

（二）需求层次的论点

马斯洛（Maslow）的需求层次论是展示人类行为动机不同层次的一个颇受欢迎的模型（图6-2）。

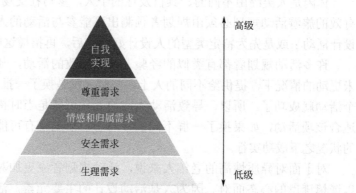

图6-2　马斯洛的需求层次论

针对旅游者诸多选择与决策（旅游目的地、住宿服务与其他活动等）的动机，该理论可以很容易地被应用到旅游方案中。马斯洛从他称之为"较低层次的生理需求"，例如从饮食需求开始将人类的需求分为五大类。当较低层次的需求被满足了，一个人会期望实现对下一个层次的需求——安全。紧接着是对情感和归属感的需求（人们之间的互动、关系），然后是对尊重（自尊及社会尊重）和自我实现（通过个人成就）的需求。在达到最高层次的需求之前，人们渴望满足对每一层次的需求。不同的人满足他们需求的方式是相异的，例如社会尊重可能来自前往具有挑战性的旅游目的地（例如丛林旅游）或去参加奢侈的度假（例如奢华的巡游度假）。

综上两个观点，都能引发活动规划者深刻的启发与反思。系统观能让我们掌握全局，了解旅游地与服务对象的关系，但有时也受人诟病，因为它没有考虑到一些其他的潜在因素，如参与活动者的旅游动机与心理因素等，而马斯洛的需求层次论正好补足这方面的缺憾，对活动规划者而言，将有助于开展后续休闲活动方案。

二、老年旅游规划的执行元素

Goffman和Denzin从真实的旅游规划中，确定了某些元素在执行过程中可能是不变的，包括了参与互动的人（interacting people）、实质情境（physical setting）、休闲事物（leisure object）、规则（role）、参与者之间的关系（relationships）以及活化活动（animation）。每种元素可能包含的内容都非常广泛，而这些元素组合变化出来的结果就更加庞大。然而，这六种元素的确为活动规划者提供一个精简而浓缩的概念，能帮助构思与安排整体活动。这些元素在活动中所扮演的角色与功能，下面分别详加解释。

（一）参与互动的人

休闲是人类经由不同的、具自发性的个人，参与社交场合所创造的经验。有效的旅游活动规划必须由规划者预测出可能参与活动的人，并针对他们来设计活动；或是先为特定类型的人设计好活动后，再招揽这些人来参加活动。

许多活动规划者都有类似的经验。原先失败的活动，却在活动内容完全未更动的情况下，提供给不同的人士参与时（仅是换了一批参与者），居然整个活动就成功了。所以，导致活动失败的元素可能是当时招揽的参与者并不适合该项活动，如果换了一群不同的参与者，活动就有可能在其他元素未变的状况之下成功实行。

对于面对异质性高的老年人来说，活动规划者应更加对所参与的这群人以谨慎谦卑的心态面对。因为人是活动设计的主要元素，活动规划者必须审慎调查并预测参与的老年人状况，了解他们想从活动过程中追求何种效益。经由对系统观的认识，活动规划者可以借由三种区隔变量来界定目标市场。这三种区隔变数分别为：地理区位变量（如邻近地区、城市和旅游所在地之间的距离）；人口统计变数（如年龄、收入、性别、教育程度）；或是行为变量（使用水平、专业程度、追寻的心理效益）。

然而，有的时候无法仔细确认想要此旅游方案的特定老年人群体。在这种情形下，活动将会在不断地试误学习中缓慢发展，直到能将想要得到这项活动效益的族群界定出来为止。换句话说，若活动规划者能获得愈多有关潜在参与者的数据，就愈有机会设计并执行一个能满足参与者需求的活动。

（二）实质情境

实质情境的概念过于广泛，以至于无法在此讨论每一种状况。然而，将旅游过程中主要实质情境辨识出来是非常重要的。一旦情境有所变动，旅游方案本身也会随之改变。关于旅游中的实质情境，有三点特别值得关注。

首先，活动规划者必须了解情境的独特性。太多失败的案例，可归咎于活动规划者将别处成功的旅游方案整个复制过来，因为他们不知道独一无二的情境是活动成功的关键元素，因而最后失败。其次，活动规划者必须了解到情境有其限制。往往很多活动的情境只能堪称差强人意，有些情境就是不适合某种活动，而一个不合适的情境甚至会损害旅游方案本身的价值；这也是为什么许多专业的活动规划者必须事前勘察旅游场地。最后，情境可以经由装饰、灯光和其他实质环境的改变来加以控制。所以，活动规划者应该了解一个独特的实质环境，在什么时候对成功的活动而言是必要的。一旦确认活动需要绝无仅有的情境时，活动规划者就可以开始寻找或布置适合此项活动的情境。但有一点必须提醒活动规划者，那就是：实时环境变更愈大，所耗费的活动成本也愈多。是故，在开始花费一大笔钱以变更实质情境之前，必须先了解独特情境对一项成功的活动为何如此重要。

（三）休闲事物

在活动规划过程中，规划者必须有能力确认出满足休闲情境，以及在参与者发生互动时发挥作用的关键元素。不是所有的事物都必须加以确认，只需界定出促使活动发生与成功的关键元素即可。针对这一点，活动规划者必须先回答这个问题：对支持活动而期望营造的互动，哪些事物是不可或缺的？

活动规划者必须有能力决定哪些是活动必备的，哪些事物是可取舍的，以及哪些事物实际上会损害已经计划好的活动，而将之删除。

（四）规则

规则是用来引导旅游方案的互动，它决定互动应该如何，或是该不该展开。经由这个方式，规则可以允许哪些互动，而限制另一些互动。在设计活动中，必须先预测和计划这些规则如何影响活动中产生的互动。同时，活动规划者必须确定有足够的规则来引导活动依循期望的模式进行，而规则又不会太多，以至于破坏整个氛围，借此自由体验旅游方案中的休闲机会。

规则对于活动所形成的管制影响是不容低估的，它所累积而成的影响会进而左右活动中互动的发生与否。休闲体验来自参与者在活动中感受到的自由。也正因如此，太多规则或不适宜的规则都会破坏活动规划者原先想要促进与达成的体验。

此外，当规则架构不明或不停地改变，便会使参与者，尤其是老年人产生焦虑并抑制自由感受的发生，阻碍了参与者和活动规划者渴望拥有的体验。这些其实都是活动规划者在旅游方案开展之前应该确认好，不应该发生的事。

（五）参与者之间的关系

活动的参与者之间原本可能就有关系，像是老年人最常跟伴侣、朋友和家人一起参与休闲活动，很少一人独自报名旅游行程。如果想妥善规划旅游方案，活动规划者就必须先判定参与者之间是否有关系。倘使有的话，便要判别他们的关系是属于哪一种，并评估此种关系对正在规划的旅游活动有何潜在影响，并且预测对参与者活动满意度究竟有促进作用还是阻碍作用。假如参与互动的人以前彼此不认识，此时像是"破冰活动"（icebreakers）以及其他社交娱乐方式，都可以列入规划者的活动方案之内。

另外，不见得一定要让参与者彼此相识。并不是每个活动都需要参与者彼此认识并建立友谊。某些从事旅游活动的活动规划者或工作人员比较倾向强迫大家建立友谊，不论是否有此必要。事实上这样做反而会干扰游客在自己的小团体内享受珍贵的互动时光。对于成人，尤其是老年人而言，通常这种强迫行为非但无益于活动，还可能损害活动。

（六）活化活动

活化活动是指有关如何将活动落实到行动上，以及在整个活动中如何持续这项活动。想要活化活动，活动规划者必须采取自发、生动的行动方式，提供完整的架构和引导去构建整个活动，让参与者获得他们想要的休闲体验。

在活化一项活动时，到底应该提供多少指引，一直没有一定的标准答案。太多指导可能会妨碍个人感受自由的机会，并阻碍内在自我满足的行为动机；但是缺乏足够的指导，却会导致参与者焦虑、紧张，而产生不满，这是许多带领老年人旅游的活动规划者常会面临的状况，需要特别留意。活动规划者必须预测活动中参与者的行为，并且确保处理这种行为所需的技巧务必存在，且参与者也能了解。总之，活动规划者不可以期待活动本身会自动活化。

综合上述，规划老年人旅游活动的过程，可借由上述六个元素，来发展促进整体游憩体验的机会。在开展活动时，活动规划者必须执行这些元素，或是留意其他任何无法操控元素情况存在。所以，在活动规划者执行这些元素的同时，也必须保持弹性，将可能不受控制的元素的状况列入考虑。总而言之，这六种元素就是所有活动服务能够借此执行的组织之架构基础，而所有的活动都只不过是这六种元素的变换组合。

第七章
老年人学习活动参与

1982年联合国在名为"国际老化行动计划"中指出老年人的教育与学习是一种基本人权，所谓"学习"，普遍承认的定义乃指涉于学习者经由经验或练习促使学习者在行为潜势产生较为持久的改变历程。可知学习因经验而生，涉及非短暂性的改变，而经验则无法以活动时间的阈值来衡度，不是走向老化的过程就能成就经验，需要透过人为有计划、有组织的学习活动始得。本章将从老年人的学习需求探讨其理论基础，以及国内外老年人偏好的学习内容；再进一步剖析影响老年参与学习的因素，包括参与障碍的类型与学习问题；最后据以说明老年人参与学习的实施方式。

第一节　老年人的学习需求

所谓老年人学习需求，是指老年人意识到匮乏不足，必须透过学习的过程才能满足，并因而达到期望的理想境界。由于老年人面对生命的改变与发展任务的解决，在现今医药卫生进步、寿命延长、教育普及、经济条件许可等推动下，人们参与终身学习的意愿高张、动机强烈。未来必然将会有更多老年人投入学习，视其为终身事业。如下便从老年人学习需求理论架构、国内外老年人偏好的学习内容逐一介绍。

一、老年人学习需求理论架构

在老年学的领域中，学者们界定出来的学习需求，所涵盖的范围通常会从维持生存的层次到实现生命意义的层次。马克拉斯基对老年人学习需求的五项分类是这一类型中最为人熟知的一个论述；朗顿勒的二分化的学习需求类型，则是对应用性研究影响相当广泛的分类方式。以下分别介绍上述两位学者对老年人学习需求的分类及其内涵。

（一）马克拉斯基（McClusky）的五种学习需求

马克拉斯基以老年人的发展任务为主轴，认为活动规划者必须试图满足老年人的五种学习需求，协助其有能力去解决日常生活问题。兹以分述如下。

1. 应付的需求——应付复杂社会之能力

老年人日常生活中最常面临的困难有二，其一是老化导致其生理及认知功能的衰退；其二则是其原有的社会互动方式不足以应付快速变迁的社会。为解决上述的困难所衍生出来的学习需求，就是应付的需求。换言之，应付的需求就是使个体能在复杂的社会中充分发挥功能的需求，其内容包括有基本的生理需求、社会互动、消费能力以及日常生活所必需的生活技能等。如果个体的这些需求不能得到最低程度的满足，则个体无法继续生存，更遑论会有额外的精力追求成长或是产生利他行为，因此这种应付的需求也可以称之为是一种生存的需求。

一般常见的老年人教育课程中，就有许多是因应老年人此种应付性需求有关的课程。Peterson认为这些和应付性需求有关的课程，至少又可分为五个领域：①为因应老年生活中所发生的正常生理老化的课程，或是协助老年人发展出适应老年生活策略的课程；②教导老年人如何适应或调适新的生活情境，例如因配偶生病或死亡、退休生活的规划以及因应生活环境改变而需要发展新的人际关系等的课程；③教导老年人规划其经济生活的课程，包括退休后收入减少的因应、如何以固定退休金来因应物价的波动、对政府所提供的福利基金的了解；④教导老年人调适情绪的课程，例如为因应自身的老化或是他人所持的刻板印象所引起的情绪改变，或是如何接受"已是老者"的事实等课程；⑤教导老年人因应心智能力退化的课程，这类的课程包括教导老年人以新的记忆策略来因应记忆与智力的改变、在生活上增加辅导的机制以因应听觉与视力的减弱，或是人格发展问题的探讨等。

2. 表达的需求——从活动的参与获得自我的满足

这是一种为活动而活动、为参与而参与的学习需求。要从活动或参与活动本身获得内在的回馈。例如在参与过程中所得到的满足感、参与感，或是想要从体能性活动或社交性活动中得到乐趣，都属于这类型的学习需求。老年人之所以会有这类型的学习需求，一方面为了弥补其年轻时因工作忙碌或社会角色而不得不放弃的兴趣；另一方面则是退休后的老年人有更多的时间可以重拾旧有的爱好，或是培养新的兴趣。正因为此类型的学习活动，乃是为学习而学习，因此参与此类型课程的老年人其学习目的通常有别于为学位、找工作，或是在工作上有更高一层发展的学习者。

Peterson认为一般为老年人所提供的学习课程，是属于此一学习需求的课程，有两大类，其一是休闲活动的教育课程，另一则是社会关系的活动课程。有关休闲活动的教育课程方面，此类型的课程因学习者的兴趣而有很大的差异，举凡美术、园艺、音乐、戏剧或运动等可以激发创造力或是增强体力的课程，都是属于此类型的课程；而有关社会关系的活动课程方面，就是可以经由活动分享的过程，与社会保持接触或是发展新的友谊，通常这类课程并不专设，而是在一般课程中加入适当的活动。

3. 贡献的需求——从贡献自己、扶助他人来肯定自我

一般而言，人们往往有从帮助他人增进自我价值或充实自我的倾向或欲望。对于许多老年人而言，能继续帮助他人不仅意味着有更多的机会继续与社会互动，更重要的是可以提升自我价值感。事实上，这也是为何许多老年人从工作岗位退休后，仍持续地参与福利机构的服务工作，或是继续在宗教活动中奉献的重要原因之一。

虽然大多数的老年人都有这种贡献性的需求，但是并不是所有的老年人都有为他人服务的能力；对此议题，活动规划者所能扮演的角色就是为老年人提供适当的课程，以提升其为他人服务的能力。彼得森（Peterson）认为若要满足老年人贡献性的需求，则教育机构最少可以提供三种课程取向：①发展并引导老年人贡献的动力；②帮助老年人发现自己的兴趣和潜能；③授予充分的服务知识和技能。

4. 影响的需求——经由政治活动或公共事务影响他人

每个人都希望能够因为自己的付出，而使社会产生有意义的变迁，因此即使是老年人，也仍然有意愿涉入公共事务或对社会重大之议题提供独特之见解，以其经由政治活动、社区团体、服务组织，或是半官方机构的参与，以满足其影响性的需求。然而，要能参与公共事务的讨论或是社会重大议题的决定，除了需要对政府决策的过程及复杂的体制有所了解，还需要有对该公共事务或社会议题的背景知识，而这些知识往往超过大多数老年人所能理解的，为老年人提供教育方案的规划人员即可依此施力，提供此类课程四大方向：①协助老年人认清在公共事务中所能扮演的最适当角色；②协助老年人发展参与政治团体或组织社区团体的能力与技巧；③协助老年人了解可以使用的社会资源及相关的支持系统；④协助老年人发展评估活动结果的能力。

5. 超越的需求——统整与超越生命、寻求生命意义

马克拉斯基认为每个个体都会借由回顾自己过往的生命，或是超越生理上的限制，来深入了解自己生命意义的需求；对于老年人而言，超越生命意

义的这种需求，较其他年龄层来的强烈。主要原因是他们较其他年龄层的人更接近死亡，同时也要能适应和超越身体功能的衰退，因此它们更需要了解自己生命的意义。然而，老年人可能也会因为意识到所剩时日无多，又无法适应身体功能日益衰退所带来的不适之感，而对其生活感到彻底的绝望。此时高龄教育的专业机构如能扮演引导此生命时期的角色，则能够协助其圆满达成发展任务。Peterson认为老年人此方面的学习需求，最少可以有以下三种类型：①邀请一些对自身生命态度已有相当洞见的老年人，与参加课程的学员分享自身的经验；②在课程中拓展老年人对不同年龄、不同文化生命意义的了解；③在课程中提供温暖及支持性的回顾活动，以利老年人就其自身之生命意义进行反省。

（二）朗顿勒（Londoner）的表达性需求与工具性需求

朗顿勒将老年人的学习需求分为表达性与工具性需求的模式，可说是老年人学习需求的描述中最具理论架构的一个模式，同时也是最常被应用在老年人学习需求研究的一个模式。他认为个体的学习需求可以依其满足感是否立即实现区分如下。

1. 工具性的需求

当个体经由参与学习活动使其某些欲望得以实现时，其自学习活动中所能得到的满足感，往往也需要等到个体原先所设定的目标实现后才能获得，此即为工具性的需求。例如：老年人参与法语学习的课程是为了实现其到法国旅行的梦想。因此，个体自学习活动中所能得到的满足感，往往需延至老年人前往法国旅行后才能获得。

2. 表达性的需求

当个体的满足感，可以立即从参与学习活动过程中获得，则此类型的学习需求是一种表达性的需求。同样以学习法语为例，对于有表达性需求的老年人而言，他们学习法语并不是为了满足其他像是旅行的欲望，而只是单纯地享受学习法语的过程中所获得的喜悦感。

（三）综合讨论

虽然马克拉斯基所提出的五种学习需求，以及朗顿勒所提出的两种学习需求，其背后所采取的架构不同，但是这两个理论架构却有相似之处。例如：马克拉斯基所说的应付需求和朗顿勒所说的工具性需求的内涵是相似的。此外，两者也都强调学习者有只为学习而学习的需求，像是马克拉斯基的超越需求，就是朗顿勒所言的一种能满足学习者表达学习需求的课程。

二、老年人偏好的学习内容

Hiemstra（1982）访谈了平均年龄68.11岁的256位老年人，进行"老年人对表达性学习需求方面的兴趣"的研究，经分析归纳出老年人的学习需求内涵包括：①表达性需求课程；②工具性需求课程；③退休生涯规划课程。Purdie & Boulton-Lewis（2003）对17位70岁以上之老年人进行访谈，指出老年人主要的学习需求内容包括：①科技技能与知识；②健康议题；③休闲娱乐；④生活议题。Hori & Fujiwara（2003）对364位60岁以上行动不便的老年人的进行研究，将老年人学习需求分为：①外在需求；②内在需求；③工具性需求；④表达与沟通需求四方面。

由于学习内容是吸引老年人参与学习活动的关键，为能提供符合老年人学习需求的活动方案，实有必要先了解老年人想要的学习的内容。兹分述如下。

（一）健康保健

所谓健康保健类的课程方案是指身体保健、养生或预防疾病方面的内容，包括：营养规划、健康照护、医疗及疾病信息、老年人疾病的预防与照顾、身心保健常识，以及健身活动等。

健康保健类课程是老年人偏好的学习内容之一。由于老化所造成的生理功能逐渐衰退，会产生一些健康上的问题，为了预防或推迟老化所带来的健康问题，使得此类课程受到老年人普遍欢迎。

（二）人文艺术

所谓人文艺术类的课程方案是指陶冶身心、涵养兴趣方面的内容，包括音乐、艺术、雕刻、绘画、戏剧、文学、历史等。根据蓝汀和富吉特（Lamdin & Fugate, 1997）所做的老年人学习调查（Elderlearning Survey, ES），针对59～96岁的老年人，共寄出3600份问卷，回收912份，回收率为25.3%，剔除无效问卷后，有效问卷共计有860份；其研究结果发现，排名第一者为音乐、艺术、舞蹈课程；排名第三为文学、戏剧与人文课程。可见人文艺术类课程深受当时老年人喜欢；至今亦同。

根据艾力克森的心理社会发展理论得知，成年晚期（50岁以上）所面临的心理社会危机是自我统整对悲观绝望，老年人经由艺术课程的学习，有助于他们达到自我实现的理想，进而迈向自我统整。

（三）休闲生活

所谓休闲生活类课程是指旅游、娱乐活动方面的内容，包括：旅行、休闲时间的安排、阅读书报杂志、听广播、看电视、运动、唱歌、舞蹈，以及体验大自然。

而在上述老年人学习调查（Elderlearning Survey，ES）中，旅游及其相关课程被列为第二名。对老年人而言，通过此类课程的参与，能让他们学会如何充分利用休闲时间，充实退休后的生活，进而协助其适应退休后的生活，推迟老化现象的发生。

（四）语文

所谓语文类课程方案是指语言或语文方面的内容，包括外国语（包括英语、日语等）、普通话、方言。一个有趣的研究发现，克莱尔（Clennell, 1990）以欧洲四个国家（包括英国、德国、法国、比利时），年满60岁的老年人为研究对象，以了解老年人学习的情况。尽管这是一个跨国性的研究，但在4461份的回收问卷中，大多数的研究样本均指出，他们喜欢的学习的科目是外国语文。

在国内外的相关研究中，也多有指出语文类课程是老年人偏好的学习内容之一。诚如皮瓦多（Pevoto）强调，老年人喜欢语文类的课程方案，是因为语言的充实，有助于他们和社会与时俱进，而不至于被淘汰。

（五）才艺技能

所谓才艺技能课程方案是指培养爱好、发挥才华以及技能方面的内容，包括写作、兰花栽植、酿酒、民俗技艺、计算机操作等。威廉森（Williamson, 2000）以坐落于悉尼西南方的利物浦第三年龄大学进行个案研究，研究结果发现男性老年人喜欢的课程包括：写作、油漆和兰花栽植等课程，女性喜欢的则包括：电脑搜寻数据、当地文史和酿酒课程。

诚如克莱尔（Clennell）强调，老年人在60岁以后还持续参与学习的主要原因为：达到个人的自我实现。由于才艺技能课程方案能够延续老年人在年轻时代所拥有的才华，进而朝向自我实现的方向迈进，使得此类课程也成为老年人偏好的内容之一。

三、老年人学习内容的整体趋势

综观国内外有关老年人学习内容的相关研究，归纳出老年人学习内容的五项结论，可作为日后活动规划者设计课程方案的参考。

（一）保健课程受关注

在老年期中，随着年龄的增长，生理和认知功能难免会有衰退的现象，再加上"不用"常是次级老化产生的原因。因此，在各类学习课程方案中，有关老年人疾病的预防与照顾、医疗常识及保健的课程备受老年人关注，希望参与此类课程获得有关健康、医疗、养生的信息，让老年人知道如何预防疾病或推迟老化的发生，进而帮助其安享健康的晚年生活。

（二）偏好实用课程

老年人比较注重实用导向的学习内容，举凡能够帮助老年人解决财务问题的课程，或是帮助他们适应新环境的课程，均能够吸引一大批老年人参与。所以活动规划者可以思考设计有关理财规划、退休调适、老年生涯规划等方向的课程方案。

（三）休闲旅游课程普遍受欢迎

由于休闲活动意识以深植老年人心中，休闲旅游课程能让老年人在参与的过程中，获得兴趣与爱好的满足，同时也可以让他们充实有关休闲旅游的相关信息，协助他们通过休闲活动的参与提高生活满意度，这些帮助使得此类课程一直受到高度欢迎。

（四）计算机信息化技能课程渐受重视

由于老年人喜欢的学习内容是能协助他们和社会与时俱进，不至于被淘汰的课程；在信息爆炸的时代里，老年人不像过去旧一代的老人，他们已经开始学习使用手机、电脑，运用互联网进行购物、社交与接收信息，这类的课程帮助他们适应信息社会，并且对自己的生活增添便利性，因而使得这类课程渐受重视。

（五）学习内容因个人背景不同而有不同

老年人的学习内容会因性别、教育、经济等多重复杂因素而产生不同的需求，活动规划者应了解学习参与者个人资料，且实有必要开设多元化的课程，以飨不同需求。这部分将在下节探讨。

第二节　影响老年人参与学习的因素

在老龄化社会中，老年人持续学习已被先进国家认为是无一项不可或缺的社会福利，许多推行老人福利较为积极的先进国家，均将"促进老人终身所得安全"与"老人终身不断学习"，列为社会政策中有关老人福利的双重目标。本节主要先探讨老年人参与学习的原因，再分析是什么阻碍因素导致了不学习或学习中断，以期活动规划者能予以排除。

一、老年人参与学习的原因

主要包括解决发展任务、提高生活满足、发挥智慧结晶三方面。活动规划者在开展此类活动时，应将这三方面视为活动的主要目标与预期效益。

（一）解决发展任务

在老人学领域中最重要的发展之一，就是强调生命全程发展观的重要性。生命全程发展观假设，伴随着生命旅程的进展，将会产生发展性的改变，这些改变是多面向的，包括质与量的变化、某些功能的增进、某些功能的衰退等。老年教育学家胡尔（Houle）建议，老年初期的教育活动应以个人的自尊、生活满意、身心的活跃及社会的参与等议题为主要考虑。由此可知，生命全程发展的观点不但支持老年人必须参与继续学习，更强调生命全程发展过程的不同阶段应有不同的学习重点。

此外，哈维赫斯特（Havighurst）强调：个体随着生命周期的转变，将伴随着不同周期的发展任务，且将呈现一种学习的准备度与可教时机。若以60岁作为分界点，其发展任务包括：适应体力与健康的衰退、适应退休及收入的减少、适应配偶的死亡、与同年龄团体建立良好的关系、有弹性地接受并适应新的社会角色、建立满意的生活安排。而老年人参与学习的原因，正是想要通过学习的方式，有助于自己学习扮演新角色（如退休者、祖父母角色）与所需技能（如学语文、电脑），进而解决发展任务。

（二）提高生活满足

胡尔（Houle）所提出的三分类型动机理论，将学习者分为三种动机类型。第一，目标取向的学习者：将学习视为达成某种目标的方法，而且此向目标是相当明确且具体的。第二，活动取向的学习者：重视参与学习活动过程中所具有的意义，而较不在乎学习活动本身的目的或内容。第三，学习取向的学习者：以追求知识作为其参与学习活动的主要理由。

不论老年人参与学习活动的原因在于增长知识，或在于活动本身的意义，均强调经由学习活动的参与有助于提升老年人的生活满足。由此可知，在瞬息万变的知识社会中，老年人需随时更新既有的知识和技能，并强化自己对社会变迁的适应能力，以期跟上时代的潮流，进而创造生活的新契机。是以，提高生活满足，有可能成为老年人参与学习活动的原因之一。

（三）发展智慧结晶

由于老年人在老化过程中，如何经由不断地学习，使自己安然度过生命中最后一个阶段的挑战，是老年人必须面临的当务之急。老年人若能将其累积的经验，作为修正知识的基础，将能不断提升其智慧，进而发挥其作用。由此可知，老年人通过学习将各种丰富的经验与累积的知识加以融合统整，以形成更高一层的智慧，作为解决问题或创新事务的根基。这也是老年人想要继续学习的原因。

二、影响老年人参与学习的个体因素

归纳相关研究结果，统整影响老年人学习需求因素，与年龄、性别、教育程度、婚姻状况、健康状况、经济状况、居住状况、职业状态与退休年数八项有关，此亦影响学习参与经验。兹分别说明如下。

（一）年龄

年龄在研究中被视为对老年人偏好的学习需求类型最具有预测力的指标。许多研究证实老年人因年龄而有不同程度的学习需求。国外的研究称，老年人年龄介于60～64岁是参与学习活动的巅峰，随后呈现下降趋势（Pearce, 1991；Lamdin & Fugate, 1997）。在近期研究中也有相似的调查结果，国内外似乎呈现一致性。研究均发现老年人年龄愈长，参与学习的需求愈低、动机愈弱；反之，年龄低的老年人的学习需求明显高于年龄较高的老年人。

（二）性别

不管是国内还是国外研究，多数指出就整体趋势而言，女性学习活动的参与倾向高于男性，未参与者以男性居多。例如，Lamdin & Fugate（1997）针对老年人为对象发现，女性参与学习活动占了67.2%，男性占了32.8%。在近期的调查报告中，女性在学习需求上依旧明显高于男性的学习需求。不过，郭昱均、高淑贵（2003）针对中国台湾地区高雄市长青学苑280位老年人的调查研究指出，男性在"信息科技层面"的学习需求却是高于女性，乃因男性对于信息科技的需求程度较高、也较感兴趣。由上可知，不同性别的人在学习需求上是有差异的，然差异的情况与课程的安排有关系。

（三）教育程度

在此向度上，一般研究均指出：参与学习活动的老年人以教育程度高者居多。国外如Lamdin & Fugate（1997）调查发现，参与学习活动的老年人，以研究所或专门学校毕业者最多。Dickerson等人（1990）也引述美国国家教育统计数据中心所提供的信息，具有高教育程度的老年人，参与学习活动的比例高于低教育程度的老年人。不过，2010年一份由中国台湾地区调查的报告却统计出，参与老年教育活动的以小学（含）以下占34.45%，最多，其次才是高中（职），最少则为教育程度是研究生者，只占1.97%。而赖秀慧

（1989）的研究也不是教育程度高者参与程度高，则是初中以下占大多数；然而另发现大学程度以上的学习需求最为强烈。

（四）婚姻状况

就婚姻状况而言，国外的研究较支持已婚者居多。Lamdin & Fugate（1997）调查发现，参与学习活动的老年人以已婚者最多，占了52.9%，超过了半数，其次则为丧偶者，占了28.4%。不过，林丽惠（2002）发现参与或非参与者无显著差异，表示婚姻状态与学习需求间相关性不大。

（五）健康状况

在健康状况方面，一般研究均指出，参与学习活动的老年人以健康状况良好者居多。Pearce提到大部分的研究均指出：健康状况是老年人参与学习活动的主要障碍之一；在Lamdin & Fugate的研究中，参与学习者的研究状况，以填答良好者最多，有462人，占57%，其次为填答极佳者，有248人，占30.6%。晚近的研究中，同样是参与学习活动的老年人以自觉健康状况很好者居多，未参与者以自觉健康状况不太好者居多。

（六）经济状况

在经济状况方面，一般研究均指出，参与学习活动的老年人以经济状况不错者居多。在Lamdin & Fugate的研究中，参与学习者的经济状况，以薪资为20000～39999美元/年最多，有269人，占35.9%；其次为60000美元/年以上，有195人，占26%；晚近的研究中，也发现了相同的情况，参与学习活动的老年人以自觉经济状况相当充裕者居多，未参与者以自觉经济状况相当困难者居多。

（七）居住状况

在居住状况方面，一般研究均指出，参与学习活动的老年人以与家人同住者居多。根据Lamdin & Fugate的调查指出，老年人参与学习活动以跟配偶（同居人）同住最多，有450人，占52.4%；其次为独居者，有329人，占38.3%。附带一提的是，部分研究发现，若居住地邻近有老年学习场所，老年人的学习需求将容易被激发。

（八）职业状态与退休年数

支持过去职业影响现在学习需求的研究中，对职业类别与学习需求有着不同的发现。例如：赖秀慧（1990）的研究指出，职业为工业者的学习需求程度会较高。黄富顺（2008）的研究显示职业为公教者的学习需求在多个方面皆为最高。徐千惠（2009）指出不同职业的老年人在学习需求上是有显著差异的,尤其自由职业与其他职业较家管、工商、军公教等职业的老年人的学习需求程度高。此外,从退休年数以观,罗振宏(2005)研究指出,退休时间1~5年者,对于参与社区终身学习需求程度最高。苏琬玲(2007)的研究指出,退休3年以下者,其学习活动参与需求高于退休4~6年以及10年以上者。表示人刚退休后仍保有相当强烈的学习需求,而随退休时间的增长,学习需求将降低。

三、老年人学习活动的参与障碍

所谓参与障碍是指参与者在已有参与学习活动的意向后,所面临的困难或问题,阻碍其参与行为的实现。活动规划者若能找到这些阻碍因素并加以排除,将能有效地提升老年人参与学习活动的比例。可分为情境障碍(situational barriers)、机构障碍(institutional barriers)、意向障碍(dispositional barriers)与信息障碍(informational barriers)四类。分述如下。

(一)情境障碍

情境障碍是指个人在某一时期中,当他决定参与教育活动时,所面临的物质和环境方面的困难与问题,如:欠缺费用、没有时间、交通问题、地区偏僻、幼儿无人照顾等。在各项调查研究中,情境障碍往往被列为第一项障碍,约占10%~50%不等;而且在情境障碍中,时间与金钱两项是各类研究中最常被提到的两种困难,因为有时间的人往往没有钱可以参加,而有钱参与的人却又说没有时间。

老年人自工作职场退下来后收入减少,若学费太高将减低其参与活动的意愿;或因身体健康状况不佳,不适合离家太远或不喜夜晚外出;或因需照顾孙子或生病的配偶,而使其无法参与学习;或因缺乏交通工具、家人不支持等因素,而降低其实际参与意愿,这些因素都是老年人可能面临的情境障碍。

(二)机构障碍

机构障碍是指个人在决定参与教育活动时,由于机构的政策或措施使学习者感到困难或不便,阻碍学习活动的参与。在各类参与障碍中,机构的障碍约占10%~25%,仅次于情境障碍。整体而言,常被提到的机构障碍有五项,包括:课程时间安排问题、机构所在地偏僻或交通不便问题、没有开设令人感兴趣或具实用价值的课程、报名程序繁杂不便、课程时间缺乏弹性。

针对老年人而言,许多老年人表示,他们会因为机构中的气氛不佳,或与同学(同伴)之间的关系不和谐,而不参与活动;另外,在课程与师资方面，可能是所开设的课程选择性太少、教师的专业素养不够、教学热忱不足、无法用同理心来对待老年人等，都是老年人裹足不前的原因；还有教室环境或设备不符合老年人的身心需求、上课时间不恰当等因素，都是老年人可能面临的机构障碍。

（三）意向障碍

意向障碍是指个人所具有的信念、价值和态度等阻碍了学习活动的参与。常见的意向障碍包括：害怕自己太老而无法学习、因过去学习成绩的影响对自己的能力缺乏信心、缺乏学习的动力、对学习不感兴趣、厌倦学习、不知道要学习什么、不想让别人觉得自己很积极七项。

从以上得知，该意向属于心理与态度问题，主要涵盖两类：其一，对于学习活动的消极评价；其二，对于自己没有信心。这两类主要是受到了"老年人没有学习能力""老狗不能教以新花样"或"学习无用论"等刻板印象影响。因此，活动规划者需要在他们学习过程中遭遇到挫折失败时给予支持，不断给予老年人鼓励。

（四）信息障碍

信息障碍是指个人有参与教育活动的意向，但不知道有哪些机构开办自己想参与的课程，因而未能参与。有信息障碍的人，以教育程度较低及贫穷的民众居多。对老年人而言，缺乏学习信息、不知道要到哪里参加学习活动、对学习机构的地点及报名方式，以及机构的设备和服务措施等都不清楚；再加上老年人不知道学习机构提供那些学习活动，上课方式、内容、开课时间等相关信息都毫无所悉，而错失许多参与学习的机会，这些都是老年人可能面临的信息障碍。

有关信息的障碍，有赖于机构与活动规划者、参与者双方的努力才能减少。一方面，机构应该尽量设法将教育活动的信息提供给老年人，并采取多元宣传策略；另一方面，老年人也应时刻关注各种信息的取得渠道。一般而言，获取信息的渠道愈多，就愈不会产生信息障碍。

第三节　老年人参与学习的实施方式

兹分别就老年教育活动方案的实施类型与实施方式两方面，说明如下，以协助活动规划者便于依照不同的实施机构与参与者进行需求评估与区分。

一、老年教育实施的类型

论及老年教育的实施类型,大致上可以分为机构导向与学员导向。下面简单说明其形态后,通过表格比较两者之间的优缺点。

(一)机构导向与学员导向的概念

1. 机构导向

凡是由大学或学院(通常是成人继续教学院之属)所设计、控制、运作的老龄教育组织,均可归类于机构导向的组织,强调机构主导为宗旨。

2. 学员导向

凡是由学员们自行主导的老龄教育组织,皆可归类于学员导向的组织;尽管其受到大学或学院的协助,亦可属之;强调学员自主的精神。

(二)两类型的优点与限制

机构导向与学员导向在行政管理、教学形态等方面皆不尽相同,各有所长。以下将通过高老龄教育实施类型分析,据以比较两者间的优点与限制,如表7-1所示。

表7-1 老年教育实施类型分析表

	优点	限制
机构导向	① 由大学或学院的专业人员主导,较有效率 ② 可获得其他部门的行政及教学上的支持协助,因而拥有较多的资源	① 学员只是来上课而已,其他时间参与互动的机会较少 ② 由专业人员主导课程提供,较难贴近学习者的需求
学员导向	① 学员拥有较多参与的机会,促使老年人较易于发展彼此社会互动的关系 ② 由学员们自行设计课程,较能够贴近老年参与者的学习需求 ③ 由学员们志愿奉献心力,办理经费得以节省许多人事经费的开销	① 完全由学员们志愿服务,所以成功或失败常会受到该组织领导人员的质量与水平的影响 ② 学员们对组织的投入参差不齐,工作的分配较不均匀

二、老年教育的实施方式

由于老年教育的实施方式,从正规的大学课程到非正式的老年人中心都涵盖其中,使得各国的实施方式略有不同,代表着老年人参与学习活动的形态多元。以下,参酌学者观点,以及国内外知名的老龄教育机构等实务案例,归纳实施方式如下。

（一）学校式的老年学习活动

此类通常是由高等教育机构提供学习机会让老年人参与，其中包括特别为老年人设计的课程方案。例如法国第三年龄大学、日本长寿学园和日本的老人大学；以及通过继续教育，根据老年人特殊兴趣而开设的课程，如美国的老人寄宿所和民众高等学校。

（二）社区式的老年学习活动

此类强调在社区中提供各种教育机会，是为最普遍的老年教育实施方式。由于老年人往往缺乏交通工具，所以老年人通常会以居家附近的学习场所作为优先的选择。社区式的老龄教育，较为典型的代表机构如美国的高龄者中心，以及日本的高龄者教室。像是笔者在福建省开展的乡村乐龄学堂、莆田乐龄书院亦是。

（三）民间组织式的老年学习活动

民间组织通常是指非营利组织或非政府组织，其中包括基金会、协会、学会和宗教团体等，为老年人提供场地与课程，使老年人有机会参与教育活动。较著名的组织有：美国的退休学习学会、美国老人服务与信息系统、美国的善牧者中心等。

（四）自助团体式的老年学习活动

自助团体乃是由一群志同道合的人，以"自助助人"的精神所组成的团体。自助团体的成员和提供学习的对象均为老年人，即为自助团体式的老年学习活动。例如：英国的第三年龄大学可以说是自助团体式老年学习活动中最典型的代表。英国第三年龄大学和法国的第三年龄大学模式不同，英国第三年龄大学的特色是采取"自给自足"和"自助"的概念，法国则偏向正规大学的机构模式。

（五）开放大学式的老年学习活动

开放大学相当于广播电视大学，其教学方式主要是利用传播（电视和广播）与电子媒介（计算机和因特网）来进行学习活动，例如：英国开放大学和日本的印南野学园。成立于1969年的英国开放大学可说是远距教学中最具代表者，在其注册选读的学生中，年龄在50～60岁的占14%～19%，60岁以上占5%以上，相较于其他教育机构而言，此一比例已是相当高了。

（六）网络式的老年学习活动

计算机和网络已经是搜集信息与各种学习不可或缺的工具。根据蓝汀和富吉特（Lamdin & Fugate）的调查，强调老年人并不认为已经老到无法学用计算机，甚至认为他们对计算机的兴趣和运用计算机的能力不输给年轻人；同时还发现有13.6％的老年人认为计算机是自己喜好的学习方式之一，还有32.2％的老年人会想要学习电脑。美国高龄者网站（Senior Net）即为一个专为老年人学习计算机和因特网所设立的非营利组织。

（七）图书馆式的老年学习活动

根据蓝汀和富吉特（Lamdin & Fugate）所做的美国老年人学习调查研究发现，图书馆是老年人最常使用的机构之一，约有47.2％的美国老年人会上图书馆。此外，老年人被问到其经常使用的社区资源为何，约有41％的老年人认为是图书馆。由此可知，图书馆式的老年学习活动值得重视与推广。因为对老年人而言，阅读可以说是最主要的学习形态；而且老年人还是较习惯于文字印刷的书刊，而非电子刊物。另外，老年人所读的书刊大多以休闲、爱好、消遣、保健居多，而非为准备学校功课或应付工作所需。

（八）旅游学习是的老年学习活动

在蓝汀和富吉特的调查研究中，发现老年人最喜欢的学习方式就是寓教于乐的旅游学习，强调旅游不但可以增广见闻，也可以开拓个人的视野，同时也是抗老化的最佳良方。旅游学习的形态和内容可以说是包罗万象，从美术馆或博物馆的半日游，到数天的生态之旅，甚至一个月的文化之旅，均受到老年人的欢迎，从而使旅游学习式的老年学习活动广受关注。像是美国老人寄宿所、英国老人旅游俱乐部等，都相当重视此课程的规划与发展。

第八章
休闲治疗与健康维护

休闲游憩活动作为行为医疗处方,名为休闲治疗,或治疗式游憩、游憩治疗等。在美国与日本已经积累了许多值得借鉴学习的推展实例与具体实践方案,有别于过去对老年服务仅着眼于老年人的生理疾病治疗与照顾服务等,而走向一个以休闲为名的治疗模式来提升个体晚年满意的生活。因此为创造适合老龄社会并提升老年身心健康的休闲环境,此法可供活动规划者设计可行的创新设计形式。

第一节 何谓休闲治疗

休闲治疗(therapeutic recreation),在美国、日本等老化社会较为快速的国家已行之有年,与物理、心理及职能治疗等复健治疗方法,共同为病患提供复健服务,同时也运用在学校咨商、社区机构、医疗院所中,对象则包含儿童、青少年、成人,乃至老年人。以下,将据以进行阐述。

一、休闲治疗的定义

休闲治疗,在实际运作方面,休闲是多于游憩;故而,参与游憩是希望的开始,但是休闲观念及恢复日常生活才是康复中或复原后的核心目标。

美国的David于1936年最先将休闲治疗定义为:任何自由的、自愿的以及表达性的活动,包括肢体、感官或心智方面。其重点是游戏的心态、愉悦的态度及释放有益身心的情绪。活动有医疗专业人员所开立的处方,用以较为有益身心的辅助治疗。

几个权威机构是这么定义的。国际休闲暨公园协会(National Recreation and Park Association;NRPA)对休闲治疗做了以下的解释:休闲治疗是休闲专业中的一个特殊领域,而且是指能够提供有关生病、残疾,或是特定社会调适问题的休闲相关服务。美国休闲治疗协会则定义为：利用游憩服务及休闲经验来帮助那些身心或社会互动上受限制的人们，让这些人充分利用及享受生活。

国外学者对于休闲治疗有着不同的看法与定义。Frye & Peter 认为休闲治疗是一种经由有目的努力的过程，并朝向完成或尽可能达到其所想要的休闲经验，及休闲经验所伴随的效果。O'Morrow & Reynolds 指出休闲治疗是休闲经验方面的过程，被使用来改变一些有特殊需求或问题者的行为。Iso-Ahola 与 Austin 皆认同上述对于休闲治疗是有目的介入活动设计的看法，但 Iso-Ahola 认为休闲治疗的目的应该是改善参与者生活质量；Austin 则认为在帮助参与者成长之外，主要是帮助他们预防或减轻问题。

综合学者的观点，休闲治疗可以定义为：一种服务，由休闲治疗专家通过休闲活动的介入，使那些身体、心智或社会互动上受限制的人们，利用舞蹈、音乐、社交活动、运动、宠物、游戏、艺术等各种动静态休闲活动，在医疗过程中依据患者/参与者个别状态、医疗进度及个人需要，设计患者/参与者个人休闲治疗计划，使其生理、心理、社交等各方面早日恢复健康，并强化其独立生活的能力。

二、休闲治疗的特性

休闲治疗的特性包含四点，分别为：根据休闲的好处而发展出来的治疗模式；依据参与者的需要而设计的服务项目；将服务建立在休闲能力模式的基础之上；服务的结果与休闲行为有密切关联。兹以分述如下。

（一）根据休闲的好处而发展出来的治疗模式

可以分为生理、心理与社会层面的好处。

1. 生理层面上

包含减缓健康的问题（如降血压、减少心脏病、预防早发性病态）；提高健康因子（如骨质密度、心跳率、关节灵活度）；远离烟害；控制体重；提升免疫力；抗压性提高与疼痛忍受力的进步；降低疲惫感；增强行动力；强化心肺耐力；增强手术后复原能力；减少二次受伤机会（如褥疮、尿路感染）。

2. 心理层面上

包含实质的经验促进情绪上的稳定；能够自我定位与自我了解；压力的解除及减少焦虑；自我探索发现新的天分或潜能；自由选择创造新经验；自我决定及内发的动机造就生活的适应力；创造心流（flow）的投入体验；提

升生活满意度；促进精神状态的稳定性；自我效能的提升；休闲认知的拓展；乐观的生活态度；积极的处事模式；提高生命质量的层次。

3. 社会层面上

包含保持社会的平衡（如老年人生活上极重要的支持）；建立社会人际网络；强化沟通技巧；加强环境适应力；加强家庭的关系；促进团队的向心力。

（二）依据参与者的需要而设计的服务项目

须建立在两个假设上，来确知参与者有其休闲的需要。

1. 假设每个人需要、想要与渴望休闲

休闲提供一个机会让个体去尝试新的行为，以及学习新的技巧。在休闲的天地里，没有明显的疆域分别，多元化的内容能够满足所有人。

2. 许多人在追求个人心中理想休闲形态时可能会遇到阻碍

例如：有人视休闲为浪费的象征；有人不知如何取得休闲信息；有人缺乏技巧去认识朋友、建立社会人际网络；有人因为安全或其他考虑而阻止其走入休闲世界中。

（三）将服务建立在休闲能力模式的基础上

休闲能力模式依据个案的程度不同分为三个层级，分别为功能性介入、休闲教育，以及游憩的参与。而程度区分的依据，主要依赖指导者或辅导咨商者参与程度，以及参与者的投入程度界定。如果参与者投入的程度非常高，但指导者或辅导咨商者的参与程度不够高，则会影响效果；反之，亦然。所以必须两者并重，唯有良好的互动与配合，才能创造出优质的休闲治疗效果。

（四）服务的结果与休闲行为有密切关联

在进行休闲治疗时，自我决定的行为会使治疗结果有所差异，指导者、辅导咨商者或参与者的内发动机，会使得每一位融入活动中的参与者获得好处。治疗结果与休闲行为属于因果关系，因休闲本身的反馈会强化治疗的功效，而个人的选择也会影响治疗的结果。如能将心境与态度保持较开放的状态，才能达到自我实现的境界。

三、休闲治疗的特色

休闲治疗，是结合"医疗""休闲"与"辅导咨商"的完整治疗，形成了三方缺一不可的"铁三角关系"（如图8-1）。由此可知，作为一名活动规划者，并不是医务人员或心理辅导人员，更不是专业的休闲治疗师，术业有专攻，在规划相关方案时，应与其他专业人士相互配合开展活动才行。

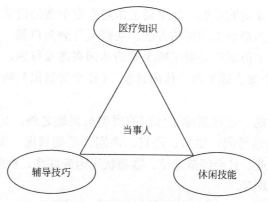

图8-1　休闲治疗的铁三角关系

如上所述，当一个人面临生病或意外时，由于身心承受着难以言喻的压力，寻求休闲治疗的方法予以解决。此时，休闲治疗一方面启动了治疗伤势或用药处方的机制，另一方面要清楚了解个案受伤或生病过程，通过辅导咨商予以支持；当个案可以接受休闲治疗的疗程时，休闲活动才能融入个案的复原过程。当然，这些介入当事人的休闲活动，是基于当事人的兴趣及需要。事实上，身为休闲治疗师的职责，是无法忽略任何一个环节的，休闲治疗师不只是要填满个案的时间，更要提升当事人的生存斗志。

作为活动规划者，任务在于过程的后端，其主要的目标就是要让个案经由休闲活动的安排，从伤痛中摆脱出来，最后回归常轨。活动规划者必须顾全三角关系，以免伤及个案的身心状况；在个案康复期间，活动规划者需要掌握个案伤势与用药情况，安排较适合个案的活动，循序渐进地进行，并随时与当事人的医务人员、心理辅导人员、休闲治疗师等进行讨论个案复原进度，以减少个案参与活动时衍生不必要的困扰。

第二节　休闲治疗的过程

休闲治疗过程（therapeutic recreation process）是休闲治疗专家经由面谈来定义其需求，进而帮助需要个案，以增进他的健康水平，这是一种系统解决问题的过程。休闲治疗过程主要包含以下四阶段：评估阶段、计划阶段、运行时间、评价阶段。

一、评估阶段

评估（assessment）是休闲治疗的第一个阶段，是后续所有阶段依循的基础。它有判定、评定的意思，其主要工作是界定个案的健康状况、需求和长处。观察及面谈为最基本的评估方法。观察又可分为自然观察、特定目标观察及标准化观察；而面谈是要了解个案的休闲兴趣及行为，一般使用"半开放式问答"（让个案表述）与"休闲目录"（让个案指出）两种方法提高面谈的效果。

评估所考虑的一般因素除了休闲的类型与兴趣之外，其他项目还包含：姓名、地址、电话号码、生日、籍贯、性别、婚姻状况、民族、宗教信仰、母语、教育、职业、社会经济地位、紧急状况因应联系、疾病史及健康状况、个案生活社区地址等。

二、计划阶段

需通过跨领域的团队合作。休闲治疗计划通常是个别计划方案中的一部分，其内容必须做到考虑个案的长处与需求、优先列入考虑的条件、达成显著目标的要求（包括预计达成的时间）、选择达成目标的活动与方案等。

计划阶段最重要的是设定指标，其中包括目的、目标及方针。目的主要直接依循着个案的需求表列设定，而为了达成目的、并为个案设定的行为改变方向则称为目标。计划的课程内容详细地依循目标及方针选择最适当的游憩项目，并列出可执行的步骤，故计划阶段被视为是"行动的蓝图"。

三、执行阶段

执行是休闲治疗过程中的行动阶段。此中包含两种执行实现的成果，分别为个案的实现、休闲治疗专家的执行。在执行的过程中，个案与所有专家团队的互动，使得这样的服务产生了预期结果，个案体验到了休闲游憩的效益，专家应用其专业技术协助个案达成预期目标，经一段时间的累积而实现了个案的理想。

四、评价阶段

在此阶段，个人计划方案中的目标和方针将会被评定，其中最主要的两个类型问题是："个案对介入计划的反应是什么？""个案对一系列的休闲游憩活动方案是否满意？"而科学化的评价体系将有助于专家检核成效。

休闲治疗是利用一系列休闲治疗方案介入个案的生活，期望提升个人的生活机能与质量。而在以老年人为对象的休闲治疗中，具体目标如下，以供评价阶段应用。

（一）休闲与生活技能的复习

① 了解自我的休闲需求，将以往所学习的休闲技能加以回忆，提升生活乐趣。

② 学习养生性运动的方法，培养运动的习惯以维持健康体能状态。

（二）休闲技能进阶化

① 学习简易竞赛规则，强化大脑思考并促进社交互动频率。

② 强化休闲项目技能的提升，让老年人能再挑战自我潜能与追求自我实现。

（三）人际融合与互动

① 恢复与人互动的习惯，及再学习新团体的团体规则。

② 通过活动参与，提升人际互动并增强社交支持网络。

第三节 休闲治疗实施的注意事项

休闲治疗模式应用于老年人的效果十分显著，因为休闲治疗建立在休闲、心理辅导与老化康复医学的基础之上，利用行为科学方法针对个案进行全面性休闲兴趣与生活形态的评估，再依所得数据加以分析，设定适当的目标及活动设计，以及搭配妥当的情境，在活动中与活动后确实评鉴诊断以前活动最佳效用。其活动又源自个体内在动机，并辅以教育及人际沟通互动，既能强化老年人情绪自主管控能力，同时促进社交关系，在自我认知、问题解决、人际关系、情绪管理、时间管理与休闲技能的学习上，起到了良好的作用。

纵使休闲治疗的好处颇多，但活动规划者在参与运作上必须注意下列要点，始能达成休闲治疗的美意。

① 科学化分析老年人的身体与心理状态问题，评估具客观价值的个别信息；

② 具体地规划活动项目，根据每位老年人的需求与能力安排受欢迎的休闲方案；

③ 有可操作的目标设定，由目标来引导老年人生活的重心；

④ 客观地记录休闲活动的过程，其目的是为修正休闲活动方案或调整可操作的目标。陪伴是休闲治疗服务实施时很重要的特色，但陪伴的目的不是

让老年人养成依赖的习惯；

⑤ 温和地介入老年人的生活世界，更要在结束服务时渐进地退出他们的天地，工作伦理是休闲治疗最优先考虑的重点，尊重是活动规划上非常重要的特质。

至今，以老年人为对象的休闲治疗愈益受到重视，其原因与社会形态的匆忙冷漠，少子化家庭结构的变迁，以及对心理疾病有较深刻的认识与理解，使其不再被视为难以启齿的病征，将精神健康与生理健康放在同等重视的位置上有莫大关系。在后文中，我们还会列举休闲治疗的活动案例加以说明，以利活动规划者进行此方面的策划与实施。

第三篇

开展老年人创意方案

第九章
休闲活动规划的准备

规划为业务之始——致"规划师"的你

所谓规划乃是为了达成目标,事先研拟可行的架构或方案的一个过程。今天无论是政府单位还是私人企业,"做规划"以及"推规划"可说是每日的业务;好的规划案加上有效的执行,才会有好的成绩。方案规划对于一个组织业务的推动,居相当关键的角色。在讲求学用合一的今日,如果要建议大学生(或研究生)在毕业前一定要学会的一项能力是什么?我们的答案是:规划力。毕竟,无论是办理研讨会、举行工作坊、筹划募款餐会或慈善演出、进行营销活动、或提研究计划等,第一步就是先写计划,争取经费,才能落实理想。所以关于规划,主要包括两个层面,第一是会撰写,即规划案撰写;第二是会执行,即项目管理。本章主要聚焦于此,将扼要的说明规划的重要性、规划师的策划能力,以及规划师的创意来源。

第一节 规划的重要性

规划的重要性不仅在阐述规划本身所具备的地位,也在彰显如何执行最好的活动方案。以下,我们开始把"活动规划者"视为一名专业的"规划师",并以此为称呼,带领规划师们从四个方面进行学习,包括:"追求质量——创造服务惊喜""形成系统——建立架构蓝图""提供服务——促成顾客满意""持续改善——确立道德使命"。

一、追求质量——创造服务惊喜

规划休闲活动的一个通则就是"质量"。规划师必须实现并提供卓越的质量;意思是,规划师必须尽力扮演到最好;仿效休闲领域中杰出的人才,并且努力做到世界水平。休闲活动方案的参与者有权利获得具有筹划且最高质量的专业性服务。尽管之后的几个重要性概念(如形成系统、提供服务和持续改善),都可以被涵盖在"质量"这个通则格言中,但我们将"质量"独立出来,是为了强调"质量"是所有规划师试图去实践的最必要且核心的标准。

"质量"的意义是什么?关于质量,存在着许多学派说法,也有许多学者因为提出各种理论而声名大噪,并为质量一词冠上许多理念,如质量检验(quality inspection)、质量控管(quality control)及质量保证(quality assurance)。近年来,质量的理念被附加在"全面质量管理"(total quality management, TQM)之中,这是一套强调员工赋权(empowerment of employees)的技术管理哲学。由此可见,"质量"的定义有许多种,我们可以把它视为一种"卓越";这个意思是说,质量不只是满足活动方案参与者的需求,还要达成活动方案资助机构的使命。换言之,质量就是超越各种目标的最低要求;通过最好的活动规划演练,提供最好的活动方案,促成活动参与者眼中的"服务惊喜"(service surprise)。

我们试着用哥伦卢斯(Gronroos)的简易质量模式来帮助理解"卓越"。从这个模式来看,卓越是由三项质量所组成(如图9-1),据以分述如下。

图9-1　服务质量的模式

(一)产品质量(product quality)

也就是休闲活动方案的"内容"(what)。攸关特定休闲活动、大型活动、或活动方案服务的质量,通常是由参与者的意见来评量。

(二)功能质量(functional quality)

也就是休闲活动方案的"技术面"(how)。攸关提供活动方案的方法、职员的能力、资金的充裕、场地的适宜度等。其评量的方法有很多种,包括成本分析、职员能力评估和场地勘查。

（三）形象质量（image quality）

由"产品质量"和"功能质量"中筛选产生，攸关活动方案及组织信誉的质量，以及过往这些质量给消费群的印象。最后，活动方案将通过"形象质量"达到卓越的水平。话虽如此，形象质量也有可能会提升或损害产品质量和功能质量；因此，卓越并非一种固定的表现状态，而是必须时时刻刻追求和维持的高水平。

二、形成系统——建立架构蓝图

由于方案规划工作本质的复杂，因此，理论上规划师要把自己的工作做好，必须拥有一个有利于规划工作进行的架构，这一点已为多数的研究者所认同，方案规划的系统模式，有助于实务工作者看见整体，发现各部分之间的关联性，知道自己要做什么，也知道怎么做。模型有助于规划师从焦点着眼，逻辑地思考组织目标、机构使命、服务特性与需求、学习活动目标及评鉴等，此一概念架构，也是本书设计的基础。

把方案规划当成是一个系统，它可以包括六个次系统：情境分析次系统、需求评估次系统、方案营销次系统、学习活动设计次系统、方案执行次系统、评鉴次系统。为了使产品在目标顾客心中，占有一席之地，减少现状与期望状态之间的差距，规划师利用系统的方法来收集并分析相关数据的一个连续过程就是需求评估。规划师必须在构想、目标、对象及其需求之间不断反复的思考。整体而言，方案规划的过程需要系统而且互动的思考（所以图9-2均以双向的箭头呈现），方案规划也是不断循环的过程，前一个方案实践的结果，将成为下一个方案规划与执行的基础。

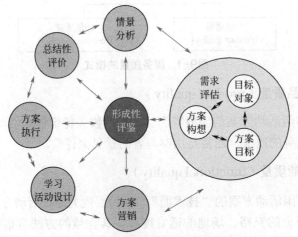

图9-2 方案规划系统思考架构图

三、提供服务——促成顾客满意

致力于服务顾客，包括参与者、消费者、委托人等，并不是新的观念，但却受到前所未有的重视。如果没有人参与休闲活动方案服务，那么休闲活动方案服务将不会存在，也不需要有休闲服务组织及规划师的存在。一个以顾客服务为导向的规划师，拥有高度"热忱与关怀，并乐意帮助他人"。不过，这个标准也需要适时调整，因为顾客，即所谓的参与者并非总是知道自己要什么、如何做决定，或如何找到资源。这正是为什么要规划和提供活动方案的原因。

对专业休闲活动方案的规划者而言，有两种很重要的顾客：其一，外部顾客（external customers），是指参与者、使用者、购买者、访客和游客等；其二，内部顾客（internal customers），是指在休闲活动方案机构工作的人员，他们也需要被周全的照顾。通过活动方案规划，使两种顾客获得满意与支持，足以影响一个休闲活动方案的成败，其重要性不言而喻。下面列举顾客的期望。

（一）值回票价

一个休闲活动体验的价值取决于许多因素。即使是免费的活动，参与者还是会期待某种程度上的价值。许多非绝对性的因素经常被用来评估一个活动方案的价值，如：个人经验、偏好和品味、预计花费的钱，以及期待的效益。这些都是非常难以管理的因素，且每一位顾客对某个活动的感受也因人而异。如何使其感到值回票价，前期的工作需要非常细致。

（二）拥有如合同上描述的体验

参与者都期待获得休闲活动方案规划者所承诺的体验，这代表所有的广告宣传单、手册及型录、机构网站都必须刊登最新且正确的活动相关信息；而休闲活动方案的管理者和领队，也必须确实地提供书面上所描述的服务。活动规划的重要性就在于，顾客非常期待参与被允诺或保证的休闲活动，如果阻碍到他们所期待的休闲体验，顾客有时会将天气的问题怪罪到休闲活动方案规划者身上。

（三）在必要时有投诉的渠道

制定和传达顾客抱怨的程序，并经常询问顾客的意见，对营造顾客服务有很大的帮助。根据琼斯（Grainger-Jones, 1999）的文献，90%不满的顾客从不直接向提供服务的机构抱怨，但是那些不满的顾客却会向9个人诉说他心中的不满。在现今网络发达的21世纪，通过因特网散布不满更是一场灾难。顾客抱怨处理，意味着真正关心顾客；至少，必须在第一时间关心慰问顾客的抱怨问题。有时候解决的方式可能需要帮助提供顾客额外的服务，例如赠送下一场表演的招待券等。

（四）受到重视

必须让每一位顾客觉得自己是独特的、被赞赏的、受到重视的。意思是：在规划师的日常工作中，有时候必须以协助顾客为优先，将例行公事摆在其后。休闲活动参与者，都期待一个充满活力和趣味的活动气氛，甚至只是一顿美味丰盛的早餐，而活动规划就是要让每位顾客感到自己是特别的，许多细节是为自己安排的。

另外，休闲游憩活动方案的服务也必须考虑到不同能力参与者的需求。对身体上、情绪上、社交上或认知上有障碍的人来说，活动规划除了是平衡生活中必要的一部分，更是治疗或复健疗法中不可或缺的要素，活动方案规划的重要性在于可以使他们克服困境，重新获得生活能力。

四、持续改善——确立道德使命

最后，休闲规划师面对的就是持续改善的命令，这也突显了可持续性的重要。持续改善的原因很多，包括休闲本质上就是多变的、与其他活动组织竞争，及社会上舆论不断拉扯的变化。没有一位专业人士，能够每年重复一样的活动方案服务，并在活动执行上仍然可以保持专业性。科技的创新通常会造成人们对休闲游憩活动方案的需求有所改变，也会改变活动规划的内容，以及服务的方式。事实上，若是活动规划保持不变，便表示落后、跟不上时代的脚步。在这方面，规划的重要性如下。

（一）公众利益

公众利益就是"良善的标准"，休闲规划师有义务提供"对的"休闲选择。这个意思是，有时候规划师很难不受诱惑，而提供一个特别受欢迎的活动方案，但它却会"损耗非再生资源、破坏其他生物，或是造成个人社会问题"。这时候就有赖规划者心中的正义的天秤。规划时需列出以下目标。
① 以至高无上的人类为出发点，抱持社会良知。
② 为解决社会问题而付出行动。
③ 注重人类的健康安乐，以及对环境有尽义务的责任。

（二）环境兼容性

对专业的休闲规划师而言，发展环境道德可能意指大幅度地调整一些活动规划的细节。例如：当森林公园的游客乘载量已超标；就必须先更换行程；夜间露营活动不能生篝火；举办餐会尽量少用一次性免洗餐具，且要资源回收等。休闲规划师有责任倡导"环保休闲"（conserver leisure），将绿化呼吁写入规划当中。实践环境兼容性，规划师必须支持以下道德价值，成为规划的使命。

① 休闲游憩活动方案将协助自然环境，长期地维持环境健康。
② 休闲游憩活动方案的体验，将使参与者更懂得珍惜自然环境。
③ 休闲游戏活动方案将带领参与者改善自然环境。

（三）建立弹性

另外，Allen, L.R. & McGovern, T.D.（1997）曾提出建立弹性的规划原则有23点：①提供与他人建立有意义关系的机会；②提供自我成就的感觉；③给予持续的鼓励；④提供参与者规划与创造体验的机会；⑤设立高度但可以达成的期望，但是并非高标准；⑥提供帮助别人的机会；⑦提供跟可以作为典范学习的同辈或成人社交之机会；⑧提供无条件的支持以及广大的接受；⑨建立协助他人的机会；⑩提供贡献自己社区的机会；⑪鼓励家庭支持和参与；⑫建构积极进取与团体合作之场景；⑬提供训练沟通技巧的机会；⑭提供由团体来下决定的机会；⑮允许参与者创造体验；⑯创造跟同侪及成人社交互动的机会；⑰创造归属的机会；⑱关心参与者；尊重他们，聆听他们说话而不多做干涉；⑲提供认同的一致机会；⑳示范优良行为；㉑对规则要积极遵守；㉒不妄加批评；㉓坚定、公平而富有乐趣。

第二节 规划师的策划能力

作为一名优秀、称职的老年休闲规划师，所需具备的基本能力应包含上两篇理论与实务性的知识，即对老年人生理、心理、社会与认知老化的理解，与老年人休闲行为的认识，这是基础，也是与其他规划师不同之处。但相同的是，规划师都还要有策划能力，不只懂得方案设计，还要会执行。以下，我们将开始阐述老年休闲活动规划师对于策划方面的系统性认识，包括：规划师的成功有我与成功不必在我、规划师的基本能力模块（CACE），以及为什么需要CACE能力。

一、规划师的成功有我、成功不必在我

规划师的角色既然如此关键，那么有能力撰写出好的规划案的人就是规划师了，用今日通俗的用语讲，规划师也就是"规划达人"，是任何组织都想

争取的人才。规划师这个角色用比较学术的用语（本章节是这么使用的）也可以称为：活动方案规划者，即是负责执行规划过程的人，规划者可能是学校老师或行政人员、民间组织或企业之执行长、社团活动的总召、继续教育的推广人员等。

（一）动静皆宜，处处是规划

规划师不但要能"静"，以便动脑思考策划，且要能流畅书写，文通意达，逻辑清楚，铺陈成文。更要能"动"，以便能营销方案，创意执行，活化方案，落实理想。规划师的能力训练，无论是对在学的学生而言，或者是对于在职的成人而言，都是最基础的训练主题。换言之，各单位的志愿者训练、社团领导人的养成、读书会的带领人、学习型组织的推动团队等，基本的训练课题就是规划与规划力的培育。

（二）重点在于个人吗？

"重点在于规划师吗？"这是一个很有趣的想法。回答这个问题之前，我们必须先去探讨三种活动本质——个人的、策划机构的或是某社区、某组织的需求，哪一个是决定的导向，以及后来的活动服务内容与评估，最重要的驱使力量。事实上，这个难题已被概念化，许多学者认为问题是在于决定一个活动方案，需要从"营销导向"或"服务导向"去分析。一个营销导向的组织会优先考虑社区或是组织的需求，同时认为组织可以说服顾客购买它们的产品；相反的，一个服务导向的组织会优先考虑个人需求，而且认为要先了解顾客的需求，然后再集中生产。

面对一种驱动力量，规划师的责任便是去依照需要弹性调整方案，以响应已知的客户的需求与渴望。但是，老年休闲规划师还必须要能够"保留或增进老年人及社会的福祉"；也因为这个要求，发展一个为老服务的中心思想与使命，比商业休闲游憩活动的规划要困难得多。

二、规划师的基本能力模块

规划师究竟应该具备什么能力呢？相关的研究不少。综合研究的发现，以及我们过去所从事的实务经验总结，归纳出以下四个方面，共十五项重要的能力：方案规划能力、情境分析能力、创造能力、统整能力、时间管理能力、预算编列能力、解决问题能力、团队领导能力、沟通能力、简报能力、营销能力、多媒体制作能力、敏察需求能力、批判反省能力、评鉴能力。这些能力涵盖了静态面的能力与动态面的能力，同时也揭示了人才训练的重点课题。由这四个方面英文的第一个字母组合成了"CACE"。如图9-3所示。

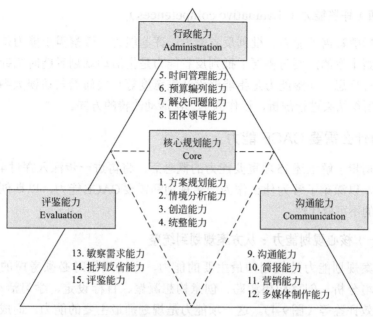

图9-3 规划师的基本能力——CACE三角锥

（一）核心规划能力（Core planning competences）

包括方案规划能力、情境分析能力、创造能力、统整能力。方案规划能力是指要会写策划书，还要写好（这当中包括背后的理论基础与案例分析）；情境分析能力是指能掌握个案的优势、劣势、机会与威胁，以及延伸的行动探究（SWOTA）；创造能力是指对个案与环境的深刻理解下，不被过去经验所囿而引发的想象力；统整能力是指系统思考，能有宏观大局的认知。

（二）行政能力（Administrative competences）

包括时间管理能力、预算编列能力、解决问题能力、团队领导能力。时间管理能力是指能在既定时间内完成，并妥善控管整体活动流程；预算编列能力是指做好经费概算；解决问题能力是指能够排除已知困境与未知的紧急事件；团队领导能力是指能够带领所有相关人员共同为方案尽心尽力执行。

（三）沟通能力（Communicative competences）

包括沟通能力、营销能力、简报能力、多媒体制作能力。沟通能力包括能对外部顾客与内部顾客有足够的能力合作与协调；营销能力是指能运用任何渠道将方案传达给顾客或潜在顾客；多媒体制作能力是指会使用PPT，并且清楚汇报的技巧。

（四）评鉴能力（Evaluative competences）

包括敏察需求能力、批判反省能力、评鉴能力。敏察需求能力是指能敏锐地觉察个案的想要与需要；批判反省能力是指活动规划者能时刻针对流程细节进行反思；评鉴能力是指能够设计满意度等相关问卷与访谈大纲，并针对反馈所得结果进行剖析，以作为下一次活动改善的方向。

三、为什么需要 CACE 能力

待初步了解上述15项重要能力的概念后，将再进一步深入探讨4个方面的内涵，以深刻了解为什么作为一名规划师需要CACE能力，以期创发出特定方案的不可取代性。

（一）核心规划能力：从方案规划到统整

方案规划能力是规划师最主要的能力，方案规划时必须考虑的要项包括：情境分析、创意构想激荡、创意构想凝聚、目标设定、学习活动设计、学习成效评鉴等（图9-4）。这一项能力是规划师最主要的能力，而成功规划的基础，是在于能把情境分析得合宜，例如：规划目标机构的情境、规划目标对象的情境、规划课程的情境等，因此特别把情境分析能力标示出来，当作一项重要能力。另外，由于规划所需要思考的面很广，为了做整体的规划，势必要养成系统观的思考能力与做事的方式，统整分析的能力因此也要训练，而下章节将着重在这一项核心规划能力的介绍。

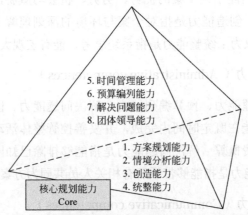

图9-4　规划师基本能力：CACE核心规划能力

（二）行政能力：从时间管理到团队领导

规划案的撰写，从构想酝酿到规划案的提出，如果是要去投标以争取计划项目的情况，时间通常很急迫，而在执行计划的过程中，每一个关卡步骤、每一项工作流程的进展，可能都环环相扣，前一个步骤会影响后一个步骤的达成，特别是预算的执行有一定的期限，因此规划师的时间管理、预算编列能力，也相当关键（图9-5）。

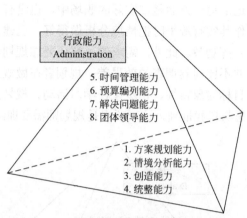

图9-5　规划师基本能力：CACE行政能力

规划在执行的过程中，会面临许多在做书面规划时所没有预想到的状况，可能是场地的状况、讲师的情形、天气或预算政策的变更等，因此规划师还必须具备解决问题的能力，领导团队成员继续有效执行计划，所以领导能力也很重要。

（三）沟通能力：从沟通到多媒体制作

由于规划书的撰写到执行完成，会有许多机会需要规划师把所规划的案例向活动机构或赞助单位作简报，或者向计划的目标对象做沟通与营销，以便鼓励参与，因此规划师的沟通、简报能力、营销能力及多媒体制作能力也显得很重要（图9-6）。

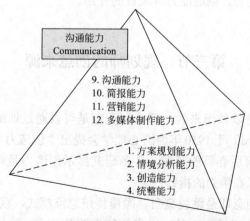

图9-6　规划师基本能力：CACE沟通能力

(四) 评鉴能力：从敏察需求到评鉴

一般在谈规划时，多会提到需求评估的步骤，包括做问卷调查、访谈或数据分析等，在实际规划的过程中，很少有机会真的去执行这个步骤，一方面是规划时间通常很紧迫；另一方面是在实际的职场中，也没有多余的人力去做调查或访问，这些工作其实有赖平时把情境分析做得好，已建立初步的数据，才能在紧迫的情境中发挥功效。此外，需求的了解还要靠规划者有敏锐觉察需求的能力，这种能力并不比问卷调查的效果差。规划者在做规划的过程中，对于所要规划的主题、目标对象特性、初步设计学习活动、规划主题的观点等之间的关系，经常做反思与自我批判，这一项也是规划师需要训练的能力（图9-7）。

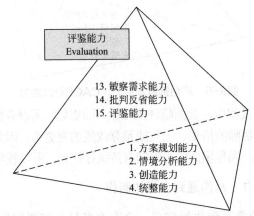

图9-7　规划师基本能力：CACE评鉴能力

上述这些能力，需要理论的认知，更需要实践经验的累积，而本章节的焦点锁定在规划案的撰写，所以，特别着重其中的方案规划能力、统整分析能力、情境分析能力、创造能力等项目的介绍。

第三节　规划师的创意来源

如果卓越是可以教出来的，那么创意也是可以通过训练来激荡的。自从基尔福特（Guilford）于1950年美国心理学会提出"创造力"一词以后，有关创造力的研究如雨后春笋般萌发，许多研究显示创造力是可以训练的。创意也成了个人、组织竞争力的指针。

何谓创意？创意即是跳脱窠臼、颠覆传统思维模式，获得突破性的改变。例如：运用在音乐或绘画上时，出来的结果就是艺术；运用在科技上时，出来的结果就是发明；运用在商业上时，出来的结果就是发明；运用在自己的生活及事业上，出来的结果往往是积极、活力、探索与拓展。我们可以多练习模仿创意发想、可以参加正规的创造力训练组织提升创意。但不管如何，创意不该只是天马行空，更不应流于异想天开。创意的前提是需要有扎实的学理基础，以下将从三个方面与以探究。

一、从规划观点中理解

有关规划的模式繁多。在此，我们将举三个较常被应用的模式进行探讨，一窥堂奥。分别是Boyle的方案发展模式、Caffarella的互动模式，以及Rossman的活动规划模式。

（一）Boyle的方案发展模式

Boyle在《设计更好的方案》（Planning Better Programs）一书中对于方案发展概念，认为是设计及实施行动路径的艺术，能达到有效的方案。其所阐述方案发展的构成要素有八：①建立方案规划相关人员的信念；②社区或大众需求的情境分析，以及了解个人与组织的外在限制；③争取可能潜在顾客的参与，并考虑其心智及社经地位的个别差异；④分析各种数据以确定方案目标，并决定方案之优先级；⑤考虑方案的发展弹性，及确认合适的设计、技术和媒体；⑥争取正式与非正式权力结构的支持，并有效运用营销方法；⑦让顾客参与选择、组织的规划经验；⑧确认方案的效能、结果及影响，并制作结案报告以利修正方案。

（二）Caffarella的互动模式

Caffarella强调方案规划过程中，会牵涉方案规划人员、组织赞助者及参与者之间的合作与互动。方案规划可以视为一种动态的历程，包含了十二个要素，每一个要素都有一套工作任务，但没有固定的流程与步骤，方案规划人员可依实际需要，选择合适的要素来组成及排序，以利方案规划的进行，甚具有弹性及创造性。十二个要素分别叙述如下：①建立方案规划背景脉络；②建立支持依据；③界定方案规划的构想；④将构想分类并排出方案构想的优先级；⑤发展方案目标；⑥设计活动计划；⑦协助学习迁移计划；⑧拟订方案的评鉴计划；⑨确定协商与沟通结果；⑩选择格式（形式）、计划表和确定员工需求；⑪准备预算与营销计划；⑫协调设备与场地事宜。

（三）Rossman的活动规划模式

Rossman的活动规划模式又称为符号互动模式，意即将符号互动论应用在休闲规划中。主要分成四个假设、六个因素、三个基本步骤。

1. 四个假设

Rossman指出休闲体验发生在社会情境中,其交互作用是基于下列四个假设:①社会的真实性是由人际互动过程中产生的定义及情况而来;②人类的行为是自发性的,且会影响他人;③在互动过程中,个人会和自己及他人对话;④意义源自互动过程。

2. 六个因素

规划师必须掌握如下六个因素,以创造有力的休闲环境:①互相影响的一群人;②实体的情境;③社会事物,包括自然的、客观的、抽象的目标,以及其他的人;④在此情境里互动的规则;⑤参与者彼此存在的关联性;⑥活动的持续性。

3. 三个基本步骤

Rossman进一步针对活动方案提出三个基本步骤(如图9-8):①首先是"设定活动目标和休闲体验",在此步骤中,休闲规划者预测实质的结果;②其次是"影响活动规划的因素",包括:顾客、地点、主题、规则、习俗和规范、与顾客的互动关系,和活动的气氛,此步骤在强调活动规划的方法;③最后一个步骤是计划本身或过程,Rossman称之为"设计的策略",指的是活动规划的完成和可替代的方案。

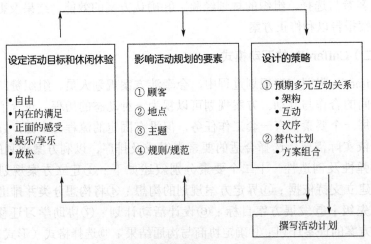

图9-8 活动规划模式——设计程序

(四)综合讨论:创意发想从何处着手?

从Boyle的方案发展模式可以领会,规划师应可以在"如何争取潜在顾客""如何设计弹性的方案""如何结合设计、技术和媒体""如何运用新的营销手法""如何让顾客参与规划机制"等方面,去导入创意的点子。而Caffarella的互动模式,与Boyle的方案发展模式的概念是大同小异的,只是更加强调"流程与步骤的弹性创新""相关利害关系人互动上的创新"。Rossman的活动规划模式则提供了"休闲环境及其氛围营造"方面的创新思考。

二、从规划准则中反思

准则,能带给我们明确的指引。以下,我们再试着通过两位国内外学者对规划准则的看法,进行分析,以试图从另一个视角探求创意的光束。

(一)Rossman和Schlatter对方案规划准则的看法

Rossman和Schlatter(2003)认为,无论哪一种方案模式,所有的方案规划都必须努力做好三大基本步骤:准备、执行和评量。这样的过程是有排序且循环性的;每一个步骤都是下一个步骤的必备条件,当三个步骤完成时,整个过程便会再循环重复一次。Rossman和Schlatter强调,若没有一个这样系统的步骤,那么规划师的努力,甚至是整个活动,都是不负责任的。

(1)准备(preparation):什么是必须预先学习、决定、彻底想清楚和提倡的呢?

要回答此步骤提出的问题,作为规划师必须:①了解自己服务的机构;②了解机构的宗旨和哲学基础;③了解潜在参与者;④了解顾客;⑤决定目的与目标;⑥拟定实际的设计或计划书。

(2)执行(implementation):规划师如何根据计划书仔细研究执行活动时的细节?

在这步骤,规划师要能够开展:①活动方案监控;②形成性评量;③风险管理;④记录客户文件数据。

(3)评量(evaluation):活动方案是否提供预期效益?

此步骤,规划师必须做好如下三件事。①总结性评量,即运用一种或多种方法来评量活动方案的成功与否;②秉持诚信与道德、专业精神、时间、资金及人力等原则;③提交报告。

(二)陈嫣芬对老人休闲活动设计与规划准则的看法

陈嫣芬在《老人休闲活动设计与规划》一书中,提出老人休闲活动设计与规划准则,以作为规划者设计方案的准绳。

1. 订定符合老人需求的活动目标

老人休闲活动方案,主要是提供老人间互动交流与休闲体验的机会,故要确认活动目标是否符合老人活动需求,并于活动规划时考虑老人之基本需要与老化特殊性，以增加老人参与活动的动机。

2. 了解老人参加活动的需求与期望

休闲活动规划时，除订定符合老人需求的活动目标外，仍必须先了解参加活动老人的特性，此可以透过报名基本资料与问卷中，获得相关的数据，再依据老人活动需求，设计满足其期待的休闲活动。

3. 选择适合活动方式设计类型

了解老人参加活动的需求与期望后，规划师必须选定适合的休闲活动类型，提供老人休闲体验活动，达到休闲活动目标与需求。

4. 提供多元的休闲活动种类

若要让老人能持续从事休闲活动，规划师需要依据老人参与活动的需求，提供多元的休闲活动种类让老人选择。

5. 增加活动中的休闲事物

休闲事物是支持休闲活动与营造过程中不可或缺的元素，在休闲活动过程时，增加休闲事物可让活动更具丰富性，吸引老人热忱参与活动，但规划师也必须有能力取舍哪些事物是活动中必要或有害的。

6. 活动时须具有活化活动能力的人

事先的活动设计与规划虽说非常重要，但带领活动进行的带动者也扮演重要角色。活动带动者必须有带动气氛与领导能力，让活动能持续进行，但无须太多指导，应让老人能自由的感受及体验。

（三）综合讨论：为创意发想这匹野马系上缰绳

两位学者的看法，让我们对创意有了另一层次的思考。Rossman和Schlatter的论述中强调了三个步骤，同时对应了三个待解的问题；显示出创意仍需在"活动宗旨""方案的风险控管"及"诚信道德原则"的指导之下发想。陈嫣芬则聚焦于"活动对象"，如同本书以老年人为对象，其创意万变不离其宗，就应以老年人的立场出发。

三、从规划要素中推演

C.R.Edginton等在《Leisure Programming - A Service - Centered and Benefits Approach》一书中，提出活动规划的13点要素，让我们可以在导入方案创意之后、正式执行活动之前，提供一套路演的方针。

（一）活动类型（program areas）

所谓活动类型是指活动呈现的方式。休闲规划者透过需求的认定、评估目的、目标的确定，选择活动范畴以作为规划的重点。例如，本书即以"老年人休闲活动设计"为重点。规划师针对不同的老年顾客群，试图提供较宽阔的活动方案以供选择。而规划者也必须考虑多元性以满足最大多数老年顾客的需求。

（二）方案设计类型（program formats）

所谓方案设计类型是指顾客参与不同性质活动的方式；很明显地，活动的方式对吸引顾客具有很大的影响力。因此规划师必须运用创意加以规划适合的活动，应该迎合多数人广泛的需求与利益才能吸引顾客参与。

（三）活动内容

对于系列活动中类似的文宣信息应予整合成一定的格式，做好活动内容的说明。计划者依照这格式，对其活动能更确切地了解和获得适当的信息。休闲规划师和领导者在做长程或短程的活动计划时，必须常留意活动的可行性；也就是考虑目的和目标具体可行，活动内容切合实际，且适合某年龄层和团体。

（四）时间因素

对于活动方案规划而言，时间是一项不可忽视的因素，例如，开始规划的时间、活动开始的时间和排定活动时间表，都是很重要的。而时间因素的决定，不能单独考虑，因为他们会受到活动范围、活动方式、设施的使用、顾客的参与等影响；而这些因素交互影响的情形，也将会影响相关时间因素的确立。

（五）设备

任何设施的地点、布置、供给量和交通便利，都会影响对于计划中自发性参与休闲活动顾客的使用量，例如每天开放的时数、每周开放的天数，和个人的停车或公共交通工具的方便性。

（六）场地情境布置

休闲情境布置与活动范围和设施有关；前者包括硬件及社会环境气氛，而后者指的是任何设备之设计与维修，对其可用性和情境的创造是重要的。对休闲体验而言，环境气氛比实质设施更重要，虽然实质设施明显地对环境气氛带来重要的影响，而个人的感觉还是主要的因素。

（七）器材设备与供应品

活动所需要的器材设备和供应品，会影响活动的成本。假如这活动相关的设备能被重复使用，这成本可能会小于每次活动皆必须购买的。规划师和活动领导者，对于设备应有一套维护计划，建立一套系统去监控设备或供应量的存量。

（八）人事制度

人事制度是休闲机构传递活动的人力资源运作，这是休闲服务机构必须持续进行的。同时，员工任用原则必须与计划中的活动有关，还必须考虑职员的知识水平，技术能力是否能担任职务。

（九）成本

活动成本的决定，是基于其支出与潜在收益。活动影响支出和收益的因素有：活动的范围；活动形式、场所、设施、设备与用品；活动领导者所需的专长；顾客的年龄和顾客付费的能力等。

（十）营销

营销是休闲服务机构与顾客间沟通的方式。沟通涉及沟通者、信息、沟通通道及观众。营销计划不仅放在全部活动规划的时程，它也必须自成一份完整的日（时）程表，规划师对于营销计划必须纳入相关专家意见，同时也必须熟悉有助于销售的人脉和资源。

（十一）活动分析

活动分析是将活动分段并检视其特性的过程。这过程提供规划者和顾客了解是否在安全和有效的原则下，有能力参与活动，同时显示是否符合顾客预期的目的和目标。故而，活动分析的功能，是提供必要的信息以检视顾客的需求与活动类型是否配合，进而成功地促进目的与目标的完成，可见，活动分析提供一套解释的方法。

（十二）风险管理

所谓风险管理属于预防性，而非问题之处理，事先表现合理关切和处理的方式，以减少或消除灾祸和危险。风险管理不只限于个别活动的计划，而是全面性的管理策略。依据风险管理合理的原则，建议休闲服务者，不仅应该详论可能发生的所有负面的情况，而且还要尽可能将存在的危害与问题提出计划并经训练后有能力控制。

（十三）特殊考虑的因素

必须考虑有些个别的需求，例如必须提供障碍者的休闲活动机会。其目的是针对个人，获取和改进休闲技能、培育表现自我、创造力、娱乐的能力与探险活动，并提供与残障者等平等与协调联系的渠道。

第十章
休闲活动规划的构思与设计

有了前章节的积淀，本章主要围绕两个内容：构思与设计。"构思"将援引"创意思维术"进行说明；这在实务运作上特别有用，有利于规划师更具系统性的创意发想，包括第一节的创意点子激荡策略，以及第二节的创意点子整合策略。"设计"则是学习如何撰写活动方案，这部分在第三节的规划师的撰写活动方案策略中呈现。

第一节 规划师的创意点子激荡策略

时时刻刻不停动脑、不停思考是培养策划力的首要方法，也是让创意能自由发想的一大源头，而在动脑思考之余，同时也需要培养规划师具备丰富的想象力，这些是人类思想的原动力，也是一切创意与企划的源泉。而创意不仅仅是一个点子，它应该是包含系统性的思考，是一个面、一个整体。激荡创意的方法很多，例如：莲花法、635默写式激荡法、脑力激荡法、鱼骨图、卡片法、列表法、焦点法等，本章主要介绍前面三种策略提供创意点子的激荡方法，供训练时应用。

一、莲花法的应用

莲花法就如同莲花的意象，通过创意发想，将置于中心的花苞随着创意形成外围一圈美丽的花瓣。若再持续开枝散叶，在印度还有另一种名称，名为"曼陀罗法"，取自于梵文大智慧之意。在此，我们统一称为莲花法。以下从方法简介、实施步骤与案例说明予以阐述。

（一）方法简介

1. 目的

莲花法为日本千叶市（Chiba）的克劳佛管理研究公司（Clover Management Research）的总裁松村（Yasuo Matsumura）所提出。为一种有助于扩散性思维的思考策略，莲花法的练习是利用一幅像九宫格的图，如图10-1所示，将主题写在中央，然后把由主题所引发的各种想法（概念）写在其余的八个圈内。

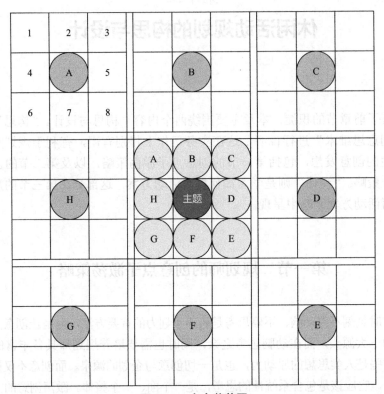

图10-1 空白莲花图

2. 参与者

预期产生创意点子的团队，三至四人为一组最佳，至多可到八人。

3. 时间

无特别限制，以完成莲花图的填写为原则。若时间较为紧迫，建议开始正式填写莲花法空格的时间为至少15分钟。

4. 必需品

印有莲花图表格的白纸、（彩）笔、白板、磁铁等。

（二）实施步骤

1. 步骤一：订定"中心主题"

每位讨论者手持一莲花图，并将讨论之主题或问题写于图中央位置。

2. 步骤二：子题创意发想

从中心主题出发，进行自由讨论、扩散思考、激荡创意。在图中"主题"四周的8个圆圈中（即A～H），把相关的想法（概念）填入，逐步完成"1个九宫格图"。

3. 步骤三：次子题创意发想

从图中"主题"四周的8个圆圈（A～H）出发，进行次子题创意发想。讨论者可就各个子题（A～H）再延伸出另外八个想法（概念），把它们填入标有1～8号码的方格内。四周的8个圆圈中（即A～H），把相关的想法（概念）填入，逐步完成"9个九宫格图"。

4. 步骤四：莲花图完成

参与讨论者可以重复上述步骤，不断延伸新的想法（概念），持续讨论，直到没有新的想法出现为止。

（三）案例说明

以创意思维术"莲花法"关于"老年人"的创意联想。团体练习，三至四人一组。

① 中心主题：老人。

② 子题创意发想——自由联想的方式包括下列两种，一种是"扩展型"莲花法（如图10-2）；另一种是"围绕型"莲花法（如图10-3）。

a. 所有子题皆与中心主题直接相关，如图10-2。

b. 由中心主题出发，先联想一个与主题相关的子题，再由该子题依顺时针或逆时针方向依次联想，如图10-3。

③ 次子题创意发想——仿照子题发想方式，次子题的联想也可有两种方法。

a. 所有次子题皆与子题中心直接相关，如图10-4。

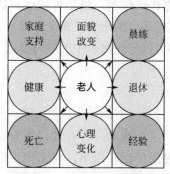

图10-2 子题创意发想图A

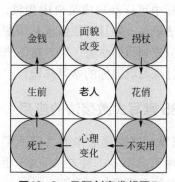

图10-3 子题创意发想图B

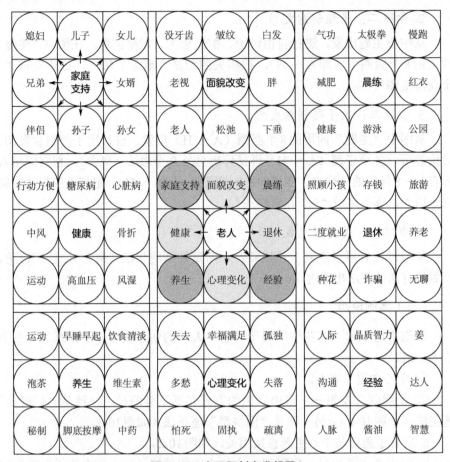

图10-4 次子题创意发想图A

b. 由子题中心出发，先联想一个与子题相关的次子题，依顺时针或逆时针方向，逐步完成次子题的联想，如图10-5。

上述步骤即为莲花法的运用过程，策划团队可依实际状况稍做调整，在练习过程中可让参与成员自由想象，不需任何限制，最后再把成员认为较适合的想法填入，并且可依需求从中圈选出较适合的想法（概念）即可。

各位规划师们学会了吗？接下来，你可以前往附录中的学习资源1练习一下，通过练习巩固你的学习体验。

二、635默写式激荡法的应用

635默写式激荡法中的"6""3""5"三个数字，各有其代表意义，由于此法使用工具不多，且方法简单，所以使用广泛。以下，将从方法简介、实施步骤与注意事项加以说明。

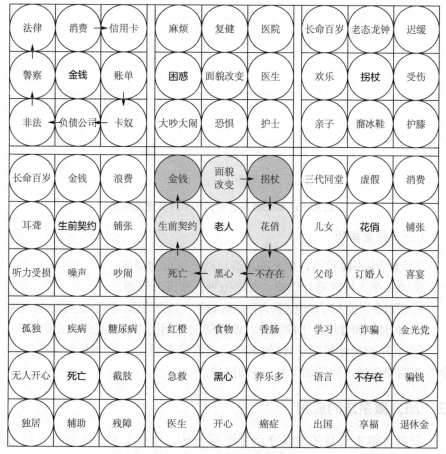

图10-5　次子题创意发想图B

（一）方法简介

635默写式激荡法是指有"6"位参加者，各提出"3"个想法，并在"5"分钟内完成的方法。是很常见的一种创意思维术，任何情境下都可以使用。

（二）实施步骤

① 以A～F代表6个人，每人都必须在面前的卡片上写出3个想法，并在5分钟内完成。在开始进行这个方法之前，先由出题者提示问题，如有疑问点，必须预先澄清。

② 5分钟一到，每个人都要像图10-6所示，把面前的卡片传给左邻的参加者。在第一个5分钟内，各人分别在传送到自己面前的卡片上填写3个想法，每隔5分钟传递1次，一共6次，30分钟为一个循环，由此每一个循环可以得到108个想法。

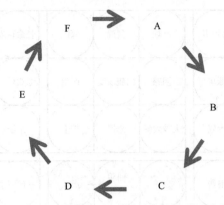

图10-6　635默写式激荡法卡片传递顺序图

（三）注意事项

① 过程中不能说话，大家的思维活动，可自由奔放。
② 由6个人同时进行作业，可产生更高密度的设想。
③ 可以参考他人写在传送到自己面前的卡片上的设想，也可改进或加以利用。
④ 不因参加者地位上的差异，或性格的不同而影响意见的提出。
⑤ 卡片的尺寸相当于A4的纸张，上面画有横线，每个方案有3行，共9个方案的空白处，分别加上1～6的序号。

三、脑力激荡法的应用

创意思维术其目的就是在运用不同方法，让所有与会人员进行脑力激荡；可见，脑力激荡法在创意思维术中的基础与核心地位。以下，将从方法简介、实施原则、实施步骤加以介绍。

（一）方法简介

脑力激荡法是指几个人集合在一起，围绕着某一个问题，自由奔放地互相提出意见或构想的一种会议形式，这种方法的目的是促进构想的发展。脑力激荡法是在1938年左右，由当时担任美国广告代理商副总裁的亚利士·奥斯朋（Alex F. Osborn）所提出来的。根据奥斯朋的意思，脑力激荡就是用头脑（brain）猛烈攻击（storm）问题的意思；脑力激荡法是结合众人智慧，创造性地解决问题，是最基本也是最重要的技术之一。

（二）实施原则

1. 基本原则与禁忌

使用脑力激荡法的基本原则是：严禁批评、自由奔放、多多益善、"搭便车"发展。不过，有些问题并不适合以脑力激荡法来进行，例如："应该或不应该办理这项活动呢？"或者"采用这种方法，是有益还是无益呢？"像这种只有一个解答或一种结论的问题，就不适合使用这个方法。适合的主题如："想要做……时，要怎么办才好呢？"再如，如何创造活力的生活？如何谋求生活品质的提升？相关类似的问题就可以很好的使用。

2. 参与者

凡是重视与会伙伴的意见及构想，希望努力培育出更好的意见或构想的人，都可以在依循上述基本原则的前提下，共同参与坐下来讨论。以十人至十五人左右（或更少人）为宜，参与者最好能事先知道讨论的主题。

3. 时间

大约是二十分钟到一小时，上午或下午都没有关系，邀请异质性高的人群前来，包括男性女性共同参与，效果较佳。

（三）实施步骤

1. 步骤一：订定讨论的主题

指定一位会议领导人或引导员（如果大家熟悉脑力激荡方式就不需要引导员了），分发参与者记录的卡片或指定记录人。

2. 步骤二：把构想写在卡片上的方法

① 一件事情或一个构想写成一张卡片；
② 横写的方式；
③ 用口语化的方式来写；
④ 写成一二行的程度；
⑤ 越具体越好。

3. 步骤三：整理卡片，并分组

由记录者把大家的发言记在白板上，或由主持人把卡片摊开来、排列整齐给大家看，大家反复阅读所陈列的卡片，把感觉类似的卡片集中，分散陈列的卡片逐渐被归纳成二三张一组或五六张一组的卡片组，把各卡片组加上标题（可以用颜色区分），再把相近的卡片组组合成更大的卡片组。

4. 步骤四：完成图表，讨论问题

把感觉接近的卡片组放置于接近的地方，用框圈起来或者画线，将那些卡片组的关系加以图解，把制作完成的图表贴在墙壁或白板上以利全员讨论或问题解决。

第二节　规划师的创意点子整合策略

前一节提到了如何利用创意思维术，如：莲花法、635默写式激荡法与脑力激荡法等激发创意的点子，而在汇集了众多发散出来的创意想法之后，如何通过快速有效的方法加以整合，这是本节的重点。整合的过程需要系统地归纳及聚敛，莲花法等重在发散点子或是创意发想，当团队成员中再也没有新点子出现时，则可开始进行点子收敛。本节将提供创意点子的整合策略，也就是聚敛的方法，供规划师参考及运用。

一、创意点子聚敛方法

以下，我们试着直接以上节所示范的莲花法为例子，尝试进行创意点子的聚敛，导出想要的结果内容。

（一）目的

将创意思维术所激荡出来的想法，加以归纳、聚敛，成为更有系统的方案或计划主题。

（二）参与者

同前节描述的莲花法成员。

（三）时间

无特别限制，以完成有系统的方案主题为原则。值得一提的是，整体活动时间避免过于冗长，时刻观察成员完成进度，见好就收。

（四）必需品

已完成的莲花图表格、彩笔、白板。

（五）实施步骤

① 将前章莲花法上所出现的72个想法列出来，如表10-1。

表10-1　莲花法所激荡的想法

中心概念	想法（ideas）			
老人	饮食均衡	太极拳	手机	延长线
	运动	义工	线上麻将	死亡
	土风舞	开水	落伍	新鲜

续表

中心概念	想法（ideas）			
老人	游泳	中药	益智游戏	家属
	晨操	清淡	科技	电子邮件
	旅行	更年期	钙质	蔬果
	高纤	无所事事	上网	维生素
	少盐	旅游	财务规划	回忆
	…	…	…	…

② 删除与中心概念相关性太远者，例如：由老人联想到新鲜、延长线等，如表10-2。

表10-2 删除较无相关性的想法

中心概念	想法（ideas）			
老人	饮食均衡	太极拳	手机	~~延长线~~
	运动	义工	线上麻将	死亡
	土风舞	开水	落伍	~~新鲜~~
	游泳	中药	益智游戏	家属
	上网	清淡	科技	电子邮件
	旅行	更年期	钙质	蔬果
	高纤	无所事事	晨操	维生素
	少盐	旅游	财务规划	回忆
	…	…	…	…

③ 寻找较相关的想法（概念），如表10-3。

表10-3 寻找较相关的想法

中心概念	想法（ideas）			
老人	饮食均衡	太极拳	手机	~~延长线~~
	运动	义工	线上麻将	死亡
	土风舞	开水	落伍	~~新鲜~~
	游泳	中药	益智游戏	家属
	上网	清淡	科技	电子邮件
	旅行	更年期	钙质	蔬果
	高纤	无所事事	晨操	维生素
	少盐	旅游	财务规划	回忆
	…	…	…	…

④ 再将步骤③中相关的想法（概念）加以整理合并，如表10-4。

表10-4 整合相关的想法

中心概念	想法（ideas）			
老人	饮食均衡	开水	清淡	蔬果
	少盐	中药	钙质	维生素
	高纤			
	运动	晨操	游泳	土风舞
	旅行	太极拳		
	上网	手机	线上麻将	落伍
	益智游戏	科技	电子邮件	
	更年期	无所事事	财务规划	义工
	…	…	…	…

⑤ 最后把上述合并的相关想法，归纳成一个主题（theme），为之命名，如表10-5。

表10-5 合并相关的想法

中心概念	想法（ideas）				主题（theme）
老人	饮食均衡	开水	清淡	蔬果	饮食
	少盐	中药	钙质	维生素	
	高纤				
	运动	晨操	游泳	土风舞	运动
	旅行	太极拳			
	更年期	无所事事	财务规划	义工	退休
	上网	手机	线上麻将	落伍	科技
	益智游戏	科技	电子邮件		
	…	…	…	…	…

⑥ 将相关联的主题合并，成为一个方案或计划项目主题（topic），如表10-6。

表10-6 合并相关的主题成为方案主题

中心概念	想法（ideas）				主题（theme）		方案或计划主题（topic）
老人	饮食均衡	开水	清淡	蔬果	饮食	→	预防疾病饮食疗法
	少盐	中药	钙质	维生素			
	高纤						
	运动	晨操	游泳	土风舞	运动	→	退而不休休闲运动生涯规划
	旅行	太极拳					
	更年期	无所事事	财务规划	义工	退休		
	上网	手机	线上麻将	落伍	科技	→	科技学习最佳银发族
	益智游戏	科技	电子邮件				
	…	…	…		…		…

⑦ 将前一步骤所得到的方案或计划主题放入方案规划系统架构范围中，方法有二：填入"方案规划"方格中或是填入"方案"方格中。而最后要设计成为多少的学习活动，则由规划师视组织、机构的大小及资源、人力而决定。

a. 填入"方案规划"方格中：若所整合出之主题范围较小，则可将其于架构之中的计划，如图10-7。

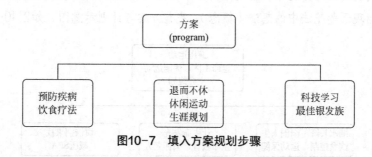

图10-7 填入方案规划步骤

• 在上述步骤⑥中，从合并整理出的主题中挑选3个较具关联性的主题，放入方案规划中。

• 修饰计划的用词，接着依计划之间的相关性，联想出具创意的方案名称，如图10-8。

图10-8　为方案及计划命名步骤

b. 填入"方案"方格中：若整合出之主题范围较大，则将其置于架构图中的方案，如图10-9。

图10-9　填入方案步骤

• 将步骤⑥中的主题"退而不休、休闲运动、生涯规划"填入方案，其下的计划内容或名称，可再运用其他创意发想方法（如635默写式激荡法），想出具有新意的计划名称，激荡方法可见前节介绍。

• 检视方案的名称以及相关的主题，把与主题相关的活动名称写在方案规划系统架构图的活动方格中，在这个阶段中，团队成员可回顾先前在进行创意发想时，曾出现于莲花法中的想法（概念）。完整方案与计划示意图，如图10-10。

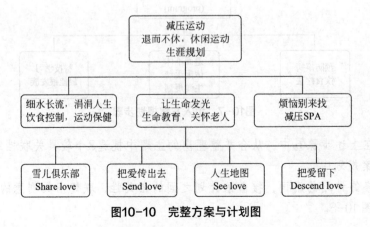

图10-10　完整方案与计划图

二、问题画布应用案例

问题画布（problem canvas）是一种用来描述问题、评估问题、沟通问题、重构问题以及呈现问题的通用语言和工具。某种层面来说，它也可以算是脑力激荡的一种形式，只是不同于脑力激荡的扩散性思维，问题画布则是通过框架以聚敛的做法将激荡出的思维显示出来。以下，将从方法简介、实施原则、实施步骤加以介绍。

（一）方法简介

① 问题画布主要参照"5W2H"模型，即谁的问题（Who）、什么时候发生（When）、什么地方发生（Where）、问题是什么（What）、问题的急迫性（How urgent）、问题的重要性（How important）以及问题的本质原因（Why）（如表10-7）。

表10-7　问题画布的呈现格式

谁的问题 （Who）	什么时候发生 （When）	问题是什么 （What）	问题的急迫性 （How urgent）	问题的本质原因 （Why）
	什么地方发生 （Where）		问题的重要性 （How important）	

② 问题画布的内容可在"5W2H"立意不变下，以问题本身性质与切身需求适当地改变其内文表述。其中，问题画布左半部分是对问题情境的描述，右半部分是对问题的分析，中间则是欲讨论的核心问题。

③ 问题画布依照内文表述逐一填写（在相对应的表格内逐一填写），可由个人填写或团体共同完成；若能搭配"思维导图""脑力激荡法"等创意思维术实施后再进行问题画布的填写，其效果更佳。

（二）实施原则

① 先由带领教师针对主题，以及所欲讨论的内容，对问题画布的内文呈现进行修改。例如：依据"老年休闲活动规划与执行"的理念与问题意识，其中心问题是"价值服务"，涉及"我怎样支持某人或群体"，左半部分关心的是我目前拥有那些资源，右半部分则自我分析如何联外合作，形成"老年休闲活动规划与执行问题画布"（如表10-8）。

表10-8　老年休闲活动规划与执行的问题画布

【重要合作】 谁可以帮助我	【关键任务】 我要做什么	【价值服务】 我怎样支持某人或群体	【伙伴关系】 怎么和伙伴合作	【其他效益】 我还能帮助谁
	【核心资源】 我是谁 我拥有什么		【渠道通路】 怎样宣传自己和交付服务	

② 根据上述问题画布，采取个人或团体方式填写完成，最好能事先知道讨论的主题。在团体的部分，凡是重视与会伙伴的意见及构想，希望努力培育出更好的意见或构想的人，都可以在依循上述基本原则的前提下，共同参与坐下来讨论。

③ 时间大约是二十分钟到一小时，上午或下午都没有关系，邀请跨领域跨专业的不同成员共同参与效果较佳。

（三）实施步骤

1. 步骤一：确定问题画布并说明填写方式

先由带领教师在确定问题画布框架及内文表述后，当场将问题画布的方法简介清楚阐述。

2. 步骤二：分发问题画布

指定每组一名会议领导人或引导员（如果大家熟悉问题画布填写方式就不需要引导员），分发问题画布至每组。

3. 步骤三：把构想写在问题画布上的方法

① 先找到最中心的格子并填写完成，再逐一思考左半边与右半边的格子。
② 横写的方式。
③ 用口语化的方式来写。
④ 写成一二行的程度。
⑤ 越具体越好。

4. 步骤四：完成问题画布，汇报分享并讨论问题

每组派代表简单扼要报告问题画布所完成的内容（5～10分钟），把制作完成的图表贴在墙壁或白板上以利全员讨论或问题解决。

第三节　规划师的撰写活动方案策略

在探讨完规划师的能力与点子发想后，就进入撰写活动方案的部分；它将承载了前两篇的知识体系，同时也将展现出你融会贯通的功力；它既包含了激荡思维，也有聚敛思维。本节首先阐述方案规划的架构图，以说明活动方案所应具备的撰写逻辑；其次，从策划书的撰写格式中，叙述方案的名称、目标、执行方式的撰写要领，供规划师参考。

一、方案规划架构

方案（program）包括一系列有次序的事件或相关的资讯，亦可用来指课程，或是一个计划或者非学术性的课外活动系统。方案包括相互关联的一组计划（plan 或 project），每一组计划又包含几个不同的教育事件或活动（event 或 activity），方案规划是一个透过规划、设计执行与评鉴，达到目标的过程，图 10-11 为方案规划的架构。

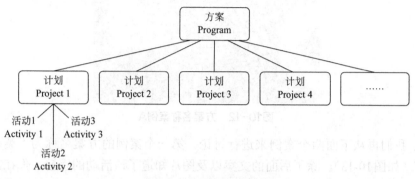

图10-11　方案规划架构图

规划师在进行策划时，一方面要很系统逻辑的思考方案与目标之间的关系，另一方面又要创思出各种可能的活动设计点子，同时要在系统与创意、创新之间，清晰的呈现。举例而言，规划师勾勒一套名为"老年人文化旅游"的方案（program），此方案包含了"时光穿梭""旅人食尚""古城晚会"等多个计划（plan 或 project），其中"古城晚会"又提供了"汉服雅乐""文艺诗会"等活动（event 或 activity）。因此，方案规划的架构，体现出方案、计划与活动三者的主次相对位置，这是点子激荡与聚敛的结果，也是撰写活动方案的设计概念。像是上两节所练习的创意思维术，就可以在计划或活动中一一展示，如上节的图 10-10 一样。

二、策划书的撰写格式

从第一章开始至此，已经将策划的前置作业做了详尽的描述，在本章节也谈到了规划人员能力的要求、激发策划创意的方法，以及策划目标市场的区隔。而接下来将介绍策划书的撰写格式。一份策划书的内容要求，须看策划的属性、组织的需求、活动的设计而有所调整。一般而论，策划书的内容大致包含下列模块。

（一）方案名称

一个策划案的好坏、其方案名称是否有创意、是否能够吸引人，都是影响策划案成败的关键。一个方案的门面就属策划名称，如果方案名称可以吸引阅读者的目光，便迈开了策划的第一步。

我们以图10-12为例。从这个方案名称可以很明确地让阅读者知道，这个活动的性质是什么，它是从事什么性质的休闲活动，以及开展方式。但是，这个标题名称并不令人耳目一新，或许我们还可以在前头加上一些排比句会更吸引眼球。

图10-12　方案名称案例A

我们再从下面两个案例来进行讨论。第一个案例的方案名称为"英雄之夜"（如图10-13）。除了后面的文案以及图片知道了该活动的宗旨，你在方案名称中是否能够清楚意会该活动的性质？第二个案例是"奇幻漂流，激情运动"（如图10-14），这方案名称似乎搭上了当时某部热门的电影。你觉得该策划的名称创意在哪里？优缺点又在哪里？若同样以方案为基调，你又会如何命名呢？

图10-13　方案名称案例B

图10-14　方案名称案例C

（二）情境分析

撰写策划时，必考虑到组织（个人）的内外部情境状况如何，所谓"知己知彼、百战不殆"。知道自己与他人的优缺点，整份策划书才能更臻完备。有关情境分析的方式，以SMOT分析为最常见，也最常被应用。SWOT分析主要是针对内部组织优势（Strengths）与劣势（Weaknesses），以及外部环境的机会（Opportunities）与威胁（Threats）来进行分析，可作为策略拟定的重要参考。所发展出的SWOT分析表如表10-9。

表10-9　SWOT分析表

	对达成目标有帮助的	对达成目标有害的
内部组织	优势（Strengths）	劣势（Weaknesses）
外部环境	机会（Opportunities）	威胁（Threats）

我们可以通过以下几个问题，来回答并完成这份分析表。

① 优势方面：方案特殊处是什么？我能做什么别人做不到的？

② 劣势方面：方案缺乏什么（资源、专业、协助……）？别人有什么比我好的？

③ 机会方面：我可以跟哪些领域或资源结合？我可以结合资源带来的哪些经验？

④ 威胁方面：环境最近有什么改变？最近市场上又有什么相似的方案？

（三）方案缘起

接续情境分析，便是需要跟阅读者介绍为什么你要做这份策划，其背景因素为何，大致上可以从大环境下叙述，逐一缩小范围至组织或个体。你可以从两个方面着手。

1. 分析现象的观点

规划方案需要了解提供服务的目标族群，我们称之为服务对象，当确认服务对象以及了解需求，才有可能进一步思考要在方案中提供哪些服务对他们产生帮助。对于服务对象"为什么有这种问题/需求"会有一套解释，而这个解释会牵动我们用什么方法解决问题，或满足需求。

2. 明确服务对象的需求

我们在进一步通过问卷调查、目标对象座谈记录，或是相关研究报告、其他机构活动数据等，来支持本方案的开展。

总之，方案缘起的部分必须深刻反映出方案：①有扎实深刻的内涵，具有专业性、持久性；②可以符合需求，反应潮流，具有实用性；③可以发挥组织内部资源，具有可行性；④可以整合外部资源，具有开创性；⑤可以和市场做出区隔，可以与众不同，具有独特性。

（四）方案目的（目标）

目的或目标的意义在于引导方案的实施，达到预期的成果，它同时也是整体方案及其计划或活动的基础。以目的性来说，叙述企划案长远的、理想的、最主要的核心目的为何，通过此策划案，所希望看到的未来景象，也是整份企划的大方向，乃是企划案撰写的成功要素之一。例如以高龄学习方案为例，"本方案分为预防疾病、运动休闲、科技学习三大计划，以达成健康养生、积极的成功老化的愿景"。

从计划与活动目标来看，规划师可以把计划目标再划分成各个活动的目标。目标的撰写至少必须达到以下标准。

① 计划目标最好是具体的。
② 计划目标最好是可以衡量的。
③ 计划目标最好是可以达到的。
④ 计划目标如果是一个以上，最好呈先后次序逻辑关系。

承上，目标撰写得好与不好，可以从以下8个问题检视。

① 计划目标与原方案构想、问题意识与目标群体需求是否有关？
② 计划目标是否反映了潜在参与者的先备知识、经验与能力？
③ 计划目标是否聚焦于方案的核心部分？
④ 目标是否具体、可行？
⑤ 目标是否在限定时间内可以达成？
⑥ 目标是否清楚传递了预期的成果？
⑦ 目标是否有意义？且为方案相关人员所感兴趣？
⑧ 目标是否可以测量？如何测量？

此外，我们通过表10-10的"目标差异与撰写参考"来比较计划目标与活动目标的差异，并提供举例说明，协助规划师理解双方不同之处。

表10-10 目标差异与撰写参考

	计划目标	活动目标
概念属性	承接方案目的，每个计划都与方案的整体性相关	锁定在个体，以及计划中细部的活动，彰显认知、情意与技能。大致上不脱四个范围 ① 获得知识、增进认知 ② 发展技能或体能 ③ 加强自我问题解决能力 ④ 改变态度信念和感受
举例说明："重新燃起退休生命的热情——老欢乐剧团"	① 加强退休人员能力，学习新知与充实生活 ② 研习后可以组成剧团巡回表演，帮助老年人走入人群以拓展生活圈 ③ 享受成果的喜悦与成就感，推广"活到老、学到老、乐到老"的理念，传承经验	① 通过方案一的研习班，让学员能组成一个表演团队 ② 定期到幸福院或孤儿院演出，把欢乐关爱带给大家 ③ 与社区或学校定期合作开展联谊性活动 ④ 吸引志同道合的老年人持续加入本行列

(五)方案架构

策划是一个系统化的流程,每一步都环环相扣。因此在进入策划书主体前,应先将执行过程予以流程化,让阅读者清楚明白此份策划的规划脉络以及进程。例如,一个完整的方案规划与执行可以如图10-15。

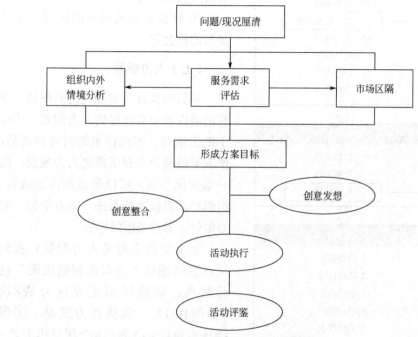

图10-15 方案规划与执行架构图

(六)方案内容

经过情境分析后,规划师就更清楚地知道,规划内容大致如何定位,也就是方案(program)内容的呈现。方案的范围可大可小,若方案所包括的范畴较大,宜再区分为各个计划(project)等,各计划可视实际情形加以增减,衍生出各活动(activity)。方案、计划、活动三者间的关系,可参阅图10-16。

另外,在设计活动时需考虑显性、隐性两部分的因素。

1. 显性——活动设计本身

① 有效性:是否能有效达成方案或计划目标。
② 可行性:是否考虑需投入的人力、物力、资源。
③ 实用性:是否考虑到服务对象的背景、需求与特性。
④ 创意性:每一种活动内容是否够创意,够吸引人。
⑤ 多元性:活动方式是否够多元、丰富。

2. 隐性——活动氛围的营造

① 物质：场地、教材、餐点、交通等。

② 心理：工作人员、讲师的态度，学员间的互动等。

③ 社会：多元观点的议题、平等参与的机会等。

（七）人力规划

策划的执行乃需要人力的规划，空有活动内容没有详尽的人力配置，将流于纸上谈兵。因此在策划内容呈现后，便需要将整份企划所需之人力规划，做一系统化呈现；可以是组织内部成员、组织外部直接支持系统（协办单位、委办单位、专家或顾问等）。

至于如何去思考人力配置？我们可以尝试通过"共赢机制圆饼图"进行思考。该圆饼图主要区分成8块（如图10-17），其操作方式是：①围绕真实项目；②列出8个利益相关者；③同时选出最重要的3～4个利益相关者；④设计共赢机制；如何在不丧失自主性的前提下与他人分享蛋糕。

（八）经费概算

除了人力的规划外，策划的执行最重要的是经费。任何策划案只要付诸实行，就一定会有预算的出现，经费的概算应该涵括支出与收入，才能让人详细知晓策划案的财务状况。

需要提醒的是，每位规划师在编列经费概算时，都必须要兼顾计算"财务可行性目标"。这是指从事开展老年人休闲活动中经济利润的获取。

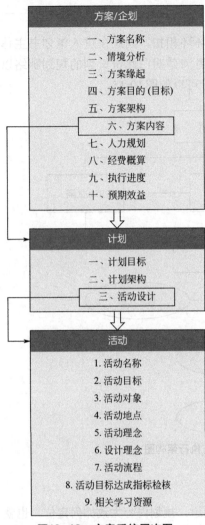

图10-16　方案系统层次图

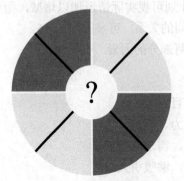

图10-17　共赢机制圆饼图

主要包含了三个部分。

1. 成本回收

指支付成本的能力,即总收入除以总支出的百分比。成本回收通常表示为某一时期内总收入占总支出的百分比。例如,25%的成本回收是指总收入覆盖了25%的成本。

2. 净利润与亏损

指盈利能力,即总收入减去总支出。正数表示利润,负数表示亏损。净利润/亏损反映在损益表中的最后一行。

3. 成本效率

指每个个体创造的价值,往往量化为每个个体的净亏损或利润,其公式为净利润除以受益人数。如果成本效率的数值是负数,代表每个个体为此方案带来的亏损;如果成本效率是一个正值,即为每个个体所产生的利润。

（九）执行进度

规划师规划出来的各方案,除了须在策划书呈现其内容之外,更应该陈述这些方案的执行时程,包括:什么时候构思、什么时候宣传,到方案执行前、中、后各个时间点须完成什么工作项目。

执行进度通常以甘特图来表示,规划师可依照企划性质、组织要求等来使用不同的表。以下提供甘特图范例（图10-18）,供规划师们参考。

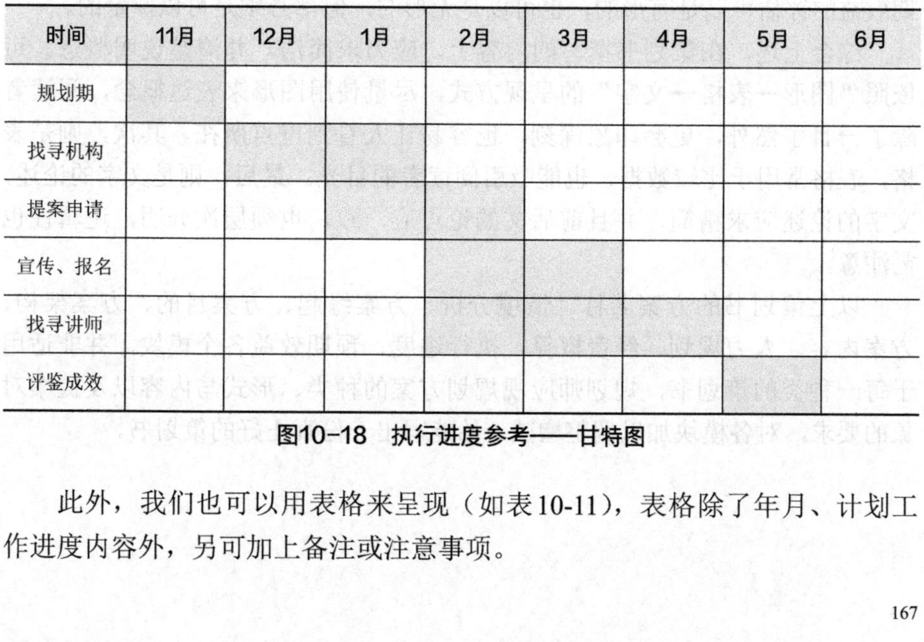

时间	11月	12月	1月	2月	3月	4月	5月	6月
规划期								
找寻机构								
提案申请								
宣传、报名								
找寻讲师								
评鉴成效								

图10-18 执行进度参考——甘特图

此外,我们也可以用表格来呈现（如表10-11）,表格除了年月、计划工作进度内容外,另可加上备注或注意事项。

表10-11　执行进度参考——表格形式

年/月	计划工作进度内容	备注
7月初	联系协办单位，进行协调工作	
7月中	订定课程目标、计划，拟订方案进行模式	
8月初	活动地点接洽与安排	
8月中	聘请师资及设计教材内容	
9月初	活动营销及宣传并公布招生讯息	
9月中	预计9月20日第一次举办社区说明会	
9月末	9月21日活动报名开始 报名期间为9月21日起，报满为止	学员40名为限
10月初	预计3、4日举办社区讲座活动	报名费600元
10月中	工作团队进行社区休闲计划	
10月末~12月	持续进行	
明年1月初	成效评鉴	
明年1月中	成果报告	

（十）预期效益

策划书的最后一个重点便是，必须对此份策划案的效益评估做说明。预期效益应该与方案目标相对应，才能前后呼应，使策划案更为完整系统。预期效益的评估可以是有形的，也可以是无形的，但都必须是可以衡量的。

综合上述，在策划书撰写的内容上，应力求简洁，并清楚说明概意。可依照"图形→表格→文字"的呈现方式，尽量使用图形来表达概念，阅读者除了一目了然外，更会印象深刻，也容易让人看到重点所在。其次，则是表格，表格常用于比较数据，也能吸引阅读者的目光。最后，则是文字的论述，文字的论述应求精简，并且前后文的论点应一致，也须层次分明，逻辑性也需注意。

以上策划书的方案名称、情境分析、方案缘起、方案目的、方案架构、方案内容、人力规划、经费概算、执行进度、预期效益各个模块，并非适用于每一种类的策划书，规划师应视规划方案的种类、形式与内容以及提案对象的要求，对各模块加以调整增减，始能写出一份真正好的策划书。

第十一章
休闲活动方案的创思畅想

或许,在没有接触本书之前,你可能以为老年休闲活动是灰白色的,像那年长者的发鬓;但阅读至此,相信你已经扭转了过去的想法,认为老年人可参与的休闲活动呈现出多彩多姿的颜色。本章,再继"休闲活动规划的构思与设计"之后,提出五个不同方面的老年休闲活动创思畅想:"创造愉悦——艺术文化活动方案构想""追寻新方向——教育学习活动方案构想""人生就是一场冒险——户外冒险活动方案构想""悦动你的身体——健康生活活动方案构想""花甲背包客——旅行体验活动方案构想"以及分享"另类策划——休闲治疗活动方案"。

当你阅读完本章后,你会更加确信,老年休闲活动方案百花齐放、千娇百媚,但也殊途同归——只为老年!

第一节 创造愉悦——艺术文化活动方案

全球的艺术热潮在20世纪70年代升温,大约是婴儿潮世代出生的人正好20岁出头的青年时期。艺术与文化活动丰富了人们的生活,社会的人际关系通过讨论或艺术创作经验的分享而活动。这些活动借由提高合作、容忍,以及在多元丰富性的认知中,提供建立彼此理解与欣赏的机会。艺术与文化活动能提供社会生活品质的全面改善,这些结果对于那些在寻找有意义的经验之婴儿潮世代的族群而言特别重要;尤其随着教育程度与薪资的提升,各层的人更热衷参与艺术活动。

一、创思方向

要记着就算是世界上最具启发性、创新性的计划,如果不被人们所了解的话,那么它们都是无用的。当你在创思这类创造性艺术计划时,你可能先要与自我对话。

- 释放心中的艺术家。
- 艺术对内心来说是有好处的（试试看你是否能够举证一个与强调参与创意性艺术活动，就可以使人减低压力与增进健康有关的研究）。
- 毕加索、莫奈、凡·高与老年人可以有什么共同之处？
- 邀请取出一支伟大的画笔。
- 制造"麻烦"吧！生活可以允许一些杂乱。
- 你最后一次真的搞砸事情是什么时候了？

接下来的操作，你得记得与你的"守门人"建立良好的关系。这些守门人可以是工艺品等艺术用品店员、艺术治疗专家、期待在教室课堂中融入新构想的学校行政人员和教师等。他们能引领或介绍你的方案计划给所谓的"热诚的主顾"（hot prospects）；也能帮你安排一个称职的老师去提升你的计划，让你的方案规划能够在他们的帮助下较完善的执行。

二、畅想方案

本节中所描述的艺术活动，将提供老年人参与一个更宽广的范畴，有些活动是比较具有社交性的，有些则是比较偏向教育性，还有其他是允许个体能自我表达的；而所有的这些活动目都是希望能锻炼老年人的头脑。

（一）推荐方案一：艺术拼盘

1. 概述

通过艺术去尝试多样的自我表达的方法。每周使用不一样的素材：素描、炭笔画、钢笔与墨水、卡通、水彩、亚克力画及陶艺。老年人可参加一个或全部的活动，并在课程最后，可以选择是否要进行艺术展览。

2. 目的和目标

① 认识各种艺术的媒材。
② 了解各种素材的特性。
③ 了解每一种素材的使用原则。

3. 时间与形式

八周，每周两小时。

4. 空间需求

依素材而异，洽询使用各类素材的指导老师。

5. 人力配置

每一堂课的指导老师，加入艺术学院的学生从旁协助更好。

6. 设备与教材

① 一份课程的材料清单。

② 所有参与者需要的桌椅。

7. 实施方式

① 假如每一次上课要在不同的地方进行，必须要提供给参与者详细的资讯，包含每次上课的时间表、地址与地点指南，并附上所需要的材料清单，以及材料取得的方法。

② 要求指导老师提供所使用素材的简短历史、使用的材料介绍、参考书目，以及参与者可以在哪里看到使用这些材料的实例（展示地点）。

③ 在课程结束后，可以在社区中心或镇上图书馆、幸福院展示作品一周（为那些想展示他们作品的人）。

8. 替代方案与注意事项

① 试着和社区的艺术机构合作，与当地的高中成为伙伴关系、在大学找寻空间及指导老师。通常在读研究生也在寻找能获得教学经验的机会。

② 和当地艺术家合作，来提升这些艺术计划。但是要记得：好的艺术家不见得是好的艺术老师。

③ 当地艺术材料或许可提供折扣给你，还有你可采购一些基本材料以外的东西让参与者使用。

④ 当主题可以被分享或讨论的时候，可加入一些"讨论时段"。可以是针对参与者认为有用的技术，对"现代"艺术的了解，用笔的技巧，或是像"什么是创造力？"及"你可以从何处得到灵感？"这样的问题。

（二）推荐方案二：国际食物

1. 概述

曾经猜想墨西哥饼（huaraches）或罗宋汤（borscht）尝起来像什么我们常见的食物？或是在哪里可以为你的印象食谱找到特定的香料？让老年人体会一点有关于国际食物、当地市场及备料器具的知识或经验。

2. 目的和目标

① 介绍与学习来自不同地域的食物。

② 去发现在哪里可以找到这些食物。

③ 从食物出发，联结某种文化经验。

3. 时间与形式

多样化的。为某种食物类型提供一个两小时或多单元的课程。

4. 空间需求

有桌椅的大房间。

5. 人力配置

一位协助员，以及能介绍各种食品和文化的客座讲师。

6. 设备与教材

① 所发送的资料袋中应该有：包括当地文化餐厅及食品市场的列表、一些国际食谱、该国际博览会（市集）的时间表、记事卡及一支笔。

② 提供各种国际性食物的样品或是试吃的午餐会。

③ 详细的投影片（或PPT）介绍，尽量提供具代表性的照片。

7. 实施方式

① 提供每种食物的文化的背景知识，以及该文化中食物如何供人食用。

② 为每一样食物提供营养价值的说明。

③ 提供烹饪类似食物的小技巧。

8. 替代方案与注意事项

① 每个团体可以分成更小的实践小组，参与者可以选择他们想体验的文化或食物。

② 下一阶段的课程可以准备一些国际食物给参与者享用。

（三）推荐方案三：初学者的民歌吉他之夜

1. 概述

想念乡村民谣歌唱会或民歌吗？总是想弹吉他吗？"银色年岁月"正是学习的机会！这节课中会使用老年人成长时最喜爱的歌曲作为教授弹、拨弦的基础练习。

2. 目的和目标

① 学习吉他的基础。

② 获得组织参与乐团的经验。

③ 重温年轻岁月的不羁时光。

3. 时间与形式

2～3小时的工作坊；依需求可定期每周举办。

4. 空间需求

具备声音共鸣作用的房间。

5. 人力配置

人力配置比例依据指导老师的经验及参与者需要来安排。

6. 设备与教材

① 吉他（在注册表上让学员登记是否自行带吉他）。
② 吉他拨片。
③ 吉他乐谱。
④ 让参与者可以带回家的练习表单。

7. 实施方式

① 让那些不想弹吉他或手指疼痛的人使用打击乐器，如铙钹或手鼓，以达到更好的效果。

② 安排熟练吉他的指导老师或演奏者，让他教几个和弦，让团体可以演出歌曲及唱歌。这个活动可以在多功能室，或是围着营火举行，依据你想达到什么样的氛围层次。

③ 让指导老师带领团体练习几个基本的和弦，然后参与者以小团体或个人的方式来练习。提供点心促进他们之间的交流。在一段时间的练习后，让指导老师带领团体去练习让人能联想起年少年代的民谣。参与者也可以为课程提供建议的曲子。

④ 以团体练得最好的曲子作为课程的结尾曲。给进步最多的、表现最好的演奏者，或是当日最佳精进奖的演奏者等诸如此类的奖项。玩得开心一些！

8. 替代方案与注意事项

① 这活动可以用典型的六或八周的课堂形式进行，可以是早上或下午时间举行工作坊，或一套连续的课程。在一系列的课程结构中，每一节课要包括一个特定的主题。例如：一堂课可以涵盖手持吉他和拨片、弹拨、几个和弦练习，及指法的练习；另一堂课则可以包含明确的和弦，及如何改变和弦；其他课程也可以聚焦在拨弦，以及如何照顾乐器。

② 可以在工作坊或课堂结束时举行一个团体"银色音乐会"。

③ 活动若在有营火的户外地点举行，将会有助于增加气氛，参与者需要

彼此坐靠近一点。另外，把吉他替换成二胡等其他中国传统乐器，更是不错的好点子。

（四）推荐方案四：世界电影赏析

1. 概述

世界其他地方的电影，在内容与形式皆可能不同于我们豪华精致的制作。来这里可以通过不同的角度来观看不同人群的故事。在国际电影节中的最佳影片将会被播放与讨论。在这一系列电影中，每周选择一个不同的国家和类型的影片来播放。

2. 目的和目标

① 学习有关其他国家及不同观点的影片。

② 通过影片了解文化。

③ 以影片为媒介，分享所传达的信息观点。

3. 时间与形式

八堂课程，每堂2～2.5小时。

4. 空间需求

一个有布帘、安静的并附有舒适椅子的场所。

5. 人力配置

需要专人介绍影片、放映影片并带领讨论。

6. 设备与教材

投影机、DVD等。

7. 实施方式

① 从影片的公信力（导演、国家、剧情大纲、得奖记录及参与哪个影展）的建立来介绍影片，在播放时可以指出待观察的角度。

② 影片看完后可安排简单的点心休息时间，然后引领大家讨论关于电影的剧情、特色、场景及文化的视角等。

8. 替代方案与注意事项

① 邀请当地大学从事电影研究的教授或是研究生，他们或许愿意带领讨论。

② 可以从影片的所述议题，找寻类似相关人士来引导电影观赏后的讨论。

③ 准备来自影片的制作国家的点心。同时，随着电影情节的高潮迭起，有时候需要留意老年人的情绪投入状况。

（五）推荐方案五：调味的莎莎舞（萨尔萨舞）

1. 概述

拉丁的莎莎舞是个有趣、简单易学的社交舞蹈。它可以是庄重的，也可以是非常火辣的。让老年人了解和广场舞一样，不一定要有舞伴。同时可以准备一些薯片及莎莎酱。

2. 目的和目标

① 学习一种受欢迎的舞蹈风格。
② 了解舞蹈在文化中的角色。
③ 在一个具有趣味性的社交环境中运动。

3. 时间与形式

系列课程，每次1.5～2小时，端视老年人可负荷程度。

4. 空间需求

一间可以跳舞，也有舒适座位的房间。

5. 人力配置

1～2位指导老师。

6. 设备与教材

莎莎舞音乐、喇叭、无线麦克风（如果参与者的数量很多）。

7. 实施方式

① 在第一堂课，可以放映DVD来说明莎莎舞的各式动作及舞步。每周你可以预览下次课程。
② 莎莎舞如能搭配着装饰物与服务（如果想要的话），能制造一个绝佳高潮的活动。

8. 替代方案与注意事项

为增加兴趣，提供一些薯片及莎莎酱。

第二节　追寻新方向——教育学习活动方案

很多强而有力的研究理论已为教育活动规定奠立基础，包括脑部研究及终身学习层面。相较于没有继续学习的高龄者，终身学习者自述其晚年是更健康、更快乐的。事实上学习不必拘泥在正式的教室内进行，很多婴儿潮世代的高龄者喜欢的学习方式是"置身其中"（in the field），教育活动可以随时进行，例如在散步时、在农田里、在厨房里、在湖边或甚至在家门前的人行道旁，都是终身学习很好的规划场所。

学习可以用各种不同的形式进行，遵循着经验教育模型：即"观察-动手做-教授"（observe-do-teach）一系列步骤。休闲游憩专业人士也利用经验教育模型，应用在婴儿潮世代的老年人身上，相信也会有很好的成效。婴儿潮世代族群已经经历了很多"观察-动手做"（observe-do）的阶段，现在已是让他们的大脑进入经验教育模型"教授"（teach）阶段的时候了。

一、创思方向

仔细想想，除了传统的游戏宾果（bingo）与扑克牌外，找出最近什么是新的与最热门的传统游戏。记住，对于游戏的热情，不是只有在玩的时候才有，还要培养与他人比赛的兴趣，甚至一起到外地参加游戏比赛。可以请教一些游戏社群，获悉它们如何得到游戏参与者的热情支持，同时帮助这些游戏社群吸引更多婴儿潮世代族群加入他们的俱乐部。

当新设计课程行销策略拟定时，别害怕积极地、广泛的宣传，婴儿潮世代族群或许正主动地寻找可以维持或改善大脑功能的新颖课程。但是有一点需要留意，婴儿潮世代族群可能不了解你提供的课程种类及内容，尤其是需集中精力的新课程，他们更不容易明白了。此外，可扩大与其他机构合作范围，而不是与相关老年教育机构（如老年大学等）相抗衡，让我们的课程也成为老人教育可靠的资源之一。

二、畅想方案

以下将介绍几种不同形式的教育活动规划构想，包括最新的通信科技介绍，以帮助婴儿潮世代族群与年轻世代的世界接轨，或应用科技产品做他们想要的娱乐活动。教育学习活动方案若是结合社会因素，将更能满足人生各阶段的议题，例如："二人餐饮"就是与空巢期与少子化等社会因素相关，下列这些教育活动构想均涉及大脑运动层面，但部分是为特殊目的所设计的。

（一）推荐方案一：二人餐饮

1. 概述

孩子均已长大离家，家中仅剩长辈二人，学习改变烹饪技巧，只准备二人份的餐饮，为二人准备好吃的、健康的食物。

2. 目的和目标

① 学习如何改变旧的购物和烹饪习惯。
② 选择购买品质佳的食物。
③ 学习为多餐采买食物，而不是只买一顿的食物。
④ 为二人收集营养健康、风味佳的食谱（最好委由专业营养师设计）。

3. 时间与形式

每次 1.5～2 小时。

4. 空间需求

配有厨房的教室，以方便参与者观摩和实操。

5. 人力配置

指导者。

6. 设备与教材

① 食材。
② 烹饪用具（量杯、汤锅、平底锅、汤匙、抹刀、搅拌器、茶匙等）。
③ 一般炉子、普通烤箱与微波炉。

7. 实施方式

① 准备包括可多餐食用的水果、蔬菜与肉类食品的相关信息。
② 课程开始时，提供课程相关资讯，随后进行课程示范和让参与者实地操作演练，同时课后需准备本次课程食谱，让参与者带回家。

8. 替代方案与注意事项

① 当地幸福院或敬老院可能有烹饪教室开放（聘任当地学校烹饪教师为指导员，或许有助于课程进行与安排）。其他烹饪地点选择，还可考虑包括与当地小饭馆合作。
② 可办多种不同主题的烹饪课程：二人素食餐、牛肉餐之夜、炒鸡肉、搭配鲜蔬与简餐。
③ 对婴儿潮世代族群而言，烹饪课程成功的关键在于示范如何在同样的食材上，做些许料理方式改变或附加其他食物，再准备各种的烹饪方法与药草和香料，即可做出不同口味的美食。老夫妻的两人餐饮，应学习精准掌握食材，以杜绝"舌尖上的浪费"。

（二）推荐方案二：拍卖网站

1. 概述

没体力到传统市场或提不动菜篮吗？在实体商店中找不到某些特定的礼

品吗？想要卖掉家中某些再也用不到的物品吗？学习如何使用拍卖网站和网络商店超市。

2. 目的和目标

① 学习拍卖网站的操作方式。
② 实际动手使用拍卖网站。
③ 体验新科技。
④ 意识到在网络购买与贩售物品的风险。

3. 时间与形式

每次2小时。

4. 空间需求

有WiFi，可以联上网络的教室。

5. 人力配置

一位活动指导员。

6. 设备与教材

① 个人手机。
② 活动指导可以示范教学的投影布幕。
③ 操作示范的课程讲义。

7. 实施方式

① 较常使用且具公信力的拍卖网站、网络商城及超市介绍。
② 教学参与者如何连上拍卖网站并使用。
③ 在实际操作过程中，协助参与者解决各种问题。
④ 列出拍卖网站潜在风险与如何降低风险。
⑤ 解答参与者在实际生活中可能会面临的问题。通过"拍卖网站"活动方案，让老年人享受有节制的网络购物。

8. 替代方案与注意事项

参与者可以参加其他有关网络售卖与购买网络商品的课程，但需让参与者了解到网络的风险、可能的诈骗以及保护自己的方式，特是那些提及要扣款、跨国线上交易支付平台、未被证实的地址、按链接后有回馈点数的、国际货运、快递、核对新的卖主、付款地址与送货地址不同与其他潜在性的陷阱都需留意。

（三）推荐方案三：用试算表安排日常事务

1. 概述

妥善安排车子共乘、账单缴纳、日常需外出办理之事、做家事等日常生活事务，学习如何使用试算表（Excel）的空白表格安排时间，让老年人的生活更容易些。

2. 目的和目标

① 学习使用试算表电脑软件。
② 学习和应用安排试算表空白页。
③ 学习在家使用试算表软件。

3. 时间与形式

每次2小时。

4. 空间需求

多媒体计算机教室（在资讯教室操作会较佳），或携带个人计算机。

5. 人力配置

安排一位活动指导员和几位助理，个别单独协助参与者。

6. 设备与教材

① 个人电脑。
② 打印机。
③ 可与电脑连接，整个教室都可看到的投影屏幕与投影仪。

7. 实施方式

① 讨论学习使用试算表的好处。
② 指导操作试算表软件。
③ 示范如何将日常事务运用试算表软件安排。
④ 一步一步指导参与者建立个人试算表空白页。

8. 替代方案与注意事项

参与者建立个人试算表工作页后，可将任务栏印出或储存，以备将来使用。

（四）推荐方案四：饲养宠物

1. 概述

宠物带给我们很多乐趣，但也可能带来疾病，学习适合或新的方法照顾特别的朋友：打扮它、喂它健康的食物、鼓励它运动与和它玩，让老年人知道如何照顾生病的宠物、如何带它去给医兽诊治与在家如何照顾它（例如不能给狗吃巧克力或含乙酰氨酚的食物，这个知识知道吗？）。

2. 目的和目标

① 学习打扮宠物的技巧。

② 为宠物寻找可替代的健康食物。

③ 学习与宠物一起做适当的运动和玩耍。

④ 知道宠物需要医疗照护时的征兆和症状。

3. 时间与形式

四堂课，每次1～2小时。课程包括：宠物打扮、健康食物、运物与玩耍，以及学会知道何时需带宠物去看兽医。

4. 空间需求

要有足够空间容纳没有被关着的宠物，并能把他们彼此分开。

5. 人力配置

每堂课均需一位具备兽医专业知识的教师或指导员。

6. 设备与教材

① 示范如何使用打扮宠物的工具。

② 赠送宠物用的家用食材制作讲义。

7. 实施方式

每堂课必须有一位专家指导授课。

8. 替代方案与注意事项

① 一份免责同意声明书，详载饲主或登记者，需随时随地控制他们的宠物。

② 我们建议把宠物分类，例如分成爬虫类、两栖类、鱼类、鸟类、猫科、犬科与啮齿动物科。一位专业的兽医，可以教授有关动物健康食物与专业知识的课程，包括如何准备动物日常食物与照顾动物。

③ 专业的兽医需在授课中告诉饲主如何知道宠物需要去看兽医、接种疫苗、安全家庭照顾等相关知识。宠物饲养者也许可以函授宠物打扮的课程。

④ 动物管理者（可能是蛇等爬虫类生物学家）可以给予动物适当的运动指导，同时也必须让饲主了解动物的生理学和新陈代谢常识。

（五）推荐方案五：数独（Sudoku）解谜

1. 概述

已经有许多老年人沉浸在数独的游戏中，到底数独有什么特别的吸引力？让更多老年人学会如何玩这种普遍的、又极益智的逻辑游戏。

2. 目的和目标

① 了解数独这种逻辑游戏的益处。
② 熟悉游戏的各种形式（其他还有中文成语数独游戏）。
③ 学会玩这种类型的游戏。
④ 借由玩游戏，运用多种技术解决难题，让大脑运动。

3. 时间与形式

每次1.5～2小时的小型研讨会。

4. 空间需求

配有桌椅的安静空间，大小能让指导员四处移动，以给予参与者协助。

5. 人力配置

一位老师搭配6～8位参与者。

6. 设备与教材

① 用不同颜色或胶带标记数独格子的大白板。
② 为每一个参与者准备三个不同形式或难度的数独游戏（难度可分为：非常简单、简单与中度）。
③ 为参与者准备带有橡皮擦的铅笔。
④ 列出更多信息来源：如数独书籍的样本。

7. 实施方式

① 说明数独背景因素和历史。
② 展示并解释数独的格子和布局。
③ 陈述目的和规则。
④ 示范解决的对策。
⑤ 当参与者从简单的数独游戏开始玩，需要时给予参与者个别的指导。
⑥ 解释更进阶的游戏策略。
⑦ 当参与者进阶更难的数独游戏时，适时提供协助。
⑧ 提供可带回家玩的数独游戏和查阅的资源。

8. 替代方案与注意事项

① 可使用画有数独格子的透明投影片，或直接把数独印在透明投影片上。

② 使用画有大的数独格子的纸张，即使是报纸的分类广告宣传单，都可以来玩数独。

第三节　人生就是一场冒险——户外冒险活动方案

户外游憩之所以不同于一般游憩，在于对大自然的依附关系。例如：湖、溪流与河流是提供钓鱼、划船、独木舟及激流独木舟最佳场所；其他的自然资源确保我们可以享受健行、露营、欣赏落叶、赏鸟等活动。这种与自然不可分割的特性就是户外游憩与其他活动的区隔特质。

对喜爱户外冒险游憩的婴儿潮世代族群来说，在挑战自我时有两项重点必须注意：第一，追求极限时，风险必须是评估计算过的。婴儿潮世代族群不是专家，所以需要有经验的老师或向导，有品质的装备，安全器材及意外发生时的应急措施，而且要有适合的保险。第二，婴儿潮世代族群喜欢"柔性的冒险"（soft adventure）。他们不在意辛苦、弄脏衣服，但是一天结束后，他们也期待能享用一顿美餐，也许应来杯美酒及有舒适的床。换句话说，偏好柔性冒险指的是较短的行程比长天数的活动更吸引人。

一、构思方向

当策划与执行户外冒险活动时，应注意下列重要事项。

（一）你可能不够客观

身为规划师，你不可以忘了一个户外新手的心路历程。你必须从老年人的角度出发，否则没办法客观地去设计一个可以成功吸引新客户的方案内容。一切都必须以符合当事人的认知与身心状况去设计。

（二）安全第一

老年人不再像年轻人那样能跌耐摔，他们知道自己的底线与能力，因此在尝试新的、具风险的活动时会有所顾虑与担心，因此要强调活动与器材的安全性。

（三）活动前体验

可以思考在活动前免费提供一些"体验活动"，例如举办一场专门给老年人的雪上体验日。

(四)节流

户外休闲通常需要昂贵的器材。协助想要从事户外休闲的婴儿潮世代族群去取得所需要的器材,比如可以与当地的经销商或商家合作,让婴儿潮世代族群可以租借器材或者享有"试用"的福利。

二、畅想方案

下列的活动可以作为设计婴儿潮世代族群户外活动时的参考。冒险有许多面貌而且也不一定要涉及真实的高风险——只需控制知觉风险(perception of risk)即可。记住婴儿潮世代族群倾向喜欢以小团体活动,且可以加入教育的元素,比如装备、保育及社交元素。此外,额外设计一个下午茶时间,使之可以坐下享用食品、聊天、重叙冒险经验,让它更令人难忘。

(一)推荐方案一:健行

1. 概述

在健行的过程当中有太多可以观察、发觉及学习的地方了。老年人如果加入我们山径的健行,活动结束时会有一个美味且休闲的餐点。

2. 目的和目标

① 想要投入一个具有身体运动且知识性的活动。
② 社交联谊与体会互助合作的存在感。
③ 练习问题解决能力与领导能力。
④ 学习设备器材使用与导航能力。

3. 时间与形式

半天或一天。由老年人体力与环境状况决定。

4. 空间需求

标示清楚的健行路线。

5. 人力配置

每位指导员带领6~8位参与者,可依参与者能力调整。

6. 设备与教材

① 安全器材:急救包与合适的健行服装。
② 午餐餐点与行动粮。
③ 导航工具。

7. 实施方式

① 提供一个行前说明会。

② 安全计划流程讲解。

③ 依照能力建立一个伙伴系统。

8. 替代方案与注意事项

① 任何安全的路径都可以使用。

② 可增加一些冒险活动或者是信任建立活动。

③ 可增加刺激五感的活动。

④ 参与者可以自行设计,或是增加一个可以自由安排的环节。

(二)推荐方案二:寻宝游戏与"北斗导航"

1. 概述

寻找宝藏。可以把宝藏带回家,并留一个自己准备的宝物让下一个人也有寻宝的乐趣。穿着登山鞋并带着一些物品(诗、图画、小塑像或是信)于活动中置入箱内。过程中请穿着适合户外的衣物。

2. 目的和目标

① 学习使用"北斗"户外导航。

② 去探索野外地区。

③ 建立社交友谊关系。

3. 时间与形式

2～3小时的时间。

4. 空间需求

一个户外的地方,最好有地形变化与有趣的地方。

5. 人力配置

须有1名领队与熟悉救护的工作人员(以防万一有人受伤或意外)。

6. 设备与教材

① 下载手机导航系统。

② 地图。

③ 急救箱。

④ 饮用水。

⑤ 适合户外天气之衣物。

⑥ 行动粮。

7. 实施方式

① 描述寻宝活动的目的、历史及刺激性。
② 教导参与者如何操作导航系统。
③ 进行活动的安全讲解与规范。

8. 替代方案与注意事项

① 在活动开始前，领队必须亲自走过整条路线，以便了解附近地形与适合藏宝的定点位置。
② 也可以试着玩一场"撕名牌游戏"。

（三）推荐方案三：入门登山车

1. 概述

期待在森林中骑自行车冒险吗？请跳上登山车加入我们进行一趟很棒的而且不限经验的自行车之旅。

2. 目的和目标

① 享受一个户外的休闲经验。
② 享受人际关系互动。
③ 学习一项将来可以从事的休闲活动的知识。
④ 锻炼心智与体能。

3. 时间与形式

一个3小时的时段。

4. 空间需求

有自行车道的户外公园及游憩地区。

5. 人力配置

一名指导员。

6. 设备与教材

① 安全器材（安全帽、护垫、急救包以及维修包）。
② 有避震器的登山车。

7. 实施方式

① 登山车概述。

② 复习登山车构造及操作。
③ 教导有效率的骑乘。
④ 强调安全及骑乘礼仪。
⑤ 示范如何骑乘。
⑥ 让参与者在平坦地区练习。
⑦ 当参与者准备好了即可进行初阶的团体骑乘。

8. 替代方案与注意事项
① 途中可以进行导览，解释公园的历史等。
② 提供参与者相关登山车团体资讯与登山车道。"入门登山车"活动方案适合缓坡路况，因此事前场勘是很重要且必要的。

（四）推荐方案四：给大人的夏令营

1. 概述

当你帮你的孩子打包并送往夏令营时，是不是自己也想要再次回到夏令营？或者你从来没参加过夏令营，现在机会来了。我们专为老年人打造一个童心未泯的营地。可以在湖里游泳，做饼干夹着棉花糖与巧克力的甜点，唱歌，在篝火旁诉说自己的故事。

2. 目的和目标

回忆儿时露营记忆；不需要有太多的目的与目标。

3. 时间与形式

大约是一天半的时间（星期六早上抵达，星期日午餐后离开）。

4. 空间需求

有通铺的舒适露营区或小木屋、淋浴间、滨水区及健行路线。

5. 人力配置

1名队领队搭配10位露营者的人力分配（包括专家，如独木舟、射箭及手工艺指导员），别忘了营区应有的厨师与护士。

6. 设备与教材
① 床垫或睡袋（由参与者自行准备）。
② 食物、食物及更多的食物。
③ 手工艺品材料。
④ 运动器材，像是排球、独木舟及射箭器具。

⑤ 乐器，如吉他、口琴、铃鼓。
⑥ 准备营火故事，以及20世纪60年代的歌曲或是人人都能哼上两句的歌。

7. 实施方式

① 介绍营区设施与安全逃生方向，包含风险管理。
② 进行例行性的夏令营活动，另外也安排时间进行水上活动、手工艺品制作、健行、游戏及竞赛（小木屋布置、趣味竞赛、沙滩排球、平面游戏）。
③ 介绍营区时包括歌曲教唱，在每餐前、营火旁及离营前唱一次。
④ 提供新鲜与健康的轻食与点心。
⑤ 为了预防恶性天气，事前准备一些室内的后备活动与游戏。
⑥ 准备营区的臂章、徽章及领巾让露营者带回家做纪念。

8. 替代方案与注意事项

① 在不用开车的情况下安排品酒活动。
② 让参与者在抵达营区前几星期预选一些游戏活动。"给大人的夏令营"活动方案的氛围营造，将能使老年人共同拥有美好的夜晚。

（五）推荐方案五：冒险旅游——初级泛舟

1. 概述

一点冒险、一点行动、很多阳光。冲刺激流或者顺流而下。在正式参加活动前得先参加一个激流泛舟的练习课程。

2. 目的和目标

① 参与一个可能极具挑战的体能活动。
② 社交经验。
③ 学习新技术。

3. 时间与形式

半天或一天（练习课程、行前会议跟实际行程皆需要）。

4. 空间需求

① 行前会议所需之大空间。
② 合适的河流。

5. 人力配置

1名向导带领4～6名参与者。

6. 设备与教材

① 摄影和摄像设备。

② 安全器材、急救包。

③ 头盔与护具。

④ 合身的救生衣和鞋,以及防寒衣(如果溪水冰冷)。

⑤ 船与桨。

⑥ 食物与水。

⑦ 干的衣物。

⑧ 其他个人用品,如防晒霜。

7. 实施方式

应该针对初学者的需求与能力来设计、执行活动,提供教学影片。在教室或运动场上练习基本泛舟动作。参与者会被告知安全相关事项(如何安全地把落水的人拉回船上、如果没办法立即回到船上如何在河里自保、当船进水时或被石头卡住时应如何处理等)。半途会停靠上岸吃午餐并休息。

8. 替代方法与注意事项

① 向导会指定一个人协助负责,这趟旅程是享受冒险而非过度刺激。

② 在午餐休息时,参与者可以进行自然观察或到小溪里玩玩。

③ 可在行程结束后或者二周内的聚餐时展示参与者的影片或照片。

第四节 悦动你的身体——健康生活活动方案

热衷健身运动是婴儿潮世代族群主要的共同特质之一。如前面章节所示,他们显然致力于追求年轻的感觉,想要活得更加健康与长久。为此,婴儿潮世代族群拥有坚定的心智意念、不自我设限,也不允许老化的过程对他们的生活造成负面的影响。婴儿潮世代的族群相信他们将会比上一代的人更加长寿,并且在退休后享有更为健康的生活方式,例如:锻炼身体和正确的吃喝习惯。

正因婴儿潮世代族群是计划性地怀抱着学习新事物的意愿、征服挑战的渴望及对教育和文化的热情,迈入他们的退休阶段与从事喜爱的休闲活动;因此在为这个独特的族群研拟健康生活方案时,这些因素都应该被纳入考虑。

一、创思方向

相信没有任何一位婴儿潮世代族群的成员会不知道积极的生活方式和运动对于我们的身体有所帮助,但是,这并不意味着每个人也会即刻行动。有几个方向是规划师可以导入的元素。

(一)增加些挑战

促进婴儿潮世代族群参与或更好开展健身和运动性质的活动,可以在方案中设计一些挑战,而这些挑战的设计可以侧重老年人的专长;使其不会因为现今缺乏敏捷性、灵活性、平衡或耐力而感到沮丧。

(二)留意细节

多数老年人在人前穿着泳衣或贴身运动服会感到不安与难为情,特别是对女性而言。因此,可以尽量在方案设计中加入私密空间。

(三)与外部资源结合

与其他健身中心、健身俱乐部及运动课程携手合作,将可以扩大你的营销对象。经由资源的配合,可以确保为服务区域内的所有婴儿潮世代的客群提供完美、综合且多样化的健身活动课程。

二、畅想方案

身体活动(physical activity)对于生理、心理及大脑功能健全是必要的。下列的活动方案示例能帮助老年人让身体动起来。这些活动包括运动与健身,且通常与自我照顾有关。

(一)推荐方案一:银发啦啦队

1. 概述

请老年人拿出网球鞋、抖落彩球上的灰尘,快加入啦啦队吧!无须相关经验,只要乐意学习、享受当下,而且摇摆你的身体,个个都是美丽的绽放!而且我们将于每年9月28日"终身学习日"及重阳节大会上表演。

2. 目的和目标

① 在活动身体的同时享有乐趣。
② 通过学习新的律动活化心智。

3. 时间与形式

在终身学习日及重阳节的前6个月内,进行每周三次、每次练习2小时。

4. 空间需求

铺设木质地板的大型空间。

5. 人力配置

由教练编舞（曾领导啦啦队舞和主修舞蹈的大学生或许是合适的人选）。

6. 设备与教材

① 制服和道具，如彩球（由参与者自备）。
② 音乐设计，例如立体音箱。

7. 实施方式

① 啦啦队练习应先教导基本动作和安全守则，而后才在后续课程中进行舞步教学和演练。
② 举行正式队员选拔比赛。
③ 若参与者愿意挑战，则可以参加重要节日的表演。

8. 替代方案与注意事项

① 参与者必须提供医生证明，确保其参加资格（身体健康）。
② 避免跳跃动作；舞步以配合音乐和欢呼声为主。
③ 可在篮球赛中场休息时间或社区活动中表演。
④ 可以募款购买制服。开展银发啦啦队活动时，可先体贴地询问参与者的着装要求与接受度。

（二）推荐方案二：游戏机（Wii）运动系列

1. 概述

在运动游戏中打败你的朋友！即使你从没玩过这项运动。游戏机Wii能够在不伤及膝盖或背部的情况下模拟多种运动，包括网球、保龄球、足球。找朋友一起来场非正式的比赛吧，或是加入一个老年Wii联盟。

2. 目的和目标

① 保持眼睛协调性和锻炼大脑。
② 适度地锻炼手臂。
③ 与他人社交。

3. 时间与形式

一场1小时的团队竞赛。

4. 空间需求

净空场地，约3m×3m大小。

5. 人力配置

如果大家都知道规则，那么仅需安装软件的人员。

6. 设备与教材

游戏机和其他配件；电视。

7. 实施方式

把游戏规则字体放大并张告示。

8. 替代方案与注意事项

① 这项活动最适合以小团体状态进行。
② 可以分组竞赛，并公布成绩。
③ 各团队可在其方便时独自进行游戏，竞争对手无需同时在场。
④ 可以公布积分排行榜。游戏机Wii运动系列不只让老年参与科技趣味活动，还是很好的手眼协调复健。

（三）推荐方案三：瑜伽提斯

1. 概述

减轻压力与提升平衡感、柔软度、肢体伸展度和体力。平静、感受愉悦！瑜伽提斯巧妙融合瑜伽和普拉提，使全身和心灵皆达致良好的状态。

2. 目的和目标

① 减轻压力。
② 增加柔软度和身体伸展性。
③ 改善平衡感。
④ 增强体力。

3. 时间与形式

每周1～3堂课，每堂课1小时。

4. 空间需求

恒温安静的房间，以及足以让所有参与者以最少一个手臂间隔的距离躺下的空间。

5. 人力配置

认证合格的指导员。

6. 设备与教材

设备可自行携带，或提供无设备者下列品项。

① 地垫。
② 毛毯。
③ 普拉提健身砖、伸展带。
④ 另有音乐器材，如CD播放器或音箱等。

7. 实施方式

善用社区当中具有良好声誉的经认证合格的老师所提供的服务，请老师设计课程和一系列的活动。

8. 替代方案与注意事项

每个人都有不同的身体周期性，排定不同时期的课程以符合不同的需求。

（四）推荐方案四：自我身体管理计划

1. 概述

用简单的方式保持体态和吃得健康。这项计划将帮助老年人了解何时、为何及如何运动，也将学到吃些什么与如何饮食才能保持健康。该方案将为老年人量身打造容易管理与执行的健康计划。

2. 目的和目标

① 拟订适合个人需求的健康饮食计划。
② 拟订适合个人需求的健身运动计划。
③ 拟订测量成效的可行办法。
④ 拟订遵循健康计划的个人策略。

3. 时间与形式

两个十周的课程，每次1～1.5小时。（可能的课程主题列在"实施方式"中）。

4. 空间需求

会议室。

5. 人力配置

每个主题设置一位指导员。

6. 设备与教材

① 符合老年人体工学的桌椅。
② 视听设备。

③ 讲义。
④ 健身带与健身球示范品。

7. 实施方式

每堂课都应规定不同重点，并由该领域专家来上课。可能的主题包括：为何运动（益处）、运动与大脑、衡量BMI值、设计目标、认识营养标签、食品药物管理局的新饮食指南、饮食相关的书籍（含优缺点）、肢体运动的重要性、建立日常支持系统、回归健康生活、保持动力与积极性、建立伙伴制度、计算目标达成率、使用健身带、安全地使用平衡球、处理肌肉酸痛、如何吃得更健康、如何更意识到你吃什么、找出暴饮暴食的原因、在任何时间和地点如何简单地运动，以及其他适合参与者个别需求的课程。

8. 替代方案与注意事项

① 营养专家的来源：当地医院的营养师、私人营养专家、大学教授。
② 运动专家的来源：健身房的工作人员、运动生理学讲师或研究生。
③ 动机与策略专家的来源：心理咨询师、社会工作者、励志演讲者、成功执行健康计划的人。
④ 其他资源：当地的书店、体重管理中心、体重管理专科医生、运动诊疗所职员。

（五）推荐方案五：另类疗法健康博览会

1. 概述

噢，扰人的小病痛！在这个活动中，老年人将学习如何以不增加体内化学物质的方式治疗它们。

2. 目的和目标

① 介绍非侵入性的治疗。
② 找出可进行另类疗法的社会资源。
③ 扩大养生保健的选择。

3. 时间与形式

开放式招待会，大约3～4小时。

4. 空间需求

利于步行环绕的大空间，及足够便利的停车空间。

5. 人力配置

现场提供可解答疑难的专员，以及要有设展和撤场的工作人员。

6. 设备与教材

① 方向指示标志。

② 提供参展商桌椅；垃圾桶。

7. 实施方式

① 在参展商的合约注意事项中，告知他们应负责架设和清理自己的区域，设展需在对外开放的前半小时完成，参展商必须留在现场直到博览会结束，且在闭幕后半小时内完成清理工作。

② 此外亦应注明，可发放名片和宣传册，但不得有现场销售行为。

③ 建议活动包含下列项目：按摩；测量骨密度；关节炎的预防；香薰治疗；针灸；药用化妆品。

8. 替代方案与注意事项

① 这将是一个与当地医院合作的良好机会。

② 可以包括疗法示范。

第五节　花甲背包客——旅行体验活动方案

来自中国北京的张广柱和王钟津两位老年夫妻，从2008年开始，已自助游览了欧洲、北美洲、南美洲的数十个国家，"花甲背包客"成了背包客中的传奇。事实上，这类的案例不止一个，旅游乃是婴儿潮世代所追寻的休闲趋势之一。不论是短短的一日游或长天期的深度之旅，这个世界所要经历的是充满知性、学习的。本节将不使用前面篇章所提到的方案规划形式，而是另外对每一种趋势提供几个实例。并建议全程雇用受过训练的"旅游达人"来安排行程。

一、创思方向

那个年代的人对四种旅游形式展现了高度的兴趣，成了老年旅游的新宠，它们分别是：

- 世代（隔代、代间）旅游。
- 服务旅游。
- 文化及袭产旅游。

- "现采即烹"（field-to-plate）旅游。

每一种形式都提供了教育和冒险的元素。但是要记得这些旅行中也必须包括了某些程度的舒适成分。

二、畅想方案

下列旅游方法的描述可以对规定婴儿潮世代者旅游的方法提供一些知识。准备出发旅行、远离人群拥挤处、与孙子女同游和在目的地品尝美食等都是婴儿潮世代者所渴求的经验。

（一）推荐方案一：避开收费站——选人迹罕见处旅游

1. 概述

避开收费的高速公路以探索偏僻的宝地，学习如何离开人龙车阵和如何能不迷路。学会快速阅读地图和折好地图，发现乡下秘密的好所在。

2. 目的和目标

① 当驶离主要道路时，知道如何预防迷路，确保安全。
② 学会阅读地图。
③ 熟悉当地有趣的好所在。

3. 时间与形式

大概1小时。

4. 空间需求

提供所有参加者有舒适座位的安静房间。

5. 人力配置

一名指导者。

6. 设备与教材

① 地方的道路地图。
② 一场Power Point幻灯秀展示欲访的不同地方（若不放幻灯片，可以放映网络图片或散发讲义）。
③ 笔记本型电脑和资料放映机。
④ 荧幕。

7. 实施方式

① 提供如何看地图的研习会给需要的人。

② 内容应包括欲参访的、有趣的但鲜有人到访处所的彩色图片，再讨论这些地方的特色，可以展示这些图片。
③ 强调道路和旅游的安全。
④ 提供欲访处所的相关资料。

8. 替代方案与注意事项

① 通常很容易找到熟悉这些地方的当地人，这些人会很高兴地和大家分享经验。
② 一个汽车公司的员工会愿意来谈谈小路安全驾驶问题。
③ 每一个参加者可以准备两到三处这样的地方来和团体分享。
④ 可以给一份网络家庭作业，让大家来查看这些地区内小城镇所举办的活动（古董展览会和跳蚤市场，不太为人所知的史迹、节庆、风景道路和观赏点等）。

（二）推荐方案二：逃离日例行生活

1. 概述

花一天的迷你假期来逃开世俗的烦恼。各种的研习会——或只放松、享受周遭的大自然。

2. 目的和目标

以激烈的方式打破日常规范的束缚，来获取反思的经验。可以把重点放在料理、生态、每天行事方法、历史、特殊兴趣和其他许多主题上（调查参加者的兴趣，并在一夜当中融合几个主题，请参考选择和变化来取得想法）。

3. 时间与形式

1～2天。

4. 空间需求

在离家约1～2小时车程外的地方；你可以在一家旅社、旅游或露营地；在你居住地附近四处打听有趣的住宿地；另外，需要办理研习会的房间，还有可以容纳整个团体的会议场所。

5. 人力配置

大约每10名参加者需有一名服务人员。

6. 设备与教材

端视所从事的活动类型而定。

7. 实施方式

① 让参加者自己到反思营地。接待他们的时间在星期五的晚上7～9点。饮料或鸡尾酒时间可以增进社交的热络和对周末的憧憬。

② 简报，事先检视所提供的内容并介绍服务人员和预定的排程。

③ 应紧接着一项互动的活动。

8. 替代方案与注意事项

有许多其他主题可以选择。

① 主题实例：素食反思营。

② 目的：学习素食的益处和准备素食餐的技巧，以及体验整个周末吃素食餐的好处。

③ 客席讲员：请当地合作社会员来谈健康食物的益处和提供新鲜水果和蔬菜，合作社会员的申请；素食主厨准备素食餐和教授一堂烹饪课。

（三）推荐方案三：我也是花甲背包客——出国旅行我不怕

1. 概述

出国旅行需要一些事前的规定和准备，以下将由经验丰富的旅行者来分享，如何准备、带什么、看什么、做什么、如何通关、怎样打包行囊、如何换汇、怎样确保人身安全，以及购物时要不要讨价还价等。

2. 目的和目标

学会怎样准备在他国度过一个安全又满足的探险之旅。

3. 时间与形式

一场3小时长或两场2小时长的研习会。

4. 空间需求

一间可以展示物品（行箱、衣服等）和投影片的房间。

5. 人力配置

一名可以和老年人分享特定主题的主持人。

6. 设备与教材

电脑、投影机、荧幕；个人物品，如旅行包、钱袋、相机、行李箱、衣服、护照（加上申请表）需要文件、旅行指南、外币；讲义材料。

7. 实施方式

把整个方法分成最少四个重点。

① 行前　旅行证件准备，如护照申请、预防接种和其他要的纪录和表格；取得住宿、饮食、天气等的相关信息。

② 添购和打包行囊　要带的物品，个人的旅行包、常用药品、随身物品、便鞋以及怎样打包要带的器具（相机、雨具、伞、针线盒、帽子等）。

③ 旅途中　讨论旅行安全——像存放个人金钱，飞机上的睡眠，途中的食物和饮水，安全使用自动柜员机，是带包是系上放钱腰带等。

④ 在目的地：包括怎样发现大部分观光客都不知道的景点，非看不可的地方，主题/停留点（博物馆、艺术馆、大教堂、自然景点、喷泉和其他建筑物等）。

8. 替代方案与注意事项

① 旅行社专业人员可能有愿意来主持这种研习会的。
② 在当地大学就读的国际学生可能愿意来谈谈在他们国家的旅行。
③ 识途的旅行者可以把他们的照片和沿途见闻和大家分享。
④ 许多资源是可以从网络取得的。

（四）推荐方案四：从葡萄到酒杯，从旅游到服务

1. 概述

参观制酒的内部过程，看看葡萄如何被压榨和发酵，闻闻储酒桶木头的香味。了解不同种类的葡萄怎样被制成不同的酒，也欣赏装瓶的过程。最后，品尝不同酒的滋味来挑出你最爱的一种。并且，志愿成为一名合格的解说员。

2. 目的和目标

① 了解从头到尾的制酒过程。
② 知道不同种类的葡萄，并理解为什么有些会被用来制酒，而有些却不会。
③ 提供一个兴趣盎然的试饮机会。
④ 专心聆听讲解，可以通过自己的方式表达。

3. 时间与形式

1.5小时参观，加上学习讲解的时间。

4. 空间需求

酒厂。

5. 人力配置

一名指导人员或解说人员。

6. 设备与教材

由酒厂人员现场展示。

7. 实施方式

① 搭乘巴士到当地酒厂,由业主或制酒师带领参观。
② 与酒厂接洽有关讲解服务的合作事宜,并学习讲解技巧。

8. 替代方案与注意事项

利用当地制酒者的知识,确定这些人能提供许多制酒的讯息,以及有耐心来回答许多问题,并聆听你的讲解。

(五) 推荐方案五:与孙子女同游的前置准备

1. 概述

旅行可以提供祖父母和孙子女绝佳的促进亲情机会。成功的旅程需要事前精心的规划。学习怎样规划和管理旅行;怎么样和坏脾气或没耐性的孙子女、另一半相处;如何打包、下雨时怎么办、怎样决定、去哪里和看什么;回家后怎样收藏和分享这趟旅行的回忆。

2. 目的和目标

获得与孙子女一起旅行的机会,以及各方面的指导与经验。

3. 时间与形式

一次3小时长或两次2小时长的课程。

4. 空间需求

可以展示旅行物品(行李箱、衣服、外币等)和幻灯片之处。

5. 人力配置

① 一个可以和客人分享特定主题的主持人。
② 识途的旅者(祖父母和孙子女)可以提供第一手的建议。

6. 设备与教材

电脑、投影机、荧幕、旅行的器材,如途中可以玩的游戏、地图、相机。

7. 实施方式

举行个场合分成两部分的活动;一部分是事前的规划,另一部分则是旅途中的规划。要考虑的事项如下。

① 带一个或两个孙子女同行的有利点及不利点。

② 了解孙子女的偏好、兴趣、发展需求和生理需求。
③ 制定旅游行为的规则。
④ 事前规划好要看、要做、要买、要吃的等事物。
⑤ 旅途中的活动，规划不在一起（或至少没互动）的时间。
⑥ 在你累瘫时也把孙子女的过剩精力消耗完。

8. 替代方案与注意事项
① 可以依照搭乘的交通工具——轿车、火车、公交车、飞机来开不同的课。
② 考虑让旅行社员工来说明隔代旅游的好处和坏处。
③ 想想隔代旅游团承揽业者所提供行程的好处和坏处。"与孙子女同游"就是世代或代间旅游方案，融合与磨合并存。

第六节　另类策划——休闲治疗活动方案

休闲治疗活动方案有别于上述其他，会是一个比较专业性、限制性与规范性的策划内容，一般建议有一位休闲治疗师参与整体活动流程，或是带领一些较主要的活动为宜。正因如此，休闲治疗不可能一蹴而就便达到效果，更绝非是片段式、碎片化的活动形式，而是整体的、一贯的，需要一段时间的连续活动。在本节中，为彰显其特殊的性质，其介绍分享方式将有所不同；依序开展"音乐辅疗""园艺治疗"与"怀旧治疗"的活动设计介绍。

一、音乐辅疗（music care）

（一）活动设计要领

音乐辅疗或音乐照顾主要通过音乐，对于特定族群的人维持生理、心理健康的方式，强调非药物处置进行改善；它虽可以解释为一种治疗技巧，但与治疗不同的是音乐照顾需要时间，其改善效果并不会呈现立即好转。对于音乐照顾的活动设计，可以分为以下几个方面加以介绍。

1. 设计目的
利用音乐的特性带给被实施者身心上的刺激，进而增进彼此的关系及情绪的安定。重要的是能促进运动的感觉和智慧的改善，使被实施者的身心和生活上有更好的改变。

2. 所欲效果

主要的效果是彼此关系的增进及改善、建立沟通、安定情绪、减轻行动的不安、让生活有意义，协助成长、训练身体机能、自我管理、具有放松及疏解的效果，注意力集中、预防照顾，其他的效果如：引发身体运动、复健训练、协助成长，依据歌唱的效果（回想以前的事、调整呼吸、引发说话能力），乐器演奏（训练机能、协助成长）等。

3. 活动特色

实务的音乐照顾是不分对象、不限地点的，任何时间都可以愉快参与，即使对音乐外行的人都可以一起做。像是加贺谷、宫本式音乐照顾的特征就包括"即兴节目""独特的内容""利用身体来表达""身心一体""团体活动（Group Work）""时间和空间的共有""人性的尊严的信赖关系""自我选择、决定与行动"以及"和自己身边、最有安全感的人一起参与"。

（二）活动实施方式

1. 配合参加对象的活动计划

音乐照顾的实务带动是以当时长辈身心状况和团体情境氛围（例如：团体动力的气氛、对象、年龄、障碍的程度等），随机即兴组合乐曲。易言之，以当天参与长辈之精神、情绪、气氛及天气调整及安排组合曲目带动，其过程遵照音乐照顾活动的曲目安排的带领要求，让参与者获得最好的感受及快乐，从开始到结束。

2. 带动方式

音乐照顾的带动人数以15～30人之间为宜；带动时长45～60分钟；座位以围成圆圈最为恰当；使用乐器如手摇铃、木槌、响板、三角铁、木鱼、风铃、大鼓、铜钹等，并可使用报纸、毛巾、塑料袋等日常生活中随手可得的用品进行活动。

3. 横坐标

曲目编排的走向可采借柔和缓慢的曲目配合肢体活动，用打招呼放松方式让参与的长辈接受音乐，接着再采借3～4首大动作肢体活动或团队合作曲目的运用，让长辈渐渐感受音乐活动的高亢强壮有力的快节奏曲，使长辈情绪兴奋活泼而快乐，并激发出肢体活动的机能，使团队活动的默契及互动更进一步，接着回到较平稳减缓曲目，约可使用3～4首，最后再以轻松安定曲目1～2首引导结束活动的过程。

4. 纵坐标

情绪动能的带动，借由乐曲所创造的氛围，例如从柔和缓慢至轻松安定的情绪引导来激发个案的潜在动能，非强迫式的要求，让音乐照顾活动的过程是自在、轻松、有趣的，可直接或间接让长辈有自信、被鼓励与肯定，进而可以自主、独立、快乐的表现肢体活动。"音乐辅疗"受到所有年龄层的人欢迎，许多疗养院也时常举办这类的活动。

二、园艺治疗

园艺治疗（Horticultural Therapy）被认为是21世纪老人感兴趣的休闲活动之一，强调人有疗愈自己身心的巨大潜能，借由正向积极意识元素（American Horticultural Therapy Association；AHTA, 2015），人与植物在互动过程中产生心理安适感，对促进心理健康及提升生活质量有正向效果（Kaplan,1973；Marcus & Barnes,1995；Mooney,1994；Relf & Dorn,1995；Talbot & Kaplan,1991；Ulrich,1984），参与园艺活动过程产生心理效益与生命凝聚力精神相呼应，个人对生活压力事件，能正向看待并自我调适，经历各种生活事件后，体验生命意义。

（一）活动设计要领

园艺治疗之所以有疗效，研究显示是因具有三个治疗性的作用机制：互动（interaction）、行动（action）与反应（reaction）。此三者视为园艺治疗活动的设计要素，分述如下。

① 互动　个人在植物的世界里不具威胁及歧视，有机会接触新的关系，如：园艺活动带领者与个人、个人与个人及个人与植物三种形态之社会性互动或设计园艺活动措施，以达成目的（Lewis,1976；Kaplan,1995）。

② 行动　个人参与园艺活动过程中身体、情绪及心智投入与承诺感等具正向情绪增加的潜能，透过个人投入实际的行动中，独立完成或彼此互助合作与支持，从中体验学习，交换心得与分享，达成社会互动。

③ 反应　个人参与园艺治疗过程中的个人感受与反应（Relf, 2005），包括在园艺环境中，相较于强烈、知觉感混乱的都市场所，有正向及压力减缓效果。

（二）活动实施方式

主要包括：栽种（有性生殖、无性生殖、水培及土壤栽种及蔬菜、香草等可欣赏及品尝类栽种）、栽种相关活动（选择植物及盆器、松土、修剪、换盆、播种、扦插、疏苗、分株、拔草及上盆)、园艺手工活动(压花、插花、组合摆盆、折纸、绘画及制作香草精油)及园艺感官活动(品尝老人亲手栽种的菜、香草茶及点心、花园景观观赏及景观影片或图卡欣赏)。整体园艺治疗方案如表11-1。

表11-1 园艺治疗活动方案的可行案例

课程	单元名称	学习目标	课程活动规划
单元1	神奇的生命 种子繁殖	提供视觉、嗅觉、味觉及触觉等感官的刺激;说出相关的记忆;增强手部动作的能力	① 介绍当季水果与种子。说明种子种植的条件与注意事项 ② 将培养土填入育苗盆后,约7~8分满以手压平。种子以点播的方式植入育苗盆中 ③ 育苗盆插上写着有长辈姓名与种子名称的标签卡 ④ 用浇水壶将培养土浇透
单元2	快乐的农夫 组合摆盆	借由活动让长辈获得成就感,并增进人际社交的互动	① 依长辈喜好将小品盆栽与玩偶放入花盆里,用报纸等封好 ② 待带领者介绍对象及注意事项后,由志愿者协助让长辈进行植物的组合摆盆 ③ 请长辈分享活动心得体验 ④ 将组合好的花盆上插入写有长辈姓名的名牌,放置在服务台与小茶几上供参与长辈欣赏
单元3	富贵万年青 无性繁殖	运用怀旧的元素引导长辈说出相关的记忆。个人专属让长辈获得成就感	① 准备空酱瓜瓶、包装纸,在瓶口处绑上橡皮筋固定包装纸。可系上缎带 ② 剥掉万年青叶子,每段剪约12厘米长,择取4~6株用橡皮筋捆好 ③ 将捆好的万年青放入包装过的酱瓜瓶加水 ④ 挂上写有长辈姓名的标签卡
单元4	花言巧语 插花趣	借由植物不同的样貌,引导长辈说出花草的名称、颜色及其相关的记忆	① 将花材剪成适当的尺寸(先评估长辈是否能够使用剪刀及剪刀安全性) ② 由带领者示范,然后依长辈的喜好将花材插入海绵中 ③ 请长辈分享插花的经验
单元5	蓄势待发 移植换盆	增强长辈手部动作的能力,借由活动让长辈获得成就感	① 3寸盆底部放防虫网。将3~4株马拉巴栗幼苗(可依长辈的能力做编织),加上培养土轻轻压紧,上面铺上一层麦饭石,3寸盆放入造型花盆里面 ② 请长辈为所种植的植物命名,插上个人专属的标签名牌 ③ 浇水至水从底部漏出
单元6	美丽的容颜 压花	引导长辈说出花草的名称、颜色。增强长辈手部动作的能力,并增进人际社交的互动	① 请长辈协助将所需的花材(花朵、叶)用剪刀剪下,依种类放入整理盒里面 ② 打开旧书先铺一张卫生纸将花材放上,再盖上一张卫生纸 ③ 一本书可以夹10个花材。在书的封面贴上长辈的姓名 ④ 将所有的书捆起来,放置干燥的地方,压放一星期以上

续表

课程	单元名称	学习目标	课程活动规划
单元7	香草精油乳液	提供嗅觉、味觉、触觉等感官的刺激，增强长辈手部动作的能力，借由活动让长辈获得成就感，并增进人际社交的互动	① 将香草植物、香花分别放在香囊袋里，让长辈闻并说出植物名称 ② 带领者在活动前制作一份乳液，提供长辈参考 ③ 将长辈分成三组制作精油乳液：油脂、乳化剂倒入钢杯里加以搅拌，随后少量地加入香草植物精露。过程不断用搅拌棒搅拌至颜色呈乳白色，最后加入精油，搅拌完成的乳液装入按压瓶 ④ 过程中分别将香草、精露、精油与乳液给长辈闻，并且帮长辈按摩
单元8	我的园艺写真集	增强长辈手部动作的能力，借由活动让长辈获得成就感	① 请长辈粘贴自己的生活照或家庭照于写真集内页的打印纸上 ② 待长辈完成粘贴照片后，拿出单元六课程所压的花材与购买的压花花材 ③ 再依长辈的喜好将压好的花摆在照片的周围 ④ 用双面胶粘着固定花材（志愿者依长辈能力提供协助）
单元9	欢喜园成果回顾	引导长辈使其获得成就感，说出相关的记忆，并增进人际社交的互动	① 将长辈的写真集与活动过程中长辈所种植的植物放在桌上。让长辈对照几周植物成长的情形 ② 重新整理替换单元二的盆栽植物；长条花盆摆入长辈所种的发财树与万年青 ③ 让长辈分享参与园艺治疗活动的心得感想

三、怀旧治疗

怀旧治疗又称为回忆治疗，可利用物品、歌曲、照片、文字或口述，引导老人回顾自己的一生，重新体验过去的生活片段，并给予新的诠释，而这些诠释会因时间、地点、情境的不同而有所差异，我们必须鼓励老人以正向态度回顾与分享，协助老人达到自我整合。借由回忆所带来的意义感，使人更能接受生命历程的改变，有助于增加社会互动，减少隔离感与面对死亡的恐惧。同时，通过较深度的怀旧治疗可使个体重新检视及面对过去的矛盾与冲突，在现实与理想中与过去的自己和解。

（一）活动设计要领

1. 个别怀旧治疗

采一对一的方式面谈，次数大多为6～12次，每次20～30分钟。在进行治疗前，需先对个案的生理、心理状况、文化背景及过去经验做深入的了解，并评估对个案有正向或潜在影响的问题，运用治疗性咨商技巧协助回忆，针对个案需求设计对其具有特别意义的治疗性活动以达到治疗目标。其过程可分为四个阶段。

① 开始期　依个案的经验背景引导其回顾过去有意义的生活事件，过程中可借由引导物辅助刺激回忆，例如：旧照片、家乡食物、与个案年代相近的老歌、鼓励其分享对个人有特殊意义及纪念价值的物品等。此阶段带领者通过倾听及关怀以建立关系，过程中经由眼神接触、脸部表情及口语表达关心与同理心，并适时给予正向回馈。

② 融入期　个案以融入过去的经验中。在回忆过去时，会随着当下回忆的事件而出现不同的情绪反应，可能会伴随情绪不稳定或陷入悲伤情绪的状况。此阶段带领人须注意个案回顾过去后的反应及有处理负向情绪的能力。

③ 退缩期　从过去的记忆中回到现实生活，将过去及现在做比较。此阶段带领者可协助个案将负向情绪转为正向情绪，增加其因应能力。

④ 结束期　个案与带领者分享他们的回忆及过去的生活经验，此阶段带领者主要扮演倾听者的角色。

2. 团体怀旧治疗

采小组方式进行，参与成员约6～10人，次数大多为8～10次，每次约30～60分钟，通过与他人分享经验，促进成员间互动，以达到团体治疗的效果。活动设计应以成员共同关心的主题为拟定方向，避免过于敏感、隐私或具威胁性的话题，成员的选择应以同构性高的团体较佳，若是心智功能障碍或精神错乱的老人，则参与成员应尽量少于6位。在整体过程的前、中、后，其注意事项如下。

① 活动开始前　应先个别与成员进行会谈，了解其过去生活经验与个人身心状况，并据实说明活动的内容、目的及进行方式，进而询问其参与意愿。

② 活动带领时　尽量以开放性问题引导成员回顾，保持团体融洽，并给予每位成员充分的时间整理过去的记忆及分享人生重要事件；在分享过程当中，也让其他成员学习倾听、接纳及鼓励他人，并肯定其生活经验的价值，学习与他人沟通及互动。

③ 活动结束后　带领者及志愿者尽量将带领阶段所观察各成员的状况及互动过程，以描述性的方式如实阐述、交换所见所闻；并可通过访谈或问卷形式，了解成员的获得感与满意情况。

（二）活动实施方式

怀旧治疗可以根据个人或团体的兴趣发展不同的主题，包括家庭、婚姻、工作、爱情、友情、节庆、兴趣及童年等，选择较易引发讨论的议题作为回顾的主题。其中又以团体怀旧活动方案较为常见，如表11-2。

表11-2 怀旧治疗活动方案的可行案例

周次	活动主题	活动目标	活动内容
1	返老还童	分享过去经验互相交流,共同参与游戏重温儿时回忆	① 暖身 播放老歌带参与者做简单运动 ② 团体讨论 每位参与者分享个人的趣事及经验 ③ 团体活动 夹弹珠游戏。先由两位参与者进行竞赛,用筷子将装满弹珠的杯子中的弹珠夹到空杯子中,先完成的即为获胜;最后分两组进行接力竞赛,每组共5人,每组一次派1人进行夹弹珠,完成后传给下一个组员,所有组员都完成快的队获胜
2	职场甘苦谈	分享过去的职业及工作经验,互相交流	① 暖身 播放老歌带参与者做简单运动 ② 团体讨论 每位参与者轮流分享自己过去的职业及工作历程,并说明为何会选择这份工作 ③ 团体活动 带领人准备扑克牌,让参与者玩游戏
3	最难忘的事	回忆当年往事、分享生命故事,深入了解彼此经历	① 暖身 播放老歌带参与者做简单运动 ② 团体讨论 每位参与者轮流分享自己生命中最难忘的事,并说明事件经过及此事件对自己的启发或影响 ③ 团体活动 带领人准备扑克牌,让参与者玩游戏
4	我的愿望	借由每位成员分享,引导参与者说出自己内心深处的渴望	① 暖身 播放老歌带参与者做简单运动 ② 团体讨论 每位参与者轮流分享自己曾经未完成或是现在的愿望,并说明原因 ③ 团体活动 带领人准备骰子,让参与者玩游戏
5	欢喜来过节	参与者分享自己最喜欢的节日,互相交流昔日过节的经验	① 暖身 播放老歌带参与者做简单运动 ② 团体讨论 每位参与者轮流分享自己最喜欢的节日,并说明原因 ③ 团体活动 推杯子游戏,在桌上贴红线,参与者须在桌子另一端将杯子推往红线的方向,杯子超过红线且未掉落即得分,每人有五次机会,最后总计最高分者获胜
6	最想念的人	引导参与者回顾在自己生命中占有重要地位的人,并表达内心深处的思念	① 暖身 播放老歌带参与者做简单运动 ② 团体讨论 每位参与者轮流分享自己心中最想念的人,并说明原因及此人对自己的重要性 ③ 团体活动 乒乓球游戏,带领人准备七个纸碗,参与者须将5个乒乓球用弹跳方式丢入碗内,总计碗内最多乒乓球的参与者获胜
7	以我为荣	分享成功经验,从中获得自信及成就感,增进人际互动	① 暖身 播放老歌带参与者做简单运动 ② 团体讨论 每位参与者轮流分享自己生命中最值得骄傲、最有成就感的一件事 ③ 团体活动 诺亚方舟桌游
8	毕业典礼	回顾八周课程,留下美好回忆	① 暖身 播放老歌带参与者做简单运动 ② 团体讨论 带领人准备健康点心,让参与者边享用边分享此系列活动的感受 ③ 团体活动 分享活动感言后,利用骰子与桌游进行抽奖与颁奖仪式

第十二章
休闲活动方案的执行与评估

方案规划完成后,接下来最重要的事就是如何促成休闲活动方案的执行,以及执行后确认其是否达到方案目的与目标的实现。在本书中所称的"活动规划者"或"规划师",在某种程度上是默认了这个角色包含了从规划、执行,到评估等整体的主导地位;但在现实情境中,有关筹办类似老年休闲活动的组织,其人员则可分为督导者、活动带领者、全职的营销活动职员及兼职的志愿者等。这些人所应尽的各自职责,对一份实行成功的活动方案而言,都是不可或缺的组成成分。

在本章中,我们将持续从老年休闲活动方案的焦点出发,讨论活动执行的管理督导、活动营销的具体建议,以及活动方案的评鉴策略三个部分,依序分为三节说明如下。

第一节　活动执行的管理督导

在本节中,我们要从管理督导的角度,去了解规划师应该如何决定和督导活动方案的人事需要。此外,若要确保组织有效果、有效率、有效用的实现方案活动的初衷,对于如何引导活动参与者等管理手段也是影响整体活动成败的关键之一。基于此,将归纳为两个部分进行论述:其一,对组织内部人事的领导;其二,对活动参与者(亦即老年人对象)的引导。

一、对组织内部人事的领导

一位成功的职业足球教练曾经说过:"这和我懂不懂怎么踢足球没有关系,重要的是场中的选手要懂得怎么踢足球",这句话说明了这位教练认为自己最重要的角色,就是教会选手并且使之准备好随时能够上场。看待老年休闲活动方案的执行人员也是一样道理。研究发现,当活动策划者为执行方案的雇员创造一个具挑战性的工作环境，并提供相对应的必要技能时，该名雇员对工作将会更快乐、更热忱、更有动力（Henderson & Bialeschki, 1993）。因此，活动成功的关键经常取决于活动策划者如何招募、训练、安置以及监督所有雇员。

大部分的组织机构都有很完善的制度来管理全职人员，许多专家学者也都提出了相应的治理方针；然而，对于兼职或季节性、周期性的雇员却甚少着墨，尽管多数的休闲服务机构都雇用大量非编制人员来执行休闲活动方案。这类非编制的执行人员，能够有助于活动策划者在一既定时间里获得所需的工作人力，同时具备人事弹性，并且降低费用等特点，这使得这类群体占组织机构整体人事比例愈来愈大。

事实上，这种方式容易引发几个问题：其一，兼职的职员对机构和它的活动方案较不忠诚，而这样也许就难以建立顾客的忠诚度，降低了机构的长期利益；其二，兼职的职员替换率较高，需要经常性的招募新的雇员，因此除了给予能够快速进入状态的训练课程外，我们有必要发展出有效率的监督模式。可以分为如下几个步骤。

（一）第一步：工作分析

休闲活动方案的执行是人与人的服务，以及顾客和职员面对面的互动，因此招募这类雇员要具备人本情怀，以及符合开展活动的素质。McCormick, Shaw & De Nisi（1979）发展的工作分析问卷（Position Analysis Questionnaire, PAQ）包含六个构面，可以作为决定工作要求分析表。以"休闲活动辅导员"作为案例，所形成的休闲活动辅导员工作分析表如表12-1。

表12-1　工作分析表

1. 信息输入
   工作人员要在哪里及如何取得信息，以完成工作？
   如：使用活动带领手册、采取口头指示、使用组织SOP操作指南……
2. 心理过程
   完成这项工作需要什么样的逻辑、决定过程以及处理活动的信息？
   如：作出关于安全规范的决定、维持活动秩序和纪律、突发性事件的决策……
3. 工作输出
   工作人员完成什么样的实质活动，使用何种工具或装置？
   如：指导休闲活动的口令、会拆装游憩设施、能够驾驶中小型客车……
4. 与其他人员的关系
   在完成工作时，需要与其他人有什么关系？
   如：指导和领导活动、必须与游戏场负责人接洽、与其他工作人员合作……
5. 工作背景
   在什么实质或者社会的环境条件下执行工作？
   如：在户外工作、在交际的气氛下工作、和顾客持续互动的工作……
6. 其他特性
   什么样的活动、条件或者其他的特性与工作有关？
   如：必须在不固定的时间工作、经常处于突发事件下机警地工作……

（二）第二步：工作描述

第二步主要是针对工作责任与义务的摘要说明。工作描述并不像工作分析那样详细，但一定要清楚交代工作中的主要内容，同时让申请者了解工作的主要责任与必须具备的资格。我们以"休闲活动辅导员"作为案例，试着完成休闲活动辅导员工作描述表如表12-2。

表12-2　工作描述表

1. 职务说明——基本工作与义务
   对于该职务的责任大致说明。
   如：在一般监督管理和指示下，休闲活动辅导员应在指派的地点规划和执行游憩活动；辅导员也应负责好该地点的监督管理、安全措施以及基本的环境维护工作
2. 监督管理
   说明并规定雇员应向谁负责。
   如：休闲活动辅导员应对该活动方案的负责人负责。
   必须要在工作期限内独立完成活动带领
3. 工作范围
   大致说明雇员的主要责任范围。
   如：规划和执行休闲活动场地的活动。
   负责游戏场或游憩活动区域的安全措施
4. 任务说明
   界定不同职务的工作内容清单。
   如：规划每周的休闲活动。
   向游戏场该区域的顾客或潜在顾客的营销活动。
   领导和执行活动。
   管理游憩设施区域。
   了解并实时将危险物、违禁品等对象从游憩场中移走
5. 工作人员特质
   对于职务必需的知识、技术和能力的清单。
   如：具备休闲活动策划的知识。
   具备老年人身心特质的知识。
   具备游戏规则的知识。
   具有启发性能力与危机应变能力的知识。
   能辨识危险事物
6. 学经历要求
   说明该职务需要或期望的教育程度、所受训练及相关工作经验。
   如：需要（或希望）曾经修习过休闲旅游管理、社会工作等相关课程者。
   有领导休闲活动及老年照顾相关工作经验者为佳
7. 特殊要求
   列出该工作需要的任何特殊知识、认证或是其他特别需求。
   如：必须具备有效的机动车驾照。曾接受过急救训练者优先

（三）第三步：讲习培训

新进人员讲习一般提供三种不同的信息。首先，应该清楚说明组织性质，包含"为谁工作""组织目标是什么""扮演何种角色"；其次，说明平日的工作形态，譬如"平日的工作有哪些""一般情况下每日的流程是什么"；最后，

必须说明工作规则、人事政策以及所有人员适用的程序。

此外，培训最重要的目的便是使工作人员具备该项特定活动所需的技能，所以在训练兼职的休闲活动带领员或辅导员时，传达机构所要提供的休闲服务类型和顾客服务方式是必要的。再以"休闲活动管理员"作为案例，我们应该明确告知对他们的期望，并明确指出工作内容所负责的设施与活动，界定初期所扮演的角色和功能，并协助他们符合这个角色，同时也应该说明如何做好顾客服务。其培训大纲如表12-3。

表12-3 老年休闲活动管理员培训大纲

管理员将身负管理监督休闲活动区域和设备的责任，同时这也是持续义务的一部分，也是其将面对最困难的任务之一。当你们负责管理监督一个区域的休闲活动规划时，所肩负的责任就是要保护设施以及合理操作、设计该设施的活动，如此参与者才能够体验他们想要完成的经验；最后，则是保护使用该设施的顾客们。以下便是身为管理员所应完成的十项责任。

执行工作

① 必须积极地进行管理监督。管理监督时间不是休息时间——监督是不能从雇员休闲室内或者办公室的窗户去完成的。

② 应该在现场或场所附近走动，让老年人知道你们的存在。要确定所有参与的老年人都知道负责设施的人。务必穿上制服或是可辨识的帽子，方便老年人看到。

③ 管理者应该保护执行活动计划所用到的设施，避免受到其他使用者的干扰（特别是顺道临时参加的家属或使用者）。

④ 必须及时察觉并处理在这个活动区域随时可能发生的突发状况。你们一定要留意最可能发生的设施、地点及活动环节，并留意观察可能因活动而产生身体不适的特定老年人的状况。

⑤ 应该理解某个问题很可能会在这个区域一直发生，要随时做好心理准备以面对问题

良好的客户服务方法

⑥ 与老年人谈话并鼓励他们坚持参与该项休闲活动，熟悉且能响应他们所提出的问题；因此你必须熟悉这项活动的所有服务。

⑦ 对工作付出忠诚与认同。使你们的负责区域成为一个愿意让自己父母、老年长辈朋友参与活动的地方。

⑧ 尝试举办一些"即兴创意"的新活动。总是有一些活动方案可以推荐给那些看来几乎快要全参加过所有活动的老顾客们。

⑨ 接受人之所以为人的本质。无论种族、性别、社经地位等，都应该得到相同的待遇，每个参与的老人都应该是每场活动的VIP，用真诚一致的礼貌和尊重来对待。

⑩ 使用你们魔法般的笑容，保持发自内心的微笑待人接物

（四）第四步：评估表现

评估员工的表现有两种：非正式和正式。非正式的评估，任何时候只要觉得有需要就可以实施，像是在每天的互动、喝咖啡的休息时间，主要是纪录影响员工表现的特殊事件，而这些纪录将会成为正式评估工具中的意见基础。在正式评估部分，我们可以运用通用的评估表进行员工评鉴，而这张表格所使用的评估标准应包括工作描述中所列的各项工作职责。若以"休闲活动管理员"为评估对象，我们可以拟订如表12-4所列的内容。

表12-4　老年休闲活动管理员表现评估报告

员工姓名：		评估日期：			
部门：		职务职称：			
评估原因：□试用期　　□工作考核（半年　年度　季末）					

评估要件	权重/%	待加强 1	可接受 4	很满意 7	卓越 10	小计
1.规划每周的休闲活动						
2.对顾客进行营销效果						
3.领导和执行活动技巧						
4.管理和监督游憩设施						
5.移除危险事物的常识						
6.具备活动策划的能力						
7.具备游戏规则的知识						
8.具备创新启发的能力						
9.具备现场带领的能力						
10.具备危机处理的能力						
11.能清楚辨识危险事物						
						总平均

其他意见及改善建议：

员工对评估结果的反应及意见：

总平均的意义：
1.00～2.99＝待加强
3.00～5.99＝可接受
6.00～8.99＝较满意
9.00～10.00＝卓越

说明：
1. 请逐一仔细并合理地进行评估。
2. 请独立地评估每一个要件，而非评估员工的整体表现。
3. 请尽量提供意见，可书写于其他纸附上

（五）第五步：监督行动

经营服务相关产业的一项特点，就是需要进行紧密而持续的行动管理。Edginton（1993）曾说："休闲服务的特质便是一旦服务执行了，便不能再收回"。因此，在执行服务时，必须确保服务的质量；而在服务地点的观察和监

督，则是确保质量的关键。Berry & Parasuraman（1991）有五个常见的因素会影响顾客对服务质量的感觉：信誉、实质环境、服务热忱、信心和人情味。现场的访查提供了一个良好的机会，以表现机构对服务质量的承诺。表12-5使用了以上五种因素，列出访察时应该完成的每一项行动。

表12-5　现场访察服务质量行动表

员工姓名：　　　　　　　　访察时间：　　　　　　　　访察地点：

考虑因素	采取行动
信誉	确认计划中的服务已如机构的广告和预期般执行。 进行必要修正，使服务符合所保证的质量
实质环境	确认设施与装备的清洁。 检查装备及操作方式是否安全。 确认人员服装仪表是否整洁
服务热忱	主动与顾客接触，表达帮助的意愿。 能提供迅速的服务或解答疑惑
信心	随时表现出自信、有礼的行为。 确定所有现场人员都知道问题的相关答案，并能有效提供
人情味	随时表现出充满关怀、具备人情味的行为举止。 确定现场人员在权限内能对某些状况做出合理的应变

二、对活动参与者的引导

规划师在引导、管理活动参与者的休闲行为时，最重要的一项技巧就是适当地响应参与者带有情绪的话语和行动。尤其面对"自尊心强、自信心低"的老年参与者，如果规划师给予具同理心的响应，那么参与者就会获得鼓励继续参与休闲活动；如果规划师给予断定、无商量余地的响应，那么参与者很可能就会放弃活动或是乱发脾气。

除了适当地响应参与者之外，还有哪些具体的行为管理技巧呢？技巧有许多种，使用哪一种则视状况而定。下列是许多休闲活动方案环境中所使用的一些技巧。

（一）营造可被悦纳环境

适当安排活动空间，如将椅子排成圆圈、恰当的灯光、合适的空间大小，可增加理想行为的实现。

（二）事前清楚声明活动规则

如果参与者了解活动方案进行中可接受的行为限度，就不会轻易地想挑战；但是，过多的规矩将会引来抗拒的心理、反抗的行为。

（三）理清理想休闲行为的好处

说明好的行为将会有哪些正面的结果。

（四）理清不当行为的后果

惩罚的执行应当立即、不苛刻且始终如一。

（五）示范理想的休闲行为

主要是持续展现你期待参与者表现的行为。

（六）制造相互约定的契约

跟每个参与者设立书面的或是口头上的约定，声明期待的理想行为和带来的好处。

（七）包容某些不当的行为

老年人的自尊心很高，有时候过于关注、纠正你认为看似不当的行为，只会鼓励更多不当的行为产生。

（八）使用非语言的暗示

在做口头响应之前，先利用眼神或是肢体动作劝阻不当的行为。

（九）改变休闲活动

更换另一个活动，或是更改目前进行的活动，以增加或减少活动的难度。

综上所述，虽然规划周全和领导完善的休闲活动方案，可以满足参与者的需求与兴趣，并且可以大幅减少休闲行为问题的可能性；但是妥善处理干扰的行为也很重要，否则将可能影响所有参与者参与休闲活动体验的价值。

第二节　活动营销的具体建议

相信你已经了解到婴儿潮世代族群市场的庞大潜力；但这市场的商机仍还在寻求更大的突破。别忘了，根据婴儿潮世代营销专家 Jim Gilmartin 所言："婴儿潮世代是有史以来，最富有、教育程度最高、最精明的消费世代。要赚他们的钱，你必须创造使其折服的传播内容、诱发动机的广告词句，以及出色的客服规划，来掳获与留住当前和潜在的顾客"。基于这样的理由，本节主要从四个方面进行探讨，以协助规划者从事营销工作。这四个方面分别是：剖析活动营销的概念、构建成功营销的模式、召唤婴儿潮消费行为、拓展活动宣传的途径。

一、剖析活动营销的概念

（一）对营销的新见解

过去，Howard & Crompton（1980）将营销定义为：试图去告知、说服、提醒一个机构提供活动或服务给潜在顾客的基本沟通方式。本书对活动营销的见解主要保留"沟通"，而增加了"去教育"的观念。换句话说，在营销一个活动服务时若想做到真正的沟通，策划者不仅需要考虑所传送的信息与内容，还必须同时了解这些想接收信息的人们的心理、文化社经背景，而不是一味地单方面灌输。

（二）破除营销的旧迷思

任何一种活动营销方式的说服力，都会受到多重因素的影响：对广告的喜好程度、过去的认知、对这个产品服务的投入心态、机构的可信度与对品牌的忠诚度等。事实上，当前对活动营销的相关实证研究已经不胜枚举，然而依旧留下几个问题需要去厘清。首先，活动营销者原本想通过大量的宣传内容让潜在顾客能够清楚掌握产品服务信息，可是有太多的营销内容都超过了潜在顾客的参与能力，导致他们根本就没有接收这些信息，因此活动策划必须十分了解主要目标市场，以修正此项问题；其次，由顾客亲身经历而获得的信息是最为深刻的，也因此最难改变其选择，尤其当前在顾客第一次体验就留下不良印象时，后续恐怕很难说服他持续参与，因此在活动执行之前就必须确认自己能有效率地提供产品服务，这比之后再用任何说服手段都重要有用；最后，持续重复的广告，并不会让顾客对广告宣传的认同感呈线性上扬，通常在一开始认同感或许会增加，但在边际效益递减之后便会开始下降。

二、构建成功营销的模式

简单来说，营销的定义是为获取或留住客户所做的每件事情。营销不只是广告、推销、公共关系和网络（Rudick, 2000）。它并非仅止于吸引顾客，然后赚取顾客的钱。甚而远之，成功的营销在于以发展长期的、乃至于终身的顾客关系为终极目标——尤其是当营销与婴儿潮世代族群有关之时。以下分别就营销4P及营销蓝图予以阐述。

（一）营销4P

"营销4P——产品（Product）、价格（Price）、渠道（Place）、促销（Promotion）"，这在超过半个世纪以来，早已成为营销术语的一部分。这4个"P"的营销组合广被熟知，且是开始个人营销计划步骤的起点。

而如今，有更多的概念纳入营销组合，尤其是以服务业为基础的相关事业，例如游憩与休闲的营销。借由额外增加的4P——人员（People）、计划（Planning）、愿景（Perspective）和经营哲学（Philosophy），可确保营销策略形成一个更完整的观点。当你评估营销结果的成败时，这扩增的营销组合，能够使你探究更多商品促销活动之外的问题。换言之，如果你的规划并未全然符合你所期望的方向，问题可能不仅只在于商品的促销——传单、网站或广告；问题可能出在"P"当中。这可能是：

- 你的价格（Price）对依赖固定收入的退休者而言可能过高。
- 你的渠道（Place）可能渠道不畅。
- 可能是产品（Product）本身需要重新优化，以满足婴儿潮世代族群不断改变的需求。
- 你的人员（People），也可能是团队或志愿者缺乏动机、热忱或训练，以有效地服务你的婴儿潮世代族群的客户。
- 你的营销计划（Planning）或策略可能过时，需要创新的媒体来打动逐渐善用科技产物的婴儿潮世代族群。
- 你可能需要更清晰的愿景（Perspective），包括对自己的竞争性及整体市场的深入认识。
- 你可能需要更严格地检视自己的整体使命或经营哲学（Philosophy），以确认其与不断改变的群体需求相适应。例如你的休闲游憩机构可能被外界定位在为孩童及年轻人提供活动，却较少为老年族群提供。因此现在或许是你重塑机构使命的完美时机，转而强调"对所有居民（包括老年人们）提供同等机会的经营哲学"，甚至你可能要选择强化你的宣言去满足增长中的婴儿潮世代族群所增加的需求。

（二）营销蓝图

一个营销计划如同一张为组织的未来赋予结构与框架的蓝图（如图12-1）。就像一位建筑师的蓝图，营销计划提供商品促销策略、目标及结果的具体图像。它响应了"我们为了什么目的而规划"这个问题。这个书面计划对于多面向的组织特别有用，它敦促每一个人——包括从第一线职员到志愿者乃至委员会成员和管理者，都能了解用以建立你最重要的资产，亦即你的基础客源及所需采取的步调。

如果你已经拟定一份营销的主要计划、策略计划或其他长期的计划文件，将其取出检视。如果这份营销计划应包含与顾客服务有关的段落，请重新检阅那段落。你也应该探究这些报告，看看它们是否能特别满足机构对婴儿潮世代族群的承诺。不论何时，你的营销计划应该与现行方案规划同步。

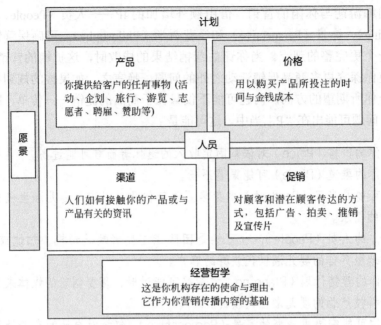

图12-1 营销8P：整体的观点

三、召唤婴儿潮世代族群消费行为

不论你是否为婴儿潮世代族群的一员，思索一下你典型的一天生活。从早上醒来的那一刻直至你晚上上床睡觉，整天充满义务、责任以及该履行的承诺。现在，再想想典型婴儿潮世代族群生命中的一天。虽然你想要他们坐着等候接受你的行销讯息，但事实上，婴儿潮世代族群是非常忙碌的。即使这现象不常见，但婴儿潮世代族群可能得同时照顾四代的家人——孩子、孙子、父母、祖父母。更可能的是，在其生活当中，婴儿潮世代族群多少会觉得挤压于两代之间，又必须同时平衡父母与小孩的需求。因此，要如何才能获致那些尚未意识个人休闲需求的潜在客群的青睐呢？

（一）唤醒情感动机

婴儿潮世代族群的客户，就如同所有顾客一般，渴望感到高兴、充满希望、兴奋及狂热的情绪。他们参与游憩课程的目的，就是为了维持健康、改善生活或在身心各方面感到满足。专业文案撰写家 Edward O'Keefe 提及："让你的顾客感受危险、恐惧、激情、性、饥饿、痛苦、欲望、生死。煽动他们，然后再告诉他们如何心想事成。满足那些欲望，获致渴求。简单、快速、任意"他也在强调广告与情感有关："你要引起顾客不安、畏缩、或笑或哭。从呼吸困难到引致严重的心脏病，广告因素主利用恐惧诱发动机，因为它的确有效。"（摘录自《34招让你的广告更有效》，34 Ways to make Your Advertising More Effective，2007）

总之，突破纷扰犹如以情感相关议题提醒或教育潜在顾客一样简单。一旦与他们有了情感上的联结，那么剩下的工作就是如何让顾客接受你的活动规划。婴儿潮世代族群的心态特征见表12-6。

表12-6 婴儿潮世代族群的心态特征

婴儿潮世代族群的心态	触动老年人情感动机的可行方式
●直觉胜过理性 婴儿潮世代族群信任他们的直觉多于理性	① 使用能促发强而有力且正向感性回忆的图片或影像 ② 经由认同感受、利害关系与成就来建立与顾客的情谊 ③ 在介绍产品特色与公司资料之前，先表达你对顾客的关心
●建立第一印象极为重要 初始的反应较具持久性，因此比年轻人更难以扭转	① 勿使用容易产生误会而影响初始印象的图片 ② 勿使用婴儿世代族群认为与自我理想形象相冲突的图像，尤其是与其自律性及个人的正义感有关的部分 ③ 请勿当面称唤婴儿潮世代族群为"老年人"（本书如此称之，只是为了更好界定对象） ④ 让老年人参观机构，以确保他们感到友善、温暖与舒适 ⑤ 不要陈列样貌看似守旧传统之年长者的人物海报，婴儿潮世代族群常自认为比实际年龄年轻10～15岁
●引诱他们关注 在吸引其兴趣后，婴儿潮世代族群比起年轻的客群，会更忠诚、更想要搜寻相关资讯	① 一旦婴儿潮世代族群在感性层面关注，他们需要理性的资料来强化其消费决定 ② 在整个消费流程中，要持续提供资料；但无须过度 ③ 提供多种选项，让好于探究的婴儿潮世代族群能够得到额外的资讯
●放慢步调 随着年纪增长，会减缓对目标物资讯的理性运作速度	① 以缓慢至中等的速度来传达目标资讯（例如，产品功效、产品注册、小节活动课程特色、规则、政策及技术性的资料） ② 同时提供书面与口语版本的资料 ③ 使用完整易懂的字句表达
●切勿吹嘘 婴儿潮世代族群比其他人更抗拒绝对、有侵略性的主张	① 以客观的态度呈现组织、活动规划与机构的相关资料 ② 切勿使用夸张、吹嘘浮夸的手法。在展示数据资料时，要备有佐证资料 ③ 呈现那些曾经参与过成员的感谢推荐函
●隐喻更富意涵 婴儿潮世代族群对于隐喻性的意义、细微差异及精妙之处较为敏锐	① 使用幽默、历史例证和双关语 ② 千万不要轻视他们的才智 ③ 使用视觉性的媒介（例如插画、图表及符号）表达隐喻性的意义
●叙述故事 婴儿潮世代族群比较能够接受叙事形态的资料呈现，对于释义状态的资料则较难有共鸣	① 大量使用说故事的技巧来传递讯息。比起直接陈述产品特色，以故事唤起情感认同通常更易打入人心 ② 别让情感作用趋于平淡，要激荡出反应 ③ 叙说故事已经成为行销策略中一项"还要"的环节。能说出最棒的故事或是说得最精彩的人就能胜出
●总体性的促销 婴儿潮世代族群的情感认同较为整体性、立体感	① 提供符合整体族群需求的设计，而非单只为少数且特殊需求的人而规划 ② 协助顾客找出解决方法。若不能满足他们的需求，甚至得与竞争者合作亦在所不惜 ③ 避免把婴儿潮世代族群刻画成无趣的可笑的人物，他们的多元性远比我们想象得更多元

（二）触动消费决策

引起顾客注意是一回事；但在实际上得到他们的认可甚至使他们参与你的活动方案，则是另外一回事。实际经验告诉我们，作为消费者，我们会研究各种选择、再三思考、货比三家，却仍然犹豫不决。婴儿潮世代族群当然也不例外。尽管已有数十年的消费经验，他们还是会按部就班地做出购买的决定。因此，想要以单一营销手法就能牢牢抓住这群"老顽童"的心是不可能的，特别是当你正在开发一项新的休闲活动方案，或是试图开发新客源的时候。

福莱国际传播咨询公司（Fleishman Hillard）在2006年做了一份研究显示：76％的婴儿潮世代族群表示，他们偏好从多种渠道搜罗产品和服务的相关信息。几乎在做任何消费决策时，都得经过至少六个阶段，才会付诸实际购买行为。

如表12-7所示，当他们认为或被告知自己遇到问题，或被提醒有项需求时（阶段一），他们便会产生欲望去解决问题或是满足需求（阶段二）。接着，他们可能会做些研究以搜集各种选项（阶段三）并找出最佳方案（阶段四）。当价钱合理（阶段五）且时机成熟（阶段六），进行购买行为（最终行动）。我们可以说，衍生消费行为的过程，其实就是他们自己的问题得到解决、欲望得到满足，以及所有遭遇的困难得以消除的过程。至少，我们应该要为自己的方案这么定位。

表12-7 共同议题和生命历程事件

问题	生活转折	生命里程碑事件
我孩子们快把我逼疯了。 关节炎妨碍我打网球。 视力退化导致我夜间行车困难。 我仅靠固定收入过活	孩子们都长大离家了。 丈夫的新工作有一半的时间在外出差。 我的单亲女儿与她年幼的孩子搬回来与我同住。 90岁的老母亲罹患阿尔茨海默病且即将与我们同住	我再婚了。 我升格为祖父母了。 我最小的孩子大学毕业了。 我的父母正在庆祝他们结婚60周年。 我的孙女即将结婚

举案例说明如下。可以试着想象一位典型婴儿潮世代族群的顾问，他正要经历消费。请注意那些促使这群老人一步步前进，最终至消费决定的细微转变。有时，可能瞬间就完成消费决策过程；有时候可能要花费数周、数月甚至数年的时间，才会做出交易行为。我们通常多以这样的过程进行消费决策，但却会在过程中遇到变量。身为一位营销者，要做的工作就是帮老人导引到消费决策过程的第一阶段，然后尽可能地简化这些过程，并且协助导引那些在决策过程中游移不决的顾客（如图12-2和图12-3）。

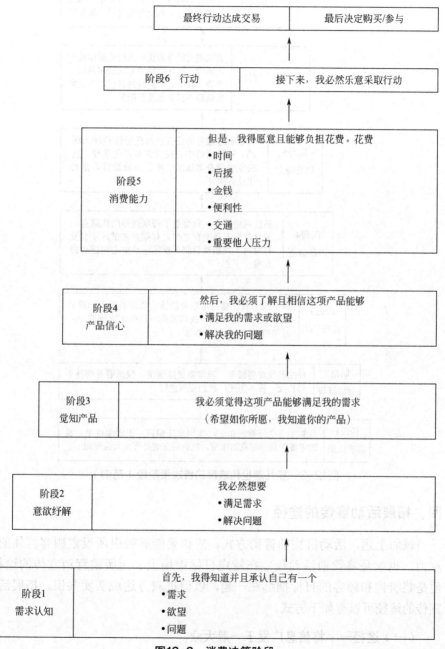

图12-2 消费决策阶段

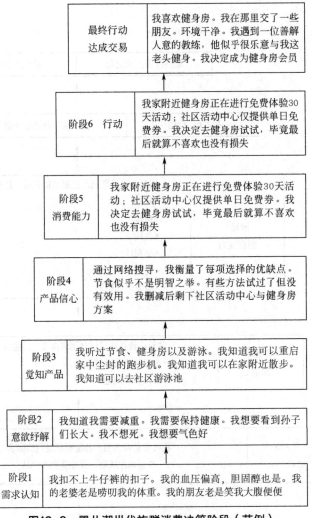

图12-3 婴儿潮世代族群消费决策阶段（范例）

四、拓展活动宣传的途径

诚如上述，活动机构的营销方式，应该要能够吸引所设定顾客群体的注意力，也就是将营销活动锁定在特定目标市场上；而所谓营销宣传的途径，便是将机构和顾客的目标捆绑在一起，以促进双方达成买卖共识。拓展活动宣传的途径可以有如下方式。

（一）途径一：将信息广发于一般大众

因为考虑获得的公平性，休闲活动机构必须告诉民众可以使用的服务，以便让大众可享受这些活动服务。在锁定一般大众时，常用的媒体便是机构所发行的刊物,其内容包括机构于这段时间内提供的所有服务,这些刊物让群众了解机构的相关信息,包括它的服务以及设施。通常这样的刊物会以邮寄方式寄给社区中的所有居民,或是以社区报夹报方式予以宣而告之,或是撰写新闻稿投送至地方报纸。

(二)途径二:集中在所服务的目标市场

途径一与途径二并不是非此即彼,而是齐头并进的。这种将力量集中在目标市场的途径,其目的就是着眼于最可能参与某种休闲活动的人群。对于这类所采用的方式,则最常用特别设计的单页小传单,这些传单会放在游憩中心、机构办公室及其周边地区,或是邮寄给过去曾参与相同或类似活动的人们。

(三)途径三:撰写解说小册子文案

为了有效地营销休闲活动与服务,规划师必须熟悉撰稿,以便在机构的一般刊物中说明机构的活动与服务。此外,也需要熟悉准备公众服务的新闻稿给当地报社,同时能够准备单页的宣传单以促销活动。

撰写一份可以有效营销休闲活动的文案,是很具挑战性的。但很可惜的是,许多机构都只提供给顾客简单的信息,因为信息性的文案是最容易撰写的。撰写一份提供顾客信息的文案,只需要"4W"和"1H"来确定文章的完整性,即:Who、When、Where、Why以及How。

一份好的文案会试图去掌握目标市场的期望,并且指出这个活动会提供那些利益以达成这些期望。我们先阅读下面两个文案,并试着探讨其中可能的问题。

文案1

> **男人的重量**
> 　　在经验丰富的教练指导下,学习如何使用多功能重量训练器。不得穿脏底的运动鞋。教练:○○○。
> 课程:☆☆☆。时间:每周二、四下午7:30~8:30,为期8周,□月□日起正式上课。费用:200元

文案2

> **男性重量训练**
> 　　再也没有什么能比强健的身材更加引人注目了。重量训练便是达到您梦寐以求体格的最佳方法。光说不练假把戏!在××健身中心的舒适环境中,您可以完全任意使用各项器具,而我们也将依照您的目标与需求,为您量身打造专属的课程。在我们的课程中,您将会了解您身体构造及饮食营养对训练的影响。
> 　　○○○教练是位教导重量训练长达15年的体育教育工作者,他同时也是乐龄社区大学的讲师,曾带领乐龄社区大学健身队获得全市冠军殊荣。开课时间:2020年4月4日至4月24日,每周二、四晚7:30~8:30。费用:200元

从上述两份文案，哪一份较能引起读者兴趣呢？哪一份提到了参与活动所带来的利益？是否都夸大了参与者在短短几个小时的课程中所应有的合理期望？您还在这两份文案中观察到什么不足的？

撰写有创意的文案是门艺术，所以很难像写食谱一般说明如何去写好一份文案。Fostor（1990）提出了以下要领：

① 清晰——最好使用简单、清楚的语句。
② 详细——提供详细的信息可以让人们熟悉活动。
③ 诉诸感觉——诉诸感觉可以保持读者们的兴趣，而且让文案内容人性化。
④ 运用个人经验——利用参与过且对活动满意的顾客经验，为活动加分。
⑤ 使用口语化语句——人们读到对话内容会产生一种"临场感"，同时也感受到当时的情景。
⑥ 对仗——长句与短句的对比以及押韵等，都可以创造出阅读的趣味。
⑦ 一般与细节——在一般性、大众较熟悉的信息中，插入一些较详细、大众平常较不易接触的信息。
⑧ 重复——重复几次重要的语句和细节，而在重复的同时也能再次提醒说明。
⑨ 同义的词句——这是种较复杂的重复方式，除了可应用在特别强调之处，同时避免阅读疲乏。

（四）途径四：主动出击、主动邀请

将营销当作是一项致使人投入、进行尝试甚至行动的邀请。如你所知，顾客对产品的觉知仅是营销的开端，而非结果。各类信息、促销、广告、网站或媒体消息，都应当以"令潜在顾客产生非买不可的感觉"的标的作为设计基础。别让潜在顾客对你的意图感到纳闷，要让他们觉得回应你的信息且持续进行消费决策过程是轻而易举的事。通常，你希望能促进婴儿潮世代潜在客群采取下列18个特定动作，驱使其走向消费决策过程的最终行动。

① 接听你的电话。
② 参加讨论会议成为朋友或是虚拟的朋友。
③ 完成表格登记或是其他形式的文件。
④ 发送电子邮件。
⑤ 填写问卷。
⑥ 给予推荐。
⑦ 加入线上社群网络。
⑧ 登入你的网站。
⑨ 打电话给其他人。

⑩ 在你的微博贴文回应。
⑪ 为未来的行销活动提供联络资料（手机号码、电子邮件或邮寄地址）。
⑫ 通过邮件或电子邮件回传表格。
⑬ 回复你的来电。
⑭ 与他人分享资料。
⑮ 登记参加一项课程、活动或竞赛。
⑯ 订阅即时通信或部落格文章。
⑰ 参观你的机构设施或营业场所。
⑱ 参观你的展览摊位。

（五）途径五：优化客服技巧

以自我为中心人格特质出名的婴儿潮世代族群，他们喜爱客制化和个人化的关照。要赢得他们的忠诚，你与整个团队都必须仔细调整客服技巧。作为一个消费者，婴儿潮世代族群只想与那些愿意倾听和重视他们意见的人交易。他们喜欢"自己是对的"，意即当婴儿潮世代族群提出抱怨或建议时，他们想要听到自己的意见获得认可。婴儿潮世代族群同时也好追根究底，所以当他们对公司产品的服务政策或是作业流程提出疑问时，你要能完备解释规章设立的理由，没有什么比敷衍一句"因为这是公司的规定"或是"这不是我的业务范围"更能激怒婴儿潮世代族群的了。

（六）途径六：抓准时机就是一切

如同婴儿潮世代族群指标人物 Bob Dylan 的名言："时间不断流动"（意指婴儿潮世代族群的身心、生活形态和家人都会不断变化），因此，时间就是一切。顾客今日的需求在下周可能已是无所必要；你的下一位顾客或许还在货比三家犹豫着；潜在顾客也许正处于忙碌、分心或是疲惫状态；有的可能还在度假，也可能已经忘记甚至遗落你的信息；他们或许还没准备好，又或者他们尚未全然地信任你。所以你的信息还需要再多曝光几次，遇上对的时机才能达到你想要的效果，而过去失败的策略仍值得重新审视，也许失败仅是因为提出的点子不在对的时机，总之请勿轻言放弃。

（七）途径七：持续维系客群

整体性的营销实效不仅只在如何吸引新的客群，在整个交易过程之前、中、后，顾客都希望被待以关怀、尊敬及感恩，特别是婴儿潮世代族群。客户开发是一个循环的过程，在发展营销计划时，巧妙包装你的信息并慎选媒体；即使过度标榜，你也必须评估履行承诺的能力。你和你团队的每一位成员，都需要了解与相信自身产品与活动课程的益处，不论工作职务为何，每个人皆是营销组合的一部分。即使是幕后人员，也应该要训练他们理解与认清自己对顾客的影响。换句话说，你必须吸引顾客上门，使他们成为实际且忠诚的消费者，然后维系消费者持续回流。

综合以上观点，营销就是一个与改变心意、行为和态度有关的历程，可能还夹杂着科学、艺术、直觉和运气的成分。随着岁月增加，婴儿潮世代族群会在生命当中经历许多变化与重要事件，每一个事情都可能促进他们寻求新的游憩活动课程、产品及服务；因此，只想单靠一项营销技术就吸引顾客争相上门，是不太可能的事。能否让你的产品在他们心中留下深刻的印象，端视信息传递的频率与持续性，这才是确立巩固婴儿潮世代客群基础。

第三节　活动方案的评鉴策略

我们进行到了老年休闲活动方案规划与执行过程的最后阶段——评鉴活动方案的服务，也就是对规划师的努力所做的评定，其结果将决定如何改善活动方案服务质量，以及是否要继续或停止该方案。而方案评鉴（program evaluation），又可以翻译成方案评价、方案评量或方案评估；本书使用"评鉴"一词，主要是不为"主观价值"的判断、不以单一指标评量或仅以量化方式衡定、并与规划前的需求评估做区分，而是突现老年休闲活动规划与执行兼具理性的"鉴别"，与感性的"鉴赏"。但不管用了什么说词，其作用都在于了解活动方案目的达成的程度，其重要性举足轻重。

可是，尽管评鉴是休闲活动规划中最重要且必要的任务之一，却也是被了解最少的。过去，规划师们曾单纯以计算出席率来评鉴他们的活动方案；但随着许多实务经验的积累，才发现研拟使用质性（如访谈）与量化（如问卷）评鉴的方式，始能更清楚地察觉参与者的休闲体验状态，以及更深刻地重新检视参与者原先设定的需求是否被满足。在本节中，我们首先将了解为什么要做评鉴，并从一开始的需求评估去做自我反思，这是评鉴前的前置工作；之后，再来探讨评鉴的种类、评鉴的策略以及要如何拟定一个评鉴系统。

一、评鉴的前置工作

不可免俗地，我们得先对评鉴的作用摸底；但这很必要，能让我们明白可以通过评鉴获得到哪些帮助。此外，活动方案的评鉴不脱需求评估，双方不可呈现断裂，它们都与方案目的或目标有关。因此，我们将在这利用一些篇幅加以说明。

（一）要了解"评鉴能帮我们促成什么理想？"

1. 我们可以了解人们有哪些改变，并以此作为休闲活动方案的成果

这牵涉到判断个体在活动方案中的体验，以及整个活动方案的体验。此中包括：通过量化研究测量活动方案对参与者的特定影响，以及通过质性研究找出活动方案的整体影响力。若只使用一个问卷来判断老年人自信上的改变，恐怕无法提供一个完整的解读，必须加上深度访谈才能得到深度理解。

2. 获得活动方案改善的机会

这里指的是不只改善提供的方案，也改善机构本身。如果评鉴使用得当，可以促进职员的成长与训练、决定组织政策及内部系统的弹性、鉴定职员服务的质量、为机构奠定更稳固的学理研究基础、评定现有物质财产的充足，以及避免不必要的资金支出。

3. 确认活动方案目的与目标达成程度

评鉴的最终目的就是提供证据，证实活动方案有能力达成他所承诺的成果。此番论述，实则又将评鉴连回了活动方案规划过程的第一步骤。即将活动方案目的与目标排列出来，将活动方案的成果进行比对与评定；换句话说，之前活动方案准备过程中撰写的目的与目标声明，现在则成了一把测量活动方案成功与否的尺。

4. 为专业休闲服务的知识经验做出贡献

过时的概念、无效的想法、不足够的了解，都能通过评鉴而被筛除淘汰，这让专业实务凝练知识的基础——试验现有的实务方案，好让休闲专业领域变得更加宽广也更加强大。

（二）要自问"我们对需求评估是否还有掌握？"

需求评估的目的是了解休闲消费者个人和团体的行为。休闲服务专业人员借着需求评估，来了解人们有关休闲和游憩的兴趣、意见、态度、习惯、欲望和知识。而需求的认定涉及个人习惯类型，特别是休闲的生活形态；当我们在针对某一特定对象完成休闲活动规划之后、正式评鉴之前，我们可以问问自己，是否从一而终？表12-8是自问自答的几个方向与题目。

表12-8 有关需求评估过程的相关问题

作用	需求评估过程相关的问题			
	目的	策略	要素	结果
协助做决定	•服务对象？ •他们的需求是什么？ •如果要满足他们的需求，必须解决什么问题？ •可使用的资金？ •与解决问题相关的研究发现是什么？ •可达到目的的相关技术有哪些？ •有什么可替代的目的？	•目标具体可行吗？ •目标是可达成的吗？ •现有的相关策略是什么？ •替代策略是什么？ •这些竞争性策略可能的成本与效益是什么？ •这些竞争性策略可操作性的特征是什么？ •这些竞争性策略如何与组织系统结合？ •这些竞争性策略可行性如何？	•活动的时间表为何？ •人员如何分派？ •方案的预算为何？ •设计中有什么潜在的问题？ •设计与实施间会有什么落差？ •设计需要改变吗？ •实施过程需要什么改变？	•会达成什么结果？ •它们是否与目标一致？ •有何负向的结果？ •有何正向的结果？ •结果是否建议修正目的、设计或过程？ •结果是否能确认是一项成功的计划？

二、评鉴的种类

基本上，在休闲活动方案中，需要执行两种评鉴。其一，必须询问服务的成果或效益，比较偏向于总结性的评鉴；其二，必须提供实行服务的过程或努力的相关数据，比较偏向形成性的评鉴。以下逐一说明。

（一）效益评鉴（Benefities Evaluation）

效益评鉴也可以被称为"成果分析""影响性评鉴""效果评鉴"等，主要测量方案的"产出"（outputs），以了解服务对顾客的影响。像是参与休闲活动方案后，老年人有何改变？他们是否学会了什么休闲技巧？开发了个体的休闲技能是否变得比较健康呢？短期效益在哪里？长期效益又如何？这类型的评鉴，都与活动方案计划当中所提出的目的与目标有直接的关联，是试图用来评鉴活动方案顾客的。

（二）执行评鉴（Implementation Evaluation）

执行评鉴则是关心在组织内活动方式是如何被执行的，也可以被称为"效率分析""效力评鉴"或是"过程评鉴"。这个评鉴方法可以判断用来开展服务的资源是否以有效率、合法和有道德的方式被应用。执行评鉴评定活动方案运作的价值，测量其"投入"（inputs）。例如：泳池是否有足够的救生员呢？这些救生员是否全都经过训练取得证照呢？有没有超过预算呢？有没有增加使用者的满意度呢？

三、效益和执行评鉴的策略

在种种效益和执行评鉴的底下,有具体的策略可应用。下列是各种专注讨论评鉴的策略选项,有些可以促成效益评鉴,有些则具执行评鉴的用途。通常不同的办法会一起在同一个评鉴调查中使用,或是在同一段时期内依序进行。事实上,一个理想的评鉴将包括可处理效益和执行两种办法。表12-9清楚地概述了每一种策略的主要功能与用途。

表12-9 评鉴策略的摘要

策略	主要功能	用途
证照和检定	以专业标准来衡量活动方案的成功	执行评鉴
平衡计分卡	平衡行动表现和愿景的管理流程	执行评鉴
标杆分析	将活动方案与不同机构进行比较	执行评鉴
效力评鉴	评估机构为活动方案所做的努力	执行评鉴
成本效益分析	计算服务成本与参与者效益间的关系	效益和执行评鉴
趋势分析	与时势比较活动方案的要素	效益和执行评鉴
目的与目标达成程度	判断活动方案是否符合当初声明	效益和执行评鉴
参与者满意度	用问卷评估参与者意见	效益评鉴

(一)证照和检定

活动方案是否符合国家认证或所属协会机构许可的最低标准呢?在休闲服务领域工作的人,都必须遵守各种专业标准、作业原则、道德基准及认证规定。许多游憩协会除了有一系列的认证办法外,也包括了为活动方案参与者提供高质量服务保证的标准,以及订定对使用的自然资源应采取的妥善环保意见。

(二)平衡计分卡

活动方案是否符合组织的愿景和策略目标呢?平衡计分卡的评鉴方式,其实比较像是一套管理流程,其目的是平衡行动表现与愿景,并延伸至全面质量管理(TQM),这个流程直接评估活动方案策略目标的达成与否。在平衡计分卡上效能评估参数依类别排列,分别是财务、顾客满意度、内部计划流程以及学习成长,需长期的追踪始较能明显观察。

(三)标杆分析

活动方案与其他组织或服务领域里的同类型中最好的比较起来,是否具竞争力呢?标杆分析有三个步骤:①决定要比较什么;②决定将哪些和多少其他组织列入可比较的范围之内；③设计一份问卷，并根据比较的重点，分寄给选出的其他组织。

（四）效力评鉴

这个评鉴办法专注在评估组织为主办活动方案所付出的努力，通常关系到职员参与活动计划和执行的人数（百分比）。

（五）成本效益分析

活动方案的成本比起效益的结果如何呢？担心活动方案的效率，使得人们开始使用成本效益的比较。计算时，先决定成本的金额（包括职员、设施和补给品），接着以金钱计算活动方案的好处，最后两者的比例就是最终答案。如果成本效益的比例过高，活动规划者就该努力降低该比例——最好是在不干扰活动方案的质量之下达成。

（六）趋势分析

这个比较可协助活动规划者，根据过去所记录的改变当中，判断未来可能会发生的情形。该纪录包括任何长期衡量的数据，如支出、收入、服务的人数以及意外的次数等。

（七）目的与目标达成程度

活动方案是否达成了当初计划阶段所提出的目的与目标？这也许是最重要评鉴办法，用来判断活动方案是否达成了当初声明的目的。要回答这类问题，需要在最初就正确且清楚地设定目的与目标。评鉴这类的成果包括：参与者的技能纯熟度、社交行为的变化、个人价值观或自我概念，以及其他理想的活动方案效益。除了规划师评定各种成果外，也应让参与者自评。

（八）参与者满意度

参与者是否喜欢活动方案呢？一般使用问卷或评分指数，让活动方案的参与者发表他们对活动方案的意见，满意度指标领域、问题意识及其相关题型如表12-10。

表12-10 满意度指标领域、问题意识与相关题型

领域	问题意识	题型举例
成效	提供有关精通一项活动、新技巧的发展，以及成功掌握新经验的信息	① 我从活动中学到了更多 ② 我可以发展新技能
自主	提供有关参与者对情况掌握的信息。数据显示独立感与依赖感	① 我可以控制活动 ② 我有机会独处

续表

领域	问题意识	题型举例
环境	提供有关地点满意度的信息,包括干净程度,空间规划设计,是否吸引人	① 地点相当吸引人 ② 设施的环境很适宜
远离家庭束缚	提供有关参与者能成功地遗忘对于家庭成员挂念与焦虑感方面的信息	① 我可以忘却家庭义务 ② 我在活动中没有感觉到家庭责任
家庭团聚	提供有关参与者通过活动成功地与其他家庭成员联系情感方面的信息	① 活动让家人更亲密 ② 家人能一起参与这项活动
心情欢快	提供有关参与者在活动中对于享乐和欢愉的心理知觉方面的信息	① 这是一项很好玩的活动 ② 我玩得很高兴
体适能	提供有关参与者提升体适能方面的信息	① 活动让我身体保持健康 ② 我很喜欢体能运动
放松	提供有关个人在参与活动后免除压力的感觉方面的信息	① 我在活动中可以放松 ② 我享受到宁静
风险	提供个人在参与活动,对于危险感方面的信息(生理、心理、情绪)	① 我感受到些微的刺激 ② 我喜欢活动中冒险的感觉
社交乐趣	提供有关在活动过程中所经历的友谊方面的信息	① 我在活动中结交新朋友 ② 我喜欢社交活动

四、拟定评鉴系统

在拟定评鉴计划时,必须考虑到许多细节。最重要的考虑因素包括人事、资金、时机,以及诚实与道德。总的来说,这些因素都可通过一套指导方针来管理,以拟定评鉴系统。以下依序说明。

(一)联结评鉴策划

为评鉴特定的活动方案所付出的努力,应该彼此链接交织成一个系统,汇聚成为协调一致的共同体。这需要活动规划者彼此之间公开沟通,也需要将组织整体评鉴的愿景透明化。例如,为评鉴某个活动方案所设计的问卷,也可以用来评鉴另一个相同性质的活动方案,并且将所获得的结果共享。

(二)取得行政资源

说服组织的领导们,或与行政人员及咨询小组沟通,帮助你获得深刻的洞察,和取得投入评鉴调查的承诺。换句话说,一同协力进行评鉴,对活动后续的改善是很有帮助的;同时也代表着评鉴结果很有可能会被用来改进活动方案，以及更新活动方案的策略。

（三）人事配置

你的组织应该指派一名职员负责活动方案的评鉴。许多时候活动规划者本身就担任这个角色，但如果你需要更多其他信息时，或许引进外部专家也是不错的法子。理想上，负责评鉴的人应该分析量化与质性的调查方法，有能力分析与解读资料，也具备优异的书写与口头报告技巧，以便让调查结果对组织产生真正的意义。

（四）邀活动方案的参与者一同参与

邀请参与者一同评鉴的好处不少，一来可以与其互动更加频繁；二来显示我们对办好活动的决心与信心；三来可以真正帮助规划师掌握第一手数据；四来让他们了解活动方案试图达成的目的是什么，从而减少他们的疑惑；五来也终将提升他们对评量调查和活动方案的支持。

（五）定义任务与阐明权力结构

在最初，所有参与评鉴的人，彼此应该非常清楚知道对方的期待是什么；但同时各自的任务范围和限制都需要被明确声明，最好是以书面的方式确定下来。这不但可以明确评鉴的完整性、填补评鉴调查的差距，也能够在意见不合时有脉络解决。

（六）提供足够的资金

评鉴的成本应该被编入组织运营的预算当中。依照规模和办法的不同，评鉴工作可能会很昂贵，尤其是人事成本。所需纳入评鉴支出包括：①样本筛选成本；②采访的车马费；③测试评鉴方法的材料成本；④雇用外部顾问和监督评鉴作业的成本；⑤职员训练链成本；⑥输入数据的人力和材料成本；⑦分析员成本、制作图表和特殊数据的分析；⑧报告准备的人力和材料成本；⑨电话费、邮费、打印和复印成本。

（七）确认足够的时间

评鉴需要花费时间，有些需要在一年的时间里，花费好几个月才能完成；有些则必须在特定季节里方案才能开展，而评鉴也才能实施，例如：冬季滑雪活动。此外，还需要设定一个大家都同意的时间范围来完成评鉴计划。需要注意的是，一个许多评价者都会犯的错误就是低估了需要花费的时间，造成报告的延迟。我们的建议是应该放宽20%的时间，好抵销这样的低估。

（八）提供有用的反馈

当评鉴调查收集而来的资料被视为有用时，规划师的努力就会获得所有相关人员的肯定。因此，提出一些更具目标导向的评鉴机制，将能提高众多工作人员对评鉴调查的重视。

（九）准备一个评鉴计划的提案

一份正式的提案，以文字描述评鉴的目的，可帮助你与组织内其他人谈论你的计划；而撰写提案的过程可以帮助你仔细思考你将实施的调查步骤，也帮助你更有效率地执行这个调查工作。

（十）让评鉴计划持续进行

成功的评鉴计划从一开始就井然有序，并且一直保持在正确轨道上直到结束；这也意味着监督总结报告需及时完成。

（十一）以有道德和正直的态度执行评鉴

正直，是指评估活动方案所搜集的资料具有正当性；道德，则关系到整体评鉴过程中对待参与者的方式。首先，你如何维持评鉴的正直性？使用评鉴结果的人，希望数据是正确的，所以要确定达到"真的、可靠、正确"的有效性与可信性，可由具备公信力的"第三方检证"。那又如何在过程中达成良好的道德实践呢？我们建议必须提供一个安全又没有差别待遇的氛围，那就要提出"同意书"的签具，包括说明流程、参与评鉴的潜在效益与风险、参与者的隐私与选择的尊重等，都必须详列在案；另外通过第三方审核也是可行的方式。

结语

何去何从——老年人的休闲与未来

－不是结束·正要开始－

你以前或许不会说老人很酷,但他们确实是酷毙了!婴儿潮世代的乐龄族不仅积极参与生活,甚至非常喜欢挑战自我,超越身体的适能。就如前述提过的《花甲背包客》主人翁——张广柱和王钟津两位生活在北京的普通老人,从2005年开始,背着背包、操着一口蹩脚的英语,已自助游览了亚洲、欧洲、北美洲、南美洲的数十个国家,你敢说,你能比他们酷吗?

以下,至少是我在老年休闲服务的十多年经验中,认为老年人的休闲未来。它们可能正在起步,也可能是延续现在的状态。

- **不只眼前苟且,还能自主规划**

正如我们所知,"人老心不老"的婴儿潮世代正多方面地改变旅游的面貌。婴儿潮时代在每个生命阶段都挑战着原有的规则,当他们行到此人生阶段,亦是如此。他们所需要的、所能想到的旅游方式,可能远比商业旅行社所能提供的还多,当然也无法满足于现今所提供的"制式化休闲方案"(regularly scheduled program)。以英国的老人旅游俱乐部(Elder Travel Club)为例,该机构除雇用专业人员协助老年人自行设计旅游行程之外,还让老年人做自己行程的主人,因为他们坚信自己规划旅游行程可真正符合个人的需求。

自主规划的真正意义是:老年人深度了解自己在旅游过程中产生内心真正的想法,让旅游是一种解放,走向真实的行动,而不是被简化为一种可以花费或使用的商品。毕竟,旅游方案是可加工的,旅游方案内容是有实体的,旅游方案服务是无形的,而旅游方案体验是难忘的。完全由组织规划的旅游,意味着高龄者本身的角色是被动的、习于非主动的游憩而单独片面镶嵌入一个个已规划妥当的方案之内。依据这样的逻辑,老年人自主规划的方案将琳琅满目,如:与美容结合的"医美旅游"、与健检结合的"康养旅游"、与虚拟仿真结合的"VR旅游"。

• 冒险，也是不老顽童的诗和远方

美国一项广泛调查显示，美国老人生活形态兴趣的几项有出人意料的发现，这是自2007年开始针对5000名老人所做的调查，调查结果颠覆了传统对老人休闲活动的印象。表1即是该调查对老人运动和户外冒险休闲的排名。左半边是活动列项，右半边是评为"极度重要"的比例，底下则是列出受欢迎程度增加的比例。

表1 老人运动和户外冒险休闲的排名

活动	评为"极度重要"的比例/%
游泳	55.2
高尔夫	49.2
保龄球	34.4
钓鱼	30.1
独木舟、激流泛舟	26.2
活动	受欢迎程度增加的比例/%
健行、登山、高空垂降	18.0
激流泛舟	17.8
高山滑雪	9.1
直排轮	7.3
赛跑	6.1
滑翔翼、飞行伞、高空跳伞	6.0

其中数据显示，在户外休闲活动中，游泳、高尔夫和保龄球的重要性评分最高，但令人惊奇的如激流泛舟、健行和滑翔翼的重要性迅速地提升。滑翔翼、飞行伞、高空跳伞有6％的老人列为极为重要的生活型态，几乎和赛跑的比例一致。所以，你已不能再无视于老年人追求冒险活动的渴望，过去会忽视的原因只是因为你对婴儿潮世代的身心认知可能不够客观。唯一要注意的就是安全第一，毕竟老人已经不像年轻时能摔耐跌。

还有，纵使我们将可以预见更多婴儿潮世代的老人使用尖端科技的应用软件，包括社交网络链接、视讯和部落格，但对于其他老年人来说，学习某项科技工具就是一场冒险。所以开展类似活动方案时一定要先说明实用性，跟使用的好处在哪里，最好是组建一个社群，让已经学会电脑的老年人来教导不会但想学的老年人，因为只有老年人自己才知道从哪里学起以及如何学，他们可以按照自己的节奏有效地传递经验，有更多的耐性来互相帮助。

- 学习-工作-休闲的三角习题

　　Mark Penn在他的畅销书籍《微趋势》(Microtrends)当中,创造了"working retired",可以译为"仍在工作的退休者"。他说:"现在有这么多美国人健康地活到85岁,愈来愈少的人会在65岁时退休"。他发现现今婴儿潮世代老年人仍留在工作职场的,是20世纪80年代早期的两倍。因此,他断定了一个趋势,那就是老年人多留在职场10年,甚至20年,年轻的工作者可能升迁得更慢、选择性更少。这可能是一个事实,但也并非全然正确。毕竟,有时候退休或不退休也不是自己能够随心所欲的事。但可以肯定的是,老年人对于"学习-工作-休闲"三者间的界线将不再明显。

　　我们可以从人生的三个盒子来探讨。所谓的人生三个盒子,就是指"学习""工作""休闲"。过去,一般都认为人生的顺序就是从人生前期的学习,跳到人生中期的工作,再到人生晚期的休闲;然后人们总是勤奋地把工作寿命拉得很长,把休闲寿命压缩到短短躺在床上的几年岁月里,等到想要休闲时已经是徒呼负负地说:"抱歉!我走不动了,我到哪儿都去不了了"。

　　现在人们则认为不管在哪个人生时期,都允许在三个盒子里转换,有时候连学习、工作与休闲都密不可分了,学习是一种休闲、工作也是一种休闲;或是休闲就是在学习与工作。因此,休闲活动的分类就更加五花八门了。

- 老年人的年岁得重新界定了!

　　我们都很清楚,新一代的老人与旧一代的老人已不可同日而语,联合国世界卫生组织之所以会以65岁为老龄指标,是因为沿用19世纪中叶德国俾斯麦在社会保障政策上的规定,让65岁以上的人可以从工厂退休回家休养。但问题是,当时德国境内的人平均寿命为49岁。直至现今,发达国家或某些发展中国家的老年人平均年龄已超过70岁,再用65岁或60岁作为老人年龄界限的划分,本质上就显得荒谬。在2017年4月,联合国世界卫生组织经过对全球人体素质和平均寿命进行测定,对年龄划分标准作出了新的规定。

该规定将人的一生分为五个年龄段：未成年人是指0～17岁；青年人是18～65岁；中年人是66～79岁；老年人是80～99岁；长寿老人是100岁以上。如果依照这个新规定，未来的休闲计划得再从长计议，形成"教+养+医结合模式"（即按照人类老化规律所发展的综合体休闲）；而本书到时可能也得改名是《中青年休闲活动规划与执行》吧。

- 老年休闲，需要有你有我

当你准备好向前迈进成为专业的老年休闲活动规划师时，重要的是体会到你周遭的人可能会对这些婴儿潮世代的老年人并不认识。为了好让你大展身手、开发一项有意义的老年休闲活动，你可能还得花点时间教育和告知身边的亲朋好友们，有关这一大群婴儿潮世代所带来的巨大机会。

以下，是一些可以协助你开始以婴儿潮世代做休闲活动革命的新构想。

① 承诺协助周遭的人熟悉这个独特的婴儿潮世代群体，以共享经济、系统思维方式和其他相关单位联合创造一系列的策略来满足他们的需求。

② 多花些时间浏览网络，以找寻并获得更多的灵感与资源，好让你能掌握和婴儿潮世代相关的未来研究和信息。

③ 运用，以及与领导者、政治家、学术家、商业家、你的亲朋好友等分享这本书的观念，以协助他们赶上婴儿潮世代的潮流。

④ 评估你社区的资源，最好能够就地取材，以及了解哪些当地组织已经在响应婴儿潮世代的需求。

⑤ 开始和其他在实际与虚拟网络社群内重视婴儿潮世代的组织与个人进行对话，以先行了解他们现在和未来的五年、十年、二十年甚至三十年内将如何满足这个世代的需求。

最后，再次重申聚焦在婴儿潮世代的好处是：充分了解这个婴儿潮世代的休闲需求，学习休闲活动方案规划与执行绝对不会错、不会失败。接下来，你影响他们的老年休闲活动方式，这些人也将用另一种方式影响你的生活、工作和休闲，并且你将会得到他们忠诚、支持，最终成功的回报。

于是，我再问你一次：您准备好迎接老年人休闲时代的到来了吗？

附录
学习资源

附录1 莲花法表格及实作练习

1. 莲花法表格

2. 莲花图实作练习

你学会了如何通过莲花法创思活动方案规划了吗？现在，邀请你继续以老年人为对象，并以如下表格所示，扩展出8个宫格的创意发想；最后圈选出你心目中最满意的答案后，在最中心格子内填下你这份老年休闲活动方案的具体名称。

经由此练习，你会发现老年方案的呈现将有更多不同可能。你值得探究它，发现它的奥妙！

时间	地点	休闲型态
可用所需资源	待定： 老年休闲活动方案	参与成员伙伴
推广营销	预期效益	注意事项

附录2　635默写式激荡法表格

1	1	1
2	2	2
3	3	3
4	4	4
5	5	5
6	6	6

附录3 活动设计撰写练习表

1. 活动设计撰写表

一、活动名称		好的开始是成功的一半！ 取一个能吸引眼球、引发参与兴趣动机的标题
二、活动目标		明确列出较可行、可操作，结合老年人想要（want）+需要（need）的活动目的（每个活动目标宜1~3个，不可贪多）
三、目标对象		性别、年龄、身心状况及其他限定范围
四、参与人数		预计招收/参与人数
五、实施时间		次、星期、时长，共所需时间
六、活动地点		方便参与的场所，及可能因天气影响而需要的预备场地
七、设计理念	活动主轴	从活动目标聚焦
	创意特色	亮点、独特之处
	气氛感觉	想要营造的气氛
	所需设备	包含软硬件工具
	空间规划	勾勒出场地设计，并写出理由
	人力配置	所需人员人数等
八、活动流程		时间	具体内容（愈细愈好）
	第一次		
	第二次		
九、人力配置		（练习时可暂时省略，但仍应思考）
十、经费概算		（练习时可暂时省略，但仍应思考）
十一、预期效益		配合目的目标、思考方案评鉴的效果、效益、效用

2. 参考范例

一、活动名称	"食"在好健康	
二、活动目标	① 通过终身学习健康饮食的观念，让老年人能清楚了解营养均衡知识并阐述健康饮食习惯的重要性； ② 培养老年人养生烹饪的乐趣，能达到自主在家做好养生调理的能力	
三、目标对象	主要以村内已退休，介于55~75岁能自主烹饪的中老年人	
四、参与人数	预计每梯次招收20人（三梯次共60人）	
五、实施时间	连三周周日；一次两节课，第一节40分钟，中间休息20分钟，第二节90分钟	
六、活动地点	村乐龄书院教室及烹饪厨房	
七、设计理念	活动主轴	健康均衡饮食
	创意特色	通过食材介绍、现场烹饪指导方式，展现有创意的均衡饮食
	气氛感觉	希望能营造出没有压力，让老年人仿佛置身在自家厨房的感觉
	所需设备	长桌、椅子、计算机、屏幕投影机、麦克风、喇叭、投影笔、原子笔、血压计、卡式炉、烹饪基本用具、课程PPT、课程所需食材及图片（数量依实际参与人数编列）
	空间规划	说明：〇为老年学员，5个人为一组；☆为助手A、B，中间爱心符号为教师。教师负责上课教学，助手A负责在课堂上当教师的教学助手，助手B可视情况给予老年学员协助；线条代表长桌，须保留至少可一人穿越的空间，教师可确保在范围内走动、容易贴近老年学员
	人力配置	一名教师，熟悉料理的两名助手。最好有村两委若干人留在现场
八、活动流程	第一次	**时间** / **具体内容** 08:30~09:00 / 签到、量血压、领取上课用教材 09:00~09:40 / **课程1：健康饮食养生之道** 由教师准备并讲授"健康饮食养生之道"PPT 主要内容 年老是人生必经的阶段。年纪大了，病痛自然增多，想要活得健康，减少病痛，良好的饮食调摄是必须的。食物与药物一样有偏性，故此饮食养生并非无限制地补充营养，而是遵循一定的原则及法度。首先就要了解一下老年人的体质

续表

		时间	具体内容
八、活动流程	第一次	09:00～09:40	**（1）清淡为主** 老年人脾胃虚弱，消化力弱，故此饮食宜清淡为主。少吃浓味、肥腻之物，如果伴有高血压、高血糖及高血脂等问题，更加避免摄取过咸或过甜的食物。此外，长者阳气相对偏虚，故宜食用温热之品顾护脾肾，少吃生冷。而老人家牙齿松动脱落，咀嚼乏力，故食物宜软，忌黏硬不易消化的食物。故此，古人提倡老年人应多吃粥。粥不但容易消化，且益胃生津，对老年人的脏腑尤为合适 **（2）饮食有节** 所谓饮食有节，即要注意定时和定量。饮食过量，势必加重胃肠负担，使食物滞留于肠胃，不能及时消化，脾胃也因承受负担过重而受到损伤。老年人更应该少吃多餐，既保证营养吸收，又不伤胃肠。一日之中，机体阴阳有盛衰之变，白天阳旺，活动量大，故食量可稍多；而夜暮阳衰阴盛，即待寝息，以少食为宜 **（3）食后养生** ① 进餐后的养生也是十分重要的，如食后以热手摩腹，有利腹腔血液循环，帮助消化，另外，饭后不宜立即卧床休息，要做些从容活动才有利健康。俗语说："饭后百步走，能活九十九。"适量运动可促进消化吸收，是一种简单易行，行之有效的养生法 ② 由助手展示待会儿所需的食材，并简单说明食材效用，让老年人辨识 ③ 结语：注意饮食养生，配合适当的运动及生活习惯，长者们必定活得精彩，减少病痛，尽享天年
		09:40～10:00	休息时间；发送每人一根香蕉食用
		10:00～11:30	**课程2：养生料理我最行** **（1）圆白菜粥** 白饭 300克 圆白菜 150克 猪肉丝 100克 干香菇 2个 胡萝卜 15克 香菜 适量 高汤 1600毫升 盐 1小匙 白胡椒粉 少许 淀粉 少许 料理米酒 少许 【做法】 ① 猪肉丝洗净沥干水分，放入大碗中，加入所有腌料拌匀并腌约5分钟备用 ② 圆白菜剥下叶片洗净，沥干水分后切丝；干香菇泡软后切丝；胡萝卜洗净去皮切丝；备用 ③ 热锅倒入少许油烧热，放入香菇丝小火爆香再加入猪肉丝改中火续炒至变色，再加入胡萝卜丝和圆白菜丝拌炒均匀，加入高汤以中火煮至滚沸，放入白饭改小火拌煮至略浓稠，再以所有调味料调味，最后加入香菜即可

续表

	时间	具体内容
八、活动流程	第一次 10:00～11:30	（2）青木瓜拌百香果酱 青木瓜 150克 盐 1小匙 百香果酱 2大匙 【做法】 青木瓜直接去皮后，先切成薄片状，再加入腌料拌匀，并腌渍约一天即可 【备注】 用青木瓜作料理前，是不需要先清洗的，因为清洗后未拭干的水分会留在木瓜皮上，而当你在去皮的同时，青木瓜上的汁液会和水分一同四溅到手上，如此将容易让皮肤产上红肿、瘙痒、过敏之情况 （3）地瓜叶养生苦瓜汁 苦瓜 1/3颗 冰水 120毫升 番石榴 1/4颗 地瓜叶 8片 冰块 8块 蜂蜜 适量 【做法】 ① 苦瓜、番石榴洗净后切细丁；地瓜叶洗净后切丝 ② 将所有材料放入果汁机中 ③ 用慢速3分钟打至材料细碎成汁即可 ④ 依据个人口感决定是否添加蜂蜜 【备注】 功能：预防糖尿病、养生功用 地瓜叶除了含膳食纤维之外，由于是深绿色也含丰富的叶绿素。苦瓜经过临床研究，更发现有助于预防代谢性症候群（糖尿病、高血压等） 这杯蔬果汁很适合银发族或血糖不稳定者，口感有点甘苦，有不错的养生效果，希望摄取地瓜营养又怕淀粉摄取过多者，可以地瓜叶代替
	第二次 08:30～09:00	签到、量血压、领取上课用教材
	09:00～09:40	**课程1：四季养生之道** 由教师准备并讲授"四季养生之道"PPT 主要内容 （1）春季养生 以五行来讲，春天的气通到肝脏，而肝脏所表现出来的情是七情（喜、怒、忧、思、悲、恐、惊）中的怒，所以在春天肝气会较旺，只要稍受刺激就比较容易动怒，因此在情绪上宜调柔，保开阔乐观的心情。此季节的代谢也比较强，所以在饮食方面，可以吃一些稍微辛辣的、比较干温、清淡的食物，通常春季比较少用补养药膳，吃一些清淡的食物即可 （2）夏季养生 夏季的阳气就比较旺了，此时气候渐热，很容易流汗，"汗为心之液"，发汗过度，心气就容易消耗。夏天昼长夜短、阳盛阴虚，所以可以稍微晚一点睡，但是年纪大的人宜十一点前就寝

续表

		时间	具体内容
八、活动流程	第二次	09:00～09:40	（3）秋季养生 　　秋天比较内敛，尽量不要吃辛辣的东西，但可吃一些带酸的东西，如：乌梅、柠檬或中药的五味子等较收敛的食物。而芝麻、核桃、糯米、蜂蜜也都不错，甘蔗汁是秋天很好的保养品，如果体质怕凉的人可以把它温一下。药膳方面，可以吃一些百合粥（百合熬稀饭）或牛奶杏仁。身体虚弱和肺机能较差者，可以煮稀饭放一些黑枣。 （4）冬季养生 　　冬天是最冷的季节，夏天是阳气盛、冬天是阴气盛、万物收藏，所以养生宜避寒就温，尽量做到阴阳平衡。在寒冷的冬天，我们喜欢待在家里不出门，这样不太好，而衣服穿太多、太厚都不宜
		09:40～10:00	休息时间；发送每人一根香蕉食用
		10:00～11:30	**课程2：养生料理我最行** （1）南瓜莲子饭 南瓜 40克 莲子 30克 白米 100克 水 100毫升 【做法】 ① 莲子用冷水（材料外）浸泡约4小时至涨发，沥干水；南瓜去皮、去籽、切丁，备用 ② 白米洗净后沥干水分与莲子及南瓜丁放入电饭锅中加入水，按下开关蒸至开关跳起，再焖十分钟即可 （2）养生汤 排骨 150克 胡萝卜 50克 白萝卜 70克 南杏 5克 北杏 5克 炙陈皮 3克 红枣 5颗 姜片 8克 水 适量 盐 1/2茶匙 米酒 1/2茶匙 【做法】 ① 排骨切小块；胡萝卜、白萝卜洗净去皮备用 ② 取一汤锅，加入适量的水煮至滚沸后，将胡萝卜、白萝卜块、排骨块一起放入滚水中汆烫约1分钟后取出，冲冷水至凉，并放入电饭锅内锅中 ③ 将南杏、北杏、炙陈皮、红枣用清水略为冲洗净后，与姜片、水加入电饭锅内锅中 ④ 电饭锅外锅先加入2杯水后，放入电饭锅内锅，盖上锅盖、按下电饭锅开关，待电饭锅开关跳起，焖约20分钟后，再加入盐及米酒调味即可

续表

	时间		具体内容
八、活动流程	第二次	10:00～11:30	（3）养生茶 红枣 5粒 当归 5克 枸杞 10克 水 700毫升 【做法】 ① 红枣用刀子割3刀；所有药材以冷水冲洗去除杂质，备用 ② 取一汤锅，放入水700毫升煮至沸腾，加入步骤①的药材，以大火煮至沸腾后，盖上锅盖，转小火煮约25分钟 ③ 将药材过滤即可饮用

附录4 目标对象基本资料填报表

请在下列方格□内勾选符合您本身的叙事选项，或在线上填入您的答案，谢谢！

```
1. 性    别：□男        □女
2. 年    龄：□55岁以下   □56～65岁    □66～75岁
            □76～85岁   □86岁以上
3. 教育程度：□不识字     □自修识字    □小学    □初中    □高中（职）
            □专科或大学 □硕士及以上
4. 婚姻状况：□未婚       □已婚，与配偶同住
            □离婚       □已婚，与配偶分居
            □丧偶       □与子女同住
5. 退休前的职业：□军     □公          □教     □工      □商
                □农林渔牧 □自由业     □家管   □其他（请注明）_____
6. 经济状况：□相当富裕   □大致够用
            □略有困难
7. 目前收入来源：□退休金  □政府津贴   □子女供给
                □工作薪水 □过去储蓄   □其他（请注明）_____
8. 健康状况：□非常健康   □大致健康
            □患有慢性病 □经常生病    □其他（请注明）_____
```

附录5 工作完成度检核表

一、依准备事项与完成时间来检核

准备事项	负责人/单位	完成与否	备注
横幅		□是 □否	拍照留念
演讲费		□是 □否	
讲师接送		□是 □否	
传单、海报 （发送时间、张数）		□是 □否	

续表

准备事项		负责人/单位	完成与否	备注
海报	演讲海报		□是 □否	
	会场入口海报		□是 □否	
	场地指引海报		□是 □否	
会场布置与安排	场地租借		□是 □否	会场布置不落俗套
	桌椅安排		□是 □否	
	茶水鲜花		□是 □否	
	桌布		□是 □否	
	麦克风		□是 □否	
	灯光		□是 □否	
	空调		□是 □否	
演讲讲义（印制、装订）			□是 □否	
演讲配备（投影机及其他）			□是 □否	多媒体呈现 声光俱佳为宜
相机、电池			□是 □否	
司仪、主持人安排			□是 □否	人选要具备了解方案，可有效带动气氛
联系记者			□是 □否	增加活动能见度
录音			□是 □否	须先询问讲师意愿
发函讲师			□是 □否	确认住宿与否
谢卡			□是 □否	
茶点			□是 □否	

二、依工作小组与工作内容来检核

工作小组	工作内容	负责人	完成与否
接待组	1.制作、寄发邀请函		□是 □否
	2.整理传真回条		□是 □否
	3.联系讲师的住宿与交通		□是 □否
	4.接送机		□是 □否
	5.交通车安排		□是 □否
议事组	1.稿件催收与整理		□是 □否
	2.寄发公文		□是 □否
	3.制作、寄发行前通知		□是 □否

续表

工作小组	工作内容	负责人	完成与否
议事组	4. 制作大会手册、识别证、会场海报		□是 □否
	5. 办理报到、制作签名簿		□是 □否
	6. 光盘制作与刻录		□是 □否
场地组	1. 展示架洽借、运送事宜		□是 □否
	2. 会场布置 （视听器材、布条、盆花等）		□是 □否
	3. 会场控制 （场次配置、人员配置、海报更替）		□是 □否
	4. 外场布置与管理		□是 □否
总务组	1. 经费控制：账务、费用、支出		□是 □否
	2. 采买会议所需及会场布置用品		□是 □否
	3. 盒饭、茶水、茶点准备		□是 □否
	4. 用餐场地布置		□是 □否

三、方案策划 CACE 能力自我检核表

1. 姓名：
2. 性别：□男 □女
3. 规划经验：□1年以下 □1年（含）~3年 □3年（含）~5年 □5年以上

专业能力		自我评量 低──────→高				
		1	2	3	4	5
C 核心企划 能力	1. 方案规划能力	□	□	□	□	□
	2. 情境分析能力	□	□	□	□	□
	3. 创造能力	□	□	□	□	□
	4. 统整能力	□	□	□	□	□
A 行政能力	5. 时间管理能力	□	□	□	□	□
	6. 预算编列能力	□	□	□	□	□
	7. 解决问题能力	□	□	□	□	□
	8. 团队领导能力	□	□	□	□	□
C 沟通能力	9. 沟通能力	□	□	□	□	□
	10. 简报能力	□	□	□	□	□
	11. 营销能力	□	□	□	□	□
	12. 多媒体制作能力	□	□	□	□	□
E 评价能力	13. 敏察需求能力	□	□	□	□	□
	14. 批判反省能力	□	□	□	□	□
	15. 评估能力	□	□	□	□	□

参考文献

[1] 余嫔, 1997. 提高全民休闲素养由加强休闲教育开始. 教学与研究双月刊, 55:6-9.
[2] 余嫔, 2000. 休闲教育的实施与发展. 大叶学报, 9（2）:1-13.
[3] 吴运全, 谢智谋, 2002. 环境态度与游憩体验关系之研究——以绿岛生态旅游为例. 2002年生态旅游学术论文发表会论文集, 199-216.
[4] 吴忠宏, 黄宗成, 洪常明, 2005. 澎湖居民对生态旅游知觉与发展生态旅游态度关系之研究. 户外游憩研究, 18（3）:1-30.
[5] 李宗鸿, 2005. 国家森林游乐区游客游憩体验之研究. 真理观光学报, 3:49-72.
[6] 李宗鸿, 2006. 游客游憩体验之研究——以柴山自然公园为例. 休闲运动期刊, 5:223-232.
[7] 林朝钦, 李英弘, 2001. 户外游憩体验之多阶段性实证. 户外游憩研究, 14（1）:1-10.
[8] Hooyman N. R., & Kiyak H.A.著. 2003. 社会老人学. 林欧贵英, 郭钟隆译. 台北：五南文化.
[9] Cene Bammel & Lei Lane Burrus-Bammel著. 休闲与人类行为. 涂淑芳（译）, 2001. 台北：桂冠.
[10] 徐茂练, 纪慧如, 吴宜芳等, 2011. 真实体验与生活质量关联性之研究——以民宿休闲为例. 健康管理学刊, 9（1）: 99-118.
[11] 张梁治, 陈朝圳, 蔡志坚, 2004. 胜任感与自我决定感：促进老人游憩体验满意的主要因素. 户外游憩研究, 17（3）: 37-50.
[12] 张金明, 2011. 旅游产业将来的机会. 旅奇周刊, 148:70-90.
[13] 孙蓉萍, 2008. 抢赚银色财富. 今周刊, 592:88-92.
[14] J. Robert Rossman & Barbara Elwood Schlatter著. 2003. 活动企划：企划原理与构想发展. 陈惠美, 郑佳昆, 沈立（译）, 台北：品度.
[15] 陈嫣芬等, 2009. 老人休闲活动设计与规划. 台北：华都文化.
[16] 黄富顺, 2007. 各国高龄学习. 台北市：五南.
[17] 黄富顺, 2008. 高龄教育学. 台北市：五南.
[18] 黄富顺, 2011. 高龄学. 台北市：五南.
[19] 颜妙桂, 1994. 休闲与教育. 台湾教育, 23:15-17.
[20] 颜亚玉, 2001. 宗教旅游论析. 厦门大学学报, 3:69-73.
[21] Christopher R. Edgiatoa, et al.著. 2002. 休闲活动规划与管理. 颜妙桂译, 台北：桂鲁.
[22] Ruth V.Russell & Lynn M. Jamieson 著. 2009. 休闲活动规划与执行. 苏枫雅译, 台北：华都文化.
[23] 刘子利, 2001. 休闲教育的意义内涵功能及其实施. 户外游憩研究, 14（1）:33-53.
[24] Allen, L.R., & McGovern, T.D. 1997. BBM: It's working. *Parks and Recreation, 32 (8)* :48-55.
[25] Arsenault, N. L. 1998. *A study of educational-travel and older adult learners:Particpant types and program choices*. Unpublished doctoral dissertation,McGill University（Canada）.
[26] Beard, JG,Ragheb, MG 1980. Measuring leisure satisfaction. *Journal of LeisureResearch,12 (1)*: 20-33.
[27] Bodger, D. 1998. Leisure, learning, and travel. *Journal of Physical Education,Recreation & Dance, 69*:2-31.
[28] Bullock, C.C., & Mahon, M.J. 2001. *Introduction to Recreational Services for People with Disabilities*. Illinois: Sagamore Publishing.
[29] Binstock, R. H. & George, L. K. 2001. *Handbook of aging and the social science*. San Diego: Academic.
[30] Clawson, M. & Knetschy, J. L. 1969. Alternatives method of estimating future use. *Economics of Ourdoor Recreation, 21 (7)* :36.
[31] Crandall, R. 1980. Motivations for leisure. *Journal of Leisure Research,12 (1)* ,45-53.

[32] Chinn, K. A. & Joswiak, K. F. 1981. Leisure education and leisure counseling.*Therapeutic Recreation Journal, 15 (4)* :4-7.

[33] Carrera, Percivil M. and John F. P. Bridges, 2006. Globalization and Healthcare: Understanding Health Care and Medical Tourism. *Expert Review of Pharmacoeconomics and Outcomes Research, 6 (3)* :447-454.

[34] Cook, R. A., Yale, L. J. & Marqua, J. J. 2006. *Tourism: the business of travel.* New Jersey: Pearson education.

[35] Driver, B.L.,S. R. Tocher, 1970. *Elements of outdoor recreation planning.* The University of Michigan Press.

[36] Driver, B. L., Brown , P.J., & Peterson, G. L. 1991. *Benefit of leisure.* Stage College, PA: Venture Publishing.

[37] Dattilo , J. & Murphy , W. D . 1991. *Leisure education program planning—Asystematic approach .State College .* PA： Venture.

[38] Edginton, C. R., Hanson, C.J., Edginton, S. R., & Hudson, S.D. 1995. *Leisure programming: A service-centered and benefits approach (3rd) .* The McGraw-Hill Companies, Inc.

[39] Edginton, C.R., Hanson, C. J., Edginton, S.R., and Hudson, S. D. 1998. *Leisure Programming- A service – centered and benefits approach.* New York: Mc Graw Hill.

[40] Flogenfeldt, T. J r, 1992. AREA, Site or Route-the Different Movement Patterns of Travel in Norway. *Tourism Management, 13 (1)* :145-151.

[41] Goodall, B. 1988. *How tourists choose their holidays: An analytical framework.* In B. Goodall, & G. Ashworth （Eds.）. Marketing in the tourism industry: The promotion of destination regions. London: Routledge.

[42] Ghani, J. A., & Deshpande, S. P. 1994. Task characteristics and the experience of optimal flow in human-computer interaction. *Journal of Psychology, 128 (4)* :381-391.

[43] Garcia-Altes, A. 2005. The Development of health tourism services. *Annals of Tourism Research, 32 (1)* :262-266.

[44] Hoge, G., Datillo, J., & Williams, R. 1999. Effects of leisure education on perceived freedom inleisure of adolescents with mental retardation. *Therapeutic Recreation Journal, 33:* 320-332.

[45] Huang, L. & Tsai, H.T. 2003. The study of senior traveler behavior in Taiwan, *Tourism Management, 24 (5)* : 561-574.

[46] Janssen, M. 2004. The effects of leisure education on quality of life in older adults. *Therapeutic Recreation Journal, 38 (3)* :275-288.

[47] Jackson, E. L. 2005. *Constraints to leisure.* State College, PA: Venture Publishing.

[48] Kraus, R. G. 1971. *Recreation and leisure in modern society.* New York: Appleton-Century- Crofits.

[49] Kelly, R. J. 1990. *Leisure. (2thed.) .* Englewood cliffs, NJ: Prentice-Hall.

[50] Kelly, J. R. 1996. *Leisure (3rd ed.) .* Boston： Allyn & Bacon.

[51] Levinson, D. J. 1978. *The Seasons of a man's life.* New York: Ballantine Books.

[52] Lefeuvre, A, 1980. *Vatican City: Pontifical commission on the pastoral care of migrants and tourists.*

[53] Lamdin L. & Fugate, M. 1997. *Elder learning: New frontier in an aging society.* Phoenix. Arizona: Oryx Press.

[54] Lew,McKercher. 2006. Model Tourist Movement-A Local Destination Analysis. *Annals of Tourism Research , 33 (2)* :403-423.

[55] Mundy, J., & Odum, L. 1979. *Leisure education: Theory and practice.* New York: Wiley.

[56] Manfredo, M. J., Driver, B. L., & Brown, P. J. 1983. A test of concepts inherent in experience based setting management for outdoor recreation areas. *Journal of Leisure Research, 15 (3)* : 263-283.

[57] Michael, J. M., & Driver, B. L. 1996. Measuring leisure motivation: A meta-analysis of the recreation experience preference scales. *Journal of Leisure Research, 28 (3)* :188-213.

[58] Mundy, J. 1998. *Leisure education: Theory and practice (2nd ed.) .*Champaign, IL: Sagamore Publishing.

[59] Mathwick, C., Malhotra, N. K., & Rigdon, E. 2001. Experiential value: Conceptualization, measurement and application in the catalog and internet shopping environment. *Journal of Retailing, 77*:39-56.

[60] Mueller, H. & Kaufmann, E. L. 2001. Wellness Tourism: Market Analysis of Special Health Tourism Segment and Implications for The Hotel Industry. *Journal of Vocation Marketing, 7 (1)* :5-17.

[61] Midwinter, E. 2004. *500 beacons: The U3A story*, London: Third Age Press.

[62] Morrow-Howell,N., Tang, F., Kim, J., Lee, M.& Sherraden , M. 2005. *Maximizing the productive engagement*

of older adults. In Wykle, M.L., Whitehouse, P.J. & Morris, D.C. （Eds.）Successful aging through the life span: Intergenerational issues in health. NY: Springer.

［63］Mielniczak, A., & Sinaga, S. 2006. *Shall We Go to the Spa? The Spa Trends in Gothenburg and its Region*. Swedish: Goteborg University.

［64］Otto, J. E., & Ritchie, J. R. B. 1996. The Service Experience in Tourism. *Tourism Management, 17 (3)* :165-174.

［65］Pearce, S.D. 1991. Toward understanding the participation of older adults in continuing education. *Educational Gerontology*, 17:451-464.

［66］Punch, K. F. 1998. *Introduction to social research: Quantitative & qualitative approaches*. Thousand Oaks, CA: Sage.

［67］Pine, B. J., & J. H. Gilmore, 1999. *The experience economy : work is theatre and every business a stage*. Harvard Business School Press.

［68］Russell, R.V. 1982. Planning programs in recreation. St. Louis: Mosby.

［69］Reason,P. 1990.*Human inquiry in action:Developments in new paradigm research*. CA： Sage.

［70］Rinschede, G. 1992. Forms of Religious Tourism. *Annals of Tourism Research. 19 (1)* :51-67.

［71］Reason, P. 1994. *Three approaches to participatory inquir*. In N. K. Denzin & Y. S.

［72］Reisinger, Y. 2008. Globalization, Tourism and Culuure. *International Tourism*. 1-29.

［73］Rossman, J. K. 1995. *Recreation programming: Designing leisure experience*. Champaign, IL: Sagamore.

［74］Ray,P.H., and Anderson, S.R, 2000.*The cultural creatives: how 50 million people are changing the world*. New York： Random House.

［75］Rossman, J.R., & Schlatter, B.E. 2003. *Recreation programming: Designing leisure experiences. (4th. ed.)* . Champaign, IL: Sagamore.

［76］Searle, M.S. & Jackson, E. L. 1985. Recreation non-participation and barriers to participation: Considerations for the management of recreation delivery systems. *Journal of Park and Recreation Administration, 3:*23-36.

［77］Shimura, K. 1993. *The effects of leisure education on life satisfaction and leisure satisfaction among Japanese American older adults*. Unpublished master dissertation, University of Wiscensin- La Crosse.

［78］Searle, M.S. & Mahon, M.J. 1998. Examining the long term effects of leisure education on a sense of independence and psychological well-being among theelderly. *Journal of Leisure Research,1 (30) :* Issue 3: 331.

［79］Shoemaker, S. 2000. Segmenting the Mature Market: 10 Years Later. *Journal of Travel Research, 39:* 11-26.

［80］Strain, L. A., Grabusic, C. C., Searle, M.S., & Dunn, N. J. 2002. Continuing and ceasing leisure activities in later life: A longitudinal study. *The Gerontologist, 42*: 217-223.

［81］Stem, C. J., J. P. Lassoie, D. R. Lee, and D. D. Deshler. 2003. *How "eco" is ecotourism?A comparative case study of ecotourism in Costa Rica*. J. Sustain. Tourism, in press.

［82］Tillman, LJ 1985. *Design for human ecosystem.New York.* NY.:Van Nostrand.

［83］Tirrito, T. 2003. *Aging in the new millennium: A global view*. Columbia, South Carolina: University of South Carolina press.

［84］Vukonic, B. 1996. *Tourism and religion*. New York: Elsevier Science Inc.

［85］Wood, Robert. 1984. Ethnic tourism, the state, and cultural change in Southeast Asia. *Annals of Tourism Research,. 11*: 353-374.

［86］Withnall, A., McGivney, V. & Soulsby, J. 2004. *Older people learning: Myths and realities*. Leicester: NIACE.

［87］Yin, R. K. 1994. *Case study research design and methods 2nded, SAGE Publications*, New York.

［88］Zeppel, H. & Hall, C, 1992. *Arts and heritage tourism. In Weiler, B. & Hall, C. (eds.)* . Special Interest Tourism. London: Belhaven.